菱沼幹男

Community Social Work

コミュニティソーシャルワーク

有斐閣

はじめに

　人はどうしたら幸せに暮らすことができるのか。多くの先人たちがこの問題に取り組んできました。自分の幸せだけでなく，身近な人びとの幸せ，さらには人類全体の幸せを考えた人びとによって多様な実践が行われてきた時間の積み重ねの上に私たちは生きています。

　それなのに，なぜ日々の幸せを感じながら暮らすことのできない人びとがいるのでしょうか。自分が望んでいた人生とは異なる状況の中で苦しさや生きづらさを感じている人がいたり，また世の中にはさまざまな媒体を通して悲しみをもたらす情報が流れていたりします。正義の名の下に他人への攻撃が正当化され，善意の名の下に他人への抑圧が無意識に行われる中，人びとが育んできた英知と愚かさの間でどのように生きるかが，今を過ごす私たちに問われています。

　人類の歴史において，誰もが幸せに暮らせるようにという考えは博愛や慈善を生み出し，限られた範囲で困難な状況の人びとを救済してきました。やがて生活問題が生じる要因は個人ではなく社会にあることも明らかにされ，社会事業や社会福祉として国家が人びとの生活を支える体制が整備されてきました。

　しかし，社会福祉は国家だけが取り組むものではありません。「福祉」とは満ち足りた幸せな状態のことであり，「社会福祉」は，その福祉を社会として護り，生み出すことです。社会として取り組むということは，社会制度によって支えることとともに，同じ時代を生きる人びとが支え合うことも含まれるものです。

　また，社会福祉を実践する方法としてソーシャルワークが生み出されてきました。ソーシャルワークは，困難な問題に直面している人びと自身が解決に向かっていくためのものであり，「ソーシャル」という言葉が含まれているように，社会として人びとの生活を支える方法です。この本は，ソーシャルワークとしての「コミュニティソーシャルワーク」を取り上げており，コミュニティソーシャルワークという言葉に初めて触れる方々にとって，少しでも学習や実践の力になればという思いでまとめたものです。

　コミュニティソーシャルワークに対するイメージとして，「コミュニティ」という言葉から，コミュニティや地域に対する支援，あるいはコミュニティや

地域という場において行われる支援，また，地域支援としてのコミュニティ
ワークと同じイメージをもっている人がいるかもしれません。しかし，コミュ
ニティソーシャルワークは単なる地域支援ではなく，もっと広い概念として生
み出されてきました。

　コミュニティソーシャルワークについては，さまざまな定義や説明があります
すが，それらを踏まえて，まずは私が簡潔に整理した定義を挙げておきます。

> 　コミュニティソーシャルワークとは，誰もが社会とのつながりの中で幸
> せに暮らすことができるように，支援を必要とする人びとに対する個別支
> 援と，その人びとが排除されることのない地域づくりに向けた地域支援を
> 結びつけて行うソーシャルワーク実践である。

　また，「コミュニティ」という言葉が「ソーシャルワーク」に加わっている
大切さの観点からコミュニティソーシャルワークの本質を整理すると以下のよ
うになります。

> コミュニティソーシャルワークは，
>
> コミュニティの人びととともに生活を支えるソーシャルワーク実践であり，
> （Social Work with the Community）
> そのためにコミュニティの人びとの活動を支えるソーシャルワーク実践を
> 行い，（Social Work for the Comminuty）
> さらには地域内の人びとがコミュニティになるためのソーシャルワーク実
> 践を行う。（Social Work to be the Community）

　「コミュニティ」の定義に関する研究は多くありますが，本書では「コミュ
ニティ」を，一定の地理的範囲内や特定の共通関心内でつながっている人びと
に限定せず，「自分と他者の幸福に関心をもち，時にその実現に向けて他者と
協力して行動する人びと」という意味で用いています。

　そのうえで，コミュニティソーシャルワークとは「個別支援と地域支援を結
びつけた実践」と言うことができます。その理論や方法を知っていただくため

に，次のような章構成としました。読者の方々には，最初から通して読むというよりも，関心のある章から読んでいただくことを想定してまとめています。すでに実践現場で働いている方々には，第4章から読むことをお勧めします。

　第1章「コミュニティソーシャルワーク概念の始まり」では，この概念を初めて打ち出したイギリスのバークレイ報告の内容や当時の時代背景，具体的実践としてのパッチシステムの展開について紹介しています。なぜイギリスにおいてコミュニティソーシャルワーク概念が提唱されるに至ったのか，それによって何をしようとしたのかを知ることによって，日本におけるコミュニティソーシャルワークを考えるうえでの重要な示唆を得ることができます。

　第2章「コミュニティワークとコミュニティソーシャルワーク」では，コミュニティワークやコミュニティオーガニゼーションの概念や方法について，アメリカとイギリスでの変遷について紹介しています。コミュニティワークは地域支援の方法であり，その重要性は今日も変わるものではありません。しかし，コミュニティワークだけで十分というわけでもなく，その意義と課題を通して，コミュニティソーシャルワークとして取り組むべきことを明確にしていきます。

　第3章「日本のコミュニティソーシャルワーク概念」では，日本でコミュニティソーシャルワーク概念が再注目されるようになった当時の社会的背景を踏まえ，先駆的地域でのコミュニティソーシャルワーカー配置の動きを紹介し，また，大橋謙策，小野敏明，菱沼幹男によるコミュニティソーシャルワーク機能の比較検討を行うことで，日本におけるコミュニティソーシャルワーク概念を整理しています。

　第4章「コミュニティソーシャルワークとは何か」では，国内外の先行研究を踏まえて，私自身が整理したコミュニティソーシャルワークを解説しています。さきほどの定義における語句の意味とともに，コミュニティソーシャルワークにおける3つの価値原則，支援原則（7つの個別支援原則，7つの地域支援原則），10の機能の内容について取り上げています。

　第5章「コミュニティソーシャルワークとしての個別支援」では，コミュニティソーシャルワークを意識した際に重要となる個別アセスメントと個別支援の留意点をまとめています。また，個別支援における3つのソーシャルワー

ク・アプローチをコミュニティソーシャルワークの観点から取り上げました。併せて個別支援者が困難を感じるケースへの対応例も紹介しており，これは私自身が関わっている地域での事例検討でよく相談を受ける内容を取り上げています。

　第6章「コミュニティソーシャルワークとしての地域支援」では，コミュニティソーシャルワークを意識した際の地域アセスメントと地域支援の留意点についてまとめており，個別アセスメントと個別支援よりも細かく説明しています。それは日本のソーシャルワーク実践において，地域支援はまだまだ未成熟であり，個別ニーズへの対応が十分に意識されていないという問題意識に基づくものです。また地域支援者が困難を感じるケースへの対応例についても実際の現場の声から取り上げています。

　第7章「個別支援と地域支援の統合」では，個別課題を地域課題として捉える際の4つの視点を挙げています。地域課題とは地域で多く生じている問題だけでなく，たとえ少数であっても地域のみんなで取り組んでいくものであり，その際にコミュニティソーシャルワークの考え方が重要となります。また，個別支援者と地域支援者が連携していくシステム構築の機会として，行政の地域福祉計画と社会福祉協議会の地域福祉活動計画の策定を位置づけ，その際の留意点についてもまとめています。

　第8章「コミュニティソーシャルワークの視点による事例検討方法」では，個別ニーズに即して個別支援と地域支援を一体的に検討できるように私が考案した9マスのシートを紹介しています。このシートは2014年に原型を作成し，その後実際の事例検討で使用してもらいながら参加者の反応や意見をもとに改良を重ねて現在の形に至ったものです。また，コミュニティソーシャルワークの観点から事例検討での議論を掘り下げる際の視点についても取り上げています。

　補章「コミュニティソーシャルワークとの邂逅」では，補稿として私がどのような経緯でコミュニティソーシャルワークに取り組むようになったのかを綴っています。コミュニティソーシャルワークを学びたい読者の方にとっては不要な章ですが，私の問題意識がどのようにコミュニティソーシャルワークへとつながっていったのかを記録しておくことにしました。私も皆さんもそれぞれに積み重ねてきた人生の時間があり，それを踏まえて今があることを大事に

したいという思いで記したものです。

　この本をまとめるにあたり，コミュニティソーシャルワークの理論や方法，歴史的経緯をできる限りわかりやすく表現したいという思いから，私自身がこれまで経験したり，各地の実践者との交流を通して感じたことを心から沸き上がる言葉にしていきました。

　そのためコミュニティソーシャルワークのすべてを学術的に整理していると言い切れるものではなく，より精査が必要だと感じることもあります。しかし，コミュニティソーシャルワークという実践をさらに深化させるためにも現段階で整理し，皆さんの意見をいただくことが大切だと考えて本書をまとめました。

　世の中に多くの本があふれる中でこの本を手に取ってくださった方に感謝し，コミュニティソーシャルワークを学ぶ方々や実践する方々にとって少しでも生かしてもらえることがあれば幸いです。そして不十分な点に気づかれた方々とともにさらなる精緻化を図り，次代につないでいきたいと思います。

　いつの時代でも，どんな場所においても，誰もが幸せに暮らせる社会に向かっていくことはソーシャルワークに携わる人びとの共通の願いです。ともに歩みを進めましょう。

目　次

Column 一覧

第 1 章

コミュニティソーシャルワーク
概念の始まり

I ｜ バークレイ報告におけるコミュニティソーシャルワーク概念

■ バークレイ報告の時代的背景

　コミュニティソーシャルワークという概念が打ち出されたのは，国際的に見るとイギリスで 1982 年に公表されたバークレイ報告です。本書で取り上げるコミュニティソーシャルワークという実践は，バークレイ報告以前から，そして日本においても実践されてきたものですが，まずはイギリスで誕生したコミュニティソーシャルワーク概念を見ていきます。

　バークレイ報告は 1980 年 10 月に当時の社会サービス担当大臣であるパトリック・ジェンキンが設置した委員会の公式報告であり，ピーター・バークレイを座長とする 18 名の委員によって「ソーシャルワーカーの役割と任務」に関する検討が行われました。

　このバークレイ報告は，公表された当時から 1968 年のシーボーム報告を論理的に後継するものとして位置づけられていました。シーボーム報告とは，それまで児童部や福祉部など多様な部局で活動していたソーシャルワーカーの業務を 1 つの部門として統合して，コミュニティに立脚した健全な家族志向サー

ビスを行う部局を地方自治体に設けることや，住民の誰もがそのサービスを受けられるようにすべきであることを勧告したものです。

このシーボーム報告[1] は 1970 年の地方自治体社会サービス法制定のきっかけとなり，1971 年には地方自治体に社会サービス部が創設され，1974 年の地方自治体再組織を経てソーシャルワーク実践における主要な組織的環境が形成されていくこととなりました。そして職階（ソーシャルワーカーに 3 段階，福祉アシスタントに 2 段階）の確立によってソーシャルワーカーは 1 つの業種としての活動を定着させていったのです。

しかしながら，一方で社会サービス部はソーシャルワーカーに対する官僚統制を強めていき，徐々に管理主義の原則に染まっていくことになってしまいました。その結果，社会サービス部は官僚的でクライエントや地域から遊離している等の批判が周りから起こり始め，またソーシャルワーカーの内部からもシーボーム再編成前のシステムへの復帰を求める声や，シーボーム体制におけるソーシャルワークの見直しを求める声が上がってきたのです。

そうした中，1978 年にソーシャルワーカーによるストライキと労働争議が起こります。賃金やクライエントへのサービス条件を改善するための行動でしたが，世間からは賛同を得るよりもむしろ批判の対象となってしまいました。それは，福祉国家を掲げるイギリスでは，国民の負担感が大きくなっており，ソーシャルワーカーは福祉国家攻撃の大衆的な標的となってしまったのです。結果として，ソーシャルワーカーは必要な専門職として成果を上げているのかとマスコミや国会において激しく非難されることになりました。

こうした批判は主に福祉国家に否定的な保守党支持者によるものであり，1979 年にはサッチャー保守党政権が発足し，大胆な福祉予算削減を発表しました。これによりサービスの狭少化やソーシャルワークの再定義が求められるようになり，ソーシャルワークは，個人と家族の責任を積極的に評価する方向に転換した新保守主義の影響を受けながら再検討されていくこととなったのです。

こうした状況下，1980 年 10 月にピーター・バークレイを座長とするソーシャルワークのマンパワーに関する専門調査委員会が発足しました。この委員会が 1982 年に提出した報告書がバークレイ報告です。

■ バークレイ委員会の問題意識

　バークレイ報告の冒頭は「一般にソーシャルワーカーにかけられる期待は大きすぎる」という言葉で始まっています[2]。これはソーシャルワーカーがシーボーム再編成によって急速に成長してきた新しい専門職であるがゆえに大きすぎる期待をかけられ，事態が悪化すると非難を浴びるという状況にあったことによります。

　しかし，それはソーシャルワーカー個人よりも社会サービス部の構造的問題とも言えるものであり，ソーシャルワーカーは絶えず発生するさまざまなニーズに対して，そのニーズを満たすための資源が十分でない中で不安定な活動を強いられていたのです。

　バークレイ委員会はソーシャルワーカーの機能が今日の社会で欠くことのできないものであるという信念のもとに一致し，こうした状況を打開するため創造的かつ効果的な方法で訓練されたソーシャルワーカーを雇用することの大切さを訴えるものとして報告書を作成していきました。

　委員会に委託された内容は「イングランドとウェールズにおける地方自治体社会サービス部，および関連民間機関において，ソーシャルワーカーの役割と任務を再検討し，政府に勧告すること」であり[3]，これは委員会に対して「ソーシャルワーカーがしなければならないことに関する明白な見解に照らして，ワーカーがしていることについて，説明をあたえ内容を明らかにすること」を要求するものでした[4]。しかし，それは「ソーシャルワークの将来につきまとう不確実性に対して最終的な回答を提出することを求められてはおらず」[5]，「非常に複雑な問題をできる限り明確にし，将来において討議する際の基盤を与えようとするにすぎない」ものでした[6]。またソーシャルワーカーに適切な特別の役割や任務の詳細なリストを与えるものではなく，ソーシャルワーカーの仕事を広義の文脈で設定したものでもありました[7]。

■ バークレイ報告におけるコミュニティソーシャルワーク概念

　バークレイ委員会は，350以上の団体および個人からの提出文書を受けて論議を行った結果，ソーシャルワークには主に2つの要素，「カウンセリング」と「社会的ケア計画」があるという確信に至りました。

　バークレイ報告においてカウンセリングは「クライエントとソーシャルワー

カーの間の直接的コミュニケーションおよび相互作用の過程（「ソーシャルケースワーク」として知られている）の意味で用いる」とされ[8]，社会的ケア計画は，「現在の問題を解決したり，または軽減するためにつくられる計画，および将来の社会問題の深刻化を防いだり，発生すると予測される社会問題に対応する資源を開発，強化することを目的とする計画を意味する」ものと定義されました[9]。

　このようにソーシャルワークの構成要素を整理したうえで，さらに委員会は新たにコミュニティソーシャルワーク概念を打ち出したのです。バークレイ報告ではコミュニティソーシャルワークを次のように説明しています[10]。

　　　「この用語は，公式的ソーシャルワークで，個人や集団に影響を与える問題および社会サービス部門と民間組織の責任や資源にはじまり，われわれのコミュニティの基本的定義を構成する公式的，非公式的な関係の地域ネットワークやクライエントの共通関心コミュニティの力量を開発，支持し，権限をあたえ，また強化することを目的とする業務を意味する。」

　バークレイ報告では，実際の支援の大部分が公的セクターやボランタリーセクターではなく，家族や友人，隣人によって担われていることから，ソーシャルワーカーの任務はそうした地域内の社会関係を支えることによってコミュニティを築き上げることであると主張しました。それはコミュニティにおけるインフォーマルサポートを築き支えていくことを意図するものであり，バークレイ報告ではそれまでの専門職によるカウンセリング中心主義のソーシャルワークにコミュニティ志向を持たせようとしたのです。

　そしてバークレイ報告では第13章を「コミュニティソーシャルワークをめざして」と題してコミュニティソーシャルワークに要求される事柄について詳細に述べており[11]，その要点をまとめると次のような内容になっています（括弧内の数字は報告書のパラグラフナンバー）。

　まずバークレイ報告では，従来のソーシャルワーカーはクライエントに焦点を当て周囲の人びとをややぼかした状態で過小評価する傾向にあったとして，コミュニティソーシャルワークではクライエントの環境を形成している人びとが，ありのままに見られることを要求しています（13.25）。そのため，コミュ

ニティソーシャルワークの源泉はインフォーマルな介護者や公私機関間のパートナーシップであり，それは公的・民間セクターにいる人びとの「心のもち方」にかかっている（13.13）として，ソーシャルワーカーだけで問題を解決していこうとする従来のソーシャルワーク観からの転換を求めました。

　そしてコミュニティソーシャルワークは個人および家族の現在ある社会的ケアニーズに応えることと将来起こってくると予測される問題を減少させることに関わっている（13.23）とし，問題解決アプローチだけでなく予防的アプローチを含むものとしています。そのためには，サービスあるいはニーズへの接近性が求められることになり，バークレイ報告では，コミュニティ内のケアネットワークは，公的および民間サービスへ容易に接近できるものでなければならず（13.13），また逆にソーシャルワーカーが援助を必要とする人びとに近づきやすくするための方法（13.15）が求められるとしています。

　この接近性は，組織的アプローチによるところが大きく，委員会によればその例は2つに大別できるとしています。1つは，地域性に焦点を当て，ソーシャルワーカーが一般行政サービス職員とともに特定の地域を担当する方法であり，もう1つは，ソーシャルワーカーが特定の共通関心事や問題を共有するクライエント群に標的を定めるという方法です（13.32）。こうした組織的アプローチのもとでコミュニティソーシャルワークが要求するものは，視野の範囲を広げ社会的ネットワークをクライエントとうまくかみ合ったものにする，あるいはそうするであろう人びとをネットワークに含めること（13.26）としました。そのためソーシャルワーカーにはパートナーシップという態度が求められ，ソーシャルワーカーの機能は社会的ネットワークを可能にし，権限を与え，支持することになるが，それを引き継ぐことではない（13.43）としています。そしてこのようなソーシャルワーカーの態度は，組織的構造がソーシャルワーカーを支持しなければ期待できるものではない（13.44）としてソーシャルワークの組織レベルでの変化も求めています。

　このようにコミュニティソーシャルワークでは社会的ケアネットワークを重要視していますが，一方でそのネットワークは常に心優しい状態にあるものではなく，人びとや社会的ケア資源の間で衝突を起こさせるかもしれない（13.56）ことにもバークレイ委員会は気づいており，必然的にコミュニティソーシャルワーカーは，行動を起こすかなりの権限を行使し，資源を統制し，

そして担当コミュニティの人びとに喜ばれない行動を起こすかなりの勇気，コミュニティとの基本的な関係を維持するかなりの技術をともに有する（13.57）必要性があることを述べています。

　また，コミュニティソーシャルワークにおいても「カウンセリング」と「社会的ケア計画」が求められる（13.47）として，カウンセリングの役割を認めつつも，ソーシャルワーカーは，交渉したりグループや個人の弁護をしたり，諸社会サービス制度内で人びとにどのようにすればよいかを教えたりする能力を増大させる必要があり（13.49），また個人のクライエントやクライエント群ばかりでなく，パートナーシップを組んでいるインフォーマルな介護者に対しても，自分たちの行動や決定について説明する義務がある（13.63）ことを述べています。そして委員会はソーシャルワーカーが訓練と所属組織によって一定の態度を支持し，特定の分野の知識を修得し，特別の技術を開発することができる場合にのみ，コミュニティソーシャルワークが達成できる（13.42）と考えました。

　以上のようにコミュニティソーシャルワークは，パートナーシップの重視へとソーシャルワーカーおよび組織の態度の変化を求めるものであり，ソーシャルワークの動くべき方向を示した（13.71）のです。

　このようにバークレイ報告の第13章では具体的にコミュニティソーシャルワークに求められる視点や方法，システムについて述べています。前述したように，この第13章のタイトルは「コミュニティソーシャルワークをめざして」となっており，ソーシャルワークの構成要素を整理する中で，ソーシャルワークが目指していく理想としてコミュニティソーシャルワークという概念が提示されたと言えます。

2 ┃ イギリスにおけるコミュニティソーシャルワークの展開

■ パッチシステムとしてのコミュニティソーシャルワーク実践

　実は，こうしたコミュニティソーシャルワークの考え方に基づく実践は，バークレイ報告が公表される前からパッチシステムとしてすでに展開されていました。パッチシステムとは，住民との連携による生活支援を進めるために

Column① "Care in the Community" と "Care by the Community"

イギリスで精神障害者支援に取り組んできたベイリーは『精神障害とコミュニティケア』の中で，コミュニティケアは "Care in the Community（コミュニティにおけるケア）" だけでなく "Care by the Community（コミュニティによるケア）" が重要であると指摘しています[12]。これは，施設で暮らしていた人びとが単に自宅で暮らすだけでなく，コミュニティの人びととのつながりの中で暮らせることの大事さを訴えるものです。

イギリスでは 1920 年代から知的障害者や精神障害者への支援においてコミュニティの重要性が訴えられていました。それまでは地域社会から隔離された施設での生活を送っており，ベイリーはこれを "Care out of the Community（コミュニティから隔離されたケア）" としています。1913 年の知的障害者法（The Mental Deficiency Act）では知的障害を 4 分類し，1927 年の法改正では知的障害者への職業訓練が地方自治体に義務づけられる一方，知的障害者の隔離病院の増加と大規模化が進みました。こうした状況に対して，病院ではなくコミュニティでの生活を求める声が上がり始めたのです。第二次世界大戦後，これまでの状況を変える大きな転機となったのは，1959 年の精神保健法（The Mental Health Act）であり，病院での隔離主義が明確に否定され，1962 年の「病院計画」によって大規模病院の閉鎖が政策目標として掲げられました[13]。しかし，実態としては病院閉鎖やコミュニティケアが十分に推進されるには至らず，1968 年のシーボーム報告において改めてコミュニティケアが強調されます。シーボーム報告は地方自治体に社会サービス部を創設する契機となったものであり，コミュニティケアについては第 11 章「知的障害者及び精神障害者のための社会福祉」で次のように述べています（括弧内の数字はパラグラフナンバー）[14]。

> 「地方自治体による精神保健対策とともに，雇用・生産省，補足給付委員会，地方自治体の教育部局，住宅部局，ホームヘルパー，家庭看護婦，保護観察，アフターケア，警察，教会，民間団体，さらに最も重要な人びととしての雇い主，職場の同僚，友人，近隣の人びと，家主など，すべてそれぞれの役割を果たすのである。これがコミュニティ・ケアの意味である。（337）」

このようにコミュニティケアは，生活支援に関わる専門職とともに周りの

人びとの関わりを大切にしており，さらに病院や入所施設との関係については，次のように述べています。

「『コミュニティ・ケア』という言葉は病院や入所施設外での治療と処遇を意味するようになった。この用語の意味をこのように規定するのは適当ではない。というのは，これらの諸施設もまたコミュニティの一部だからである。（338）」

シーボーム報告で重視されたコミュニティケアとは，入所施設での福祉に対する在宅福祉の意味ではなく，入所施設もコミュニティの構成員として捉え，入所施設で暮らしていても地域内の多様な人びととのつながりを大切にすることがコミュニティケアの目指すものと言えます。また，1969年にはエイブス報告が出され，ボランティアの役割として自発的な社会資源開発の重要性が指摘されたことも，公私協働によるコミュニティケアの推進を目指してのことです。

1982年のバークレイ報告でコミュニティソーシャルワーク概念が打ち出された背景にはこうした歴史的経緯があり，コミュニティに対する関心とアプローチの必要性が突然出てきたわけではありません。Care by the Community を志向する長年の政策と多くの人びとの努力によって，イギリスでコミュニティソーシャルワーク概念が生まれてきたのです。

今日の日本でも，入所者の多い施設から，小規模のグループホーム等で暮らす知的障害者や精神障害者の方々が増えています。しかし，その人間関係がグループホームや通所施設内だけにとどまっている場合，これは Care in the Community の段階と言えます。また，入所施設においては，職員と入所者だけの関係性の中で暮らしている場合もあり，これは Care out of the Community と呼ばざるをえません。入所施設や小規模な施設で暮らしていても，生活が施設内で完結することなく豊かな人間関係に囲まれて暮らせる状態が Care by the Community です。このコミュニティとは漠然とした地域住民ではなく，その人自身が育んできた関係や，これから育んでいきたい関係を含めたものであり，さらには生活を支えるさまざまな専門職もコミュニティの一員として捉えるものです。

本書ではコミュニテイソーシャルワークを "Social work with the Community" としています。これはソーシャルワークを担う専門職がコ

ミュニティすなわち地域内の多様な人びとのつながりを大切にしつつ支援を
必要とする人びとの生活を支えていくことであり，コミュニティソーシャル
ワークは，Care by the Community が具現化した社会を目指すソーシャル
ワークと言えます。

5000〜2万人程度のエリアに専門職チームを配置していく実践方法のことで
す。この理論的中心の役割を担っていたハドレイらによると，コミュニティ
ソーシャルワークとしてのパッチシステムの具体的な展開は 1970 年代後半に
始まり「パッチワーク」としてノーマントンにおいて成功を収め，その後バー
クレイ報告の影響もあり，1987 年の時点で全国の約 5 分の 1 以上のチームが
分権方式をとっているか，または導入過程にあり，さらに多くの自治体が同様
の施策の導入を積極的に検討していると述べており[15]，パッチシステムは
1980 年代において急速な発展を見せました。

　また 1984 年には NISW（National Institute for Social Work）から *Learning More
About Community Social Work* が発行され，NISW に養成訓練コースが設置され
るようになりました。このテキストを編集したヘンダーソンとスコットによれ
ば，コミュニティソーシャルワークの発展は，①家族志向サービスへの移行，
②都市プログラムにおけるイニシアティブ，③直接的サービス供給へのシステ
ム的アプローチ，④コミュニティワークにおける実践の集積（家族相談センター，
近隣計画，セツルメントや資源センター，コミュニティワークの理論と技術の進歩），
⑤ソーシャルワーカーと関連専門職のチームアプローチの発達，⑥利用者の見
方に関する研究調査の積み重ね，⑦「システムとしてのチーム」の考え方の浸
透，⑧パッチシステムの経験の豊富化，などが重なったからだとしていま
す[16]。

　しかしながら，パッチシステムの推進はこうした状況やその分権的多元主義
の理念だけに基づくものではなく，当時の政治的背景とも密接に関係していま
した。当時のサッチャー保守党政権は大胆な福祉予算削減を発表しており，
バークレイ報告が公表された 1982 年に社会サービス担当大臣はパトリック・
ジェンキンからノーマン・ファウラーに代わっていました。彼はバークレイ委

員会の役割をより一層の社会福祉支出の削減と民間部門への資源委譲にあるとし「もしソーシャルワークがインフォーマルな介護者による支援とケアの方向をめざすならば，公式的サービスを削減することができる」と明言したのです[17]。このように新保守主義は，ハドレイらのような住民参加や地方分権とは異なる立場からパッチシステムを推進していったことに留意しなければなりません。

■ パッチシステムによるコミュニティソーシャルワークの方法

　次にパッチシステムとはどのような実践であったのか，より具体的に見ていきます。パッチシステムを推進したハドレイらは，コミュニティソーシャルワークが非常にさまざまな状況の中で実施されているということ，柔軟性，適応性，創造性を特徴とするこの方法において，活動の力点，優先性，形態には違いがあり，共通の構造や方法に関する青写真はないということを強調しています。しかし，それでも実施している機能には共通の原則がたしかにあることを認めており[18]，冨田は，パッチシステムの主な特徴は以下の6点にまとめられるとしています[19]。

パッチシステムの6つの特徴

①社会サービス部，あるいはチームの小地域（パッチ）への分散化と分権化が行われること。そのためサービス資源の近隣性が可能となること。

②フォーマルサービスとインフォーマルネットワークとの統合，社会サービス部内の統合，他の機関との連携によって総合的なサービスの提供が可能になること。特にインフォーマルなネットワークの参加によって対象を広く捉えられることと即応的なサービス提供が可能となること。

③フォーマルサービスとインフォーマルネットワークとの協力と役割分担が図られていること。

④ソーシャルワーカーの役割と任務が，いわばコーディネーターの役割をももつことから，これまで以上に拡大すること。

⑤地域住民やパッチチームの参加によって小地域内のサービス資源の自主管理の面が強くなること。

⑥ソーシャルワーカーやパッチチームの自律性が尊重され，福祉サービス

の提供において分権化の確立が図られること。

　またハドレイらの整理によれば，例えばインフォーマルネットワークにおいて人びとと共に活動することや早期の予防的関与の重要性，地域資源の最大限の活用，直面している問題に対処する際の個人やコミュニティのエンパワメントという点の強調が含まれています。またその主張された方法は，既存サービスの分権化や統合，広範な関与技術の採用，スタッフや利用者またはコミュニティの参加ということを含むものでした[20]。

■ パッチシステムの終焉とコミュニティケア改革
　大きな広がりを見せたパッチシステムでしたが，1980年代末から1990年代初頭には事実上終わりを迎えます。このアプローチの主要な提唱者であるハドレイは，この原因について，単に中央政府による政策の副産物であり，コミュニティソーシャルワークが不十分であると厳しく評価され，故意に主流から排除されたわけではないと述べています[21]。それはコミュニティケア改革の影響を指しており，例えば津崎はイズリントン区の変化を紹介しています[22]。同区では当初パッチシステムにより人口約25万の同区に環境・保健・住宅・ソーシャルワークを統合した近隣福祉センターを25カ所設置し，地域に根ざすジェネリックソーシャルワーカーで構成される近隣福祉チームを各地区に配置していましたが，コミュニティケア改革によりソーシャルワーカーはその役割の転換を迫られました。ソーシャルワーカーはニーズアセスメントやケアパッケージ企画，経費算定，ニーズ充足有効性のモニターと見直し，使い過ぎを防ぐ予算管理が行えるよう新たな組織を必要とし，ジェネリック方式のソーシャルワークからの路線変更を迫られたのです。このような背景からコミュニティソーシャルワークはコミュニティケア改革によって終焉を余儀なくされていきましたが，一方でパッチシステム自体に問題がなかったわけではありません。
　パッチシステム衰退の要因は，ハドレイが言うようなコミュニティケア改革によるソーシャルワーカーの役割の変化だけによるものでなく，分権化の内実に関わるものでもありました。ノーマン・ジョンソンが指摘しているように，分権化は単に地理的意義を与えられてすむものではなく，予算・資源の分権化

を伴わなければなりません[23]。しかしながら，実際には分権化に伴う十分な財源や権限の委譲が地域に対してなされず，グリフィス報告が国庫補助金創設によりそれを補完しようとしましたが，政府に受け入れられなかったということもパッチシステム衰退の大きな要因として考えられます。このことはコミュニティソーシャルワーク実践には，地域化と予算・資源の分権化が必要不可欠であることを示唆するものと言えます。

　また，パッチシステムはコミュニティケア改革の影響に関わらず，コミュニティソーシャルワーク概念におけるカウンセリングと社会的ケア計画の統合的応答を図るという統合化の側面よりもむしろコミュニティ志向の側面のほうを強調しすぎていたことも指摘されています。ハドレイとマクグラスらがバークレイ報告に先立って 1980 年に出版した *Going Local* を翻訳し日本に紹介した濱野らによる『パッチシステム──イギリスの地域福祉改革』において平岡は，バークレイ報告におけるハドレイらの少数意見は，シーボーム改革が追求した課題のうち，コミュニティ志向という側面のみをさらに深化させようとするものだと指摘しています[24]。

　イギリスにおける歴史的評価としてパッチシステムはソーシャルワークの主流にはならなかったという見解もありますが，それでもなお注目されるべき点は，バークレイ報告がソーシャルワークの構成要素としてカウンセリングと社会的ケア計画を見いだし，そしてコミュニティソーシャルワークという概念によりこれらの統合的応答を図ろうとしたことにあります。これは 1959 年に「地方自治体保健・福祉サービスにおけるソーシャルワーカーに関する調査委員会」が提出したヤングハズバンド報告以来，ソーシャルワークの方法とされてきたケースワーク，グループワーク，コミュニティワークという三分法から脱却し，コミュニティソーシャルワークという概念によりソーシャルワークの方法論の統合化を図ろうとしたものとして大きな意義をもつと言えます。しかし，実際にはパッチシステムの先行により分権化が強調され，コミュニティソーシャルワークの統合的側面が弱められてしまったことは否めません。ただしソーシャルワークの統合的実践という視点はその後も引き継がれていったことは確かであり，ジョアン・バラクローはコミュニティケア改革による実践が進められる中において，「ソーシャルワーカーの本質的な任務はカウンセリングとソーシャル・ケアプランニングの結合である」と述べています[25]。

3 | イギリスにおけるコミュニティソーシャルワークに関する論点

　イギリスではパッチシステムとしてのコミュニティソーシャルワーク実践を推進していこうとする理論だけでなく，そのアプローチに内在する問題に対してさまざまな批判的見解が示されてきました。それらの批判の中で，鋭い視点でコミュニティソーシャルワークに潜む問題点を指摘しているベレスフォードの見解[26]を，濱野は以下の9点にまとめています[27]。これらの指摘を踏まえて，ここでは「インフォーマルケア」「参加」「財政」「専門職」という4つの観点で論点を整理し，今日的にコミュニティソーシャルワーク実践を展開していく際の留意点を考えていきます。

濱野一郎の整理によるベレスフォードの9つの批判

①「分権化」というが，サービス利用者，労働者，地域住民の発言権の度合いは限られている。

②住民の複雑な社会関係と相互扶助のあり方が「インフォーマルケア」や「インフォーマルネットワーク」という「福祉用語」に変形ないしは再定義されている。

③「コミュニティ志向と参加」と言われるものは，低報酬のあるいは報酬なしのボランティアの募集と彼らへの依存である。老人や障害者など伝統的に専門家からは高い優先順位を与えられてこなかったグループは彼らの仕事となる。仕事の分担は専門職としてのワーカーの判断によって決定される。

④住民とともにというが，そこで扱われる問題が低所得問題・劣悪な住宅の問題，社会的共同手段の不足，無感覚な政府や無秩序な市場の問題等であればそれらの問題は解決されるであろうか。

⑤ケアについて住民の役割を強調することは，外部要因によって発生した問題を再び私的領域に押し込めることである。しかもケアの責任は圧倒的に婦人によって担われるところから，これは婦人を伝統的な性役割に戻すこととなり，両性の平等の観点から問題である。

---

⑥親族によるケアは別にしても「インフォーマルケアネットワーク」というのはいまや幻想であり，それがあたかも存在するかのように言うことは危険である。

⑦『原著』のどの事例をみても権限や資源が現実に地域住民に委譲された例は見当たらない。また，どんな権限が委譲されるのかも不明である。権限はむしろ（トップから）ワーカーや中間職に与えられ，彼らの立場が強化されたのではないか。

⑧現実は分権化とは反対の方向に向かっているように見える。1982年現在，すでに『原著』中，2例がすでに目的の実現を脅かされている。重要なことは，すべての計画が外部の行政部局や学者によって立てられ，住民運動の結果でもなく，住民や利用者のイニシアティブでなされたものではないということである。

⑨中央政府による福祉サービスの後退とこのパッチシステムが意味するもの——パッチアプローチは政府にニーズ充足の安上がりな手段を提供する——を切り離して考えることは不可能である。

■ インフォーマルケアに関する論点

　ベレスフォードによる批判的見解において1つのキーワードとなるのが，②⑤⑥に見られるように「インフォーマルケア」です。インフォーマルなケアやネットワークを支援することは1968年のシーボーム報告におけるコミュニティケア政策でも打ち出されていましたが，1978年にボランタリーセクターについてまとめられたウォルフェンデン報告によってインフォーマルセクターの存在も明確にされ，1982年のバークレイ報告においてより一層注目されることとなりました。イギリスにおいてインフォーマルなケアとは，ボランタリーセクターによるケアとは区別され，マルコム・ペインは，「その個人と接触のある人びとによってその個人に提供されるケアであり，この人びとはケア提供のためではないがつながりを持っている」と説明しています[28]。日本の場合には，家族や親族，友人に加えて，個人ボランティアやボランティアグループ，NPOなどもインフォーマルとして捉えられていることがありますが，イギリスでは，インフォーマルケアという場合，ほとんどが家族によるものであり，時折，友人や隣人によって行われるケアを指しています。

バーバラ・メレディスは，1985 年のイギリスの調査において 600 万人が介護ニーズをもつ人に何らかのサポートを提供しており，140 万人の介護者が 1 週間に 20 時間以上のケアを提供していること，これらの 26％は 65 歳以上の人びとによって占められていることを示しながら，コミュニティケアの実質的な担い手がインフォーマルな人びとであり，状況によってはニーズ充足に危うさがあることを論じています[29]。

　この調査結果のように，たしかにインフォーマルケアは存在し多くの人びととがそれに頼っていることは事実ですが，一方でインフォーマルケアネットワークが存在しない場合があることも忘れてはなりません。アランは，バークレイ報告がインフォーマルケアを提供するインフォーマルなネットワークが容易に存在しているという仮定に基づいていると指摘しており[30]，これをもとにクールシェッドとオームはインフォーマルケアの提供を支援する際の重要な考察事項を以下の 4 点にまとめています[31]。

①親類の関係において，ケアの負担は女性にかかる。
②コミュニティの先行研究と異なり，ケアを必要とする人びとは，しばしば地域において関係を築き上げるために十分な時間を費やしていない人びとである。あるいは，家がないか，社会的に根がないか，土地やコミュニティへの関心を持っていない人びとである。
③援助が必要とされる問題の本質は，家族や親類関係の崩壊によって悪化させられており，それは援助が必要な段階や時には過去における問題からである。例えば，家族の中に精神障害の問題を持っている者がいる場合，他人が気づくまでもなく「インフォーマルケア」を供給しているに違いない。援助が求められる段階は，いかなる理由であろうとも彼らがもはやケアをできなくなった段階である。
④問題の本質は，コミュニティにおいて友人や隣人との強固で積極的な関係を築き上げていないことを意味する。他に代替がないために，公的機関にアプローチされるのである。

　これらが指摘するようにインフォーマルケアという曖昧な言葉で地域に幻想を抱くことは危険です。コミュニティにおけるインフォーマルネットワークの状況を丁寧に把握し，その関係性をしっかりと見極めたうえでのインフォーマ

ルケアネットワークとの協働が重要になります。

　また，前述の調査では全介護者の約75％が女性であることが明らかにされ，特に高齢の親族に対して女性の介護役割があてにされている結果が明らかとなりました。インフォーマルケアの内実は多くが親族であり，かつ女性であることを忘れてはなりません。フェミニズムの立場からのコミュニティケア政策への批判は，家族内の相互扶助こそが家族にとって大切であるという家族神話によって女性が犠牲を強いられている状況を訴えるものです[32]。

　そのためコミュニティソーシャルワーク実践におけるインフォーマルな人びととの協働は，インフォーマルケアの担い手も含め，地域で生活するすべての人びとの自己実現を目指していく視点をもって進めていく必要があります。

　ただし，インフォーマルケアの担い手の多くは家族内の女性であるという指摘には，ケアという言葉の矮小化が見られます。インフォーマルケアへの批判的見解は，身体的ケアの提供者を前提として問題を指摘していますが，ケアには精神的ケアの側面もあり，これは情緒的サポートの源でもあります。自らが人生の中で育んできた人間関係が精神的ケアの提供者として重要な役割を果たしているからこそ，インフォーマルな人びととの適切なパートナーシップが必要となるという視点を忘れてはなりません。

■　住民参加に関する論点

　次に分権的多元主義の主要なキーワードである「住民参加」について見ていきます。ベレスフォードは①④⑦の見解のように問題の種類によっては住民とともに解決していくことが困難であることを指摘しています。

　この「住民参加」に関する論点は，歴史的に見るとコミュニティディベロップメントにおける葛藤としても論議されてきたものです。例えば，取り組もうとしている社会資源開発が，他の地域住民や社会的サービスの優先順位とは異なったり，時には相反する利益に関する人びとをコミュニティの意思決定過程へ参加させていこうとする中での葛藤です。住民参加は，諸機関の地域ニーズに対する敏感さを促すものの，地域へ影響力を及ぼすことは難しく，さらに地域全体としての利益と個人の利益は区別され，地域課題の優先順位が異なってくるという問題があります。

　また，マルコム・ペインは，パッチシステムにおいて一般的であれ特殊な場

合であれ，意思決定過程への真の参加が生まれたようには見えないと述べており[33]，これに関してノーマン・ジョンソンの *The Welfare State in Transition* を翻訳した青木らもその解説において，地域住民全員が参加できるとは考えられず，労働階級よりもむしろ中産階級の参加が多くなり，かつコミュニティの中で社会的な不利益を被っている住民は孤立分断されており，参加はあまり実現されないと論じています[34]。

　これらは，住民参加と言いながら結論が最初から決まっていたり，専門職主導になっているのではないか，本当に支援を必要とする人びとの声を聴いているのかという指摘であり，とても重要です。しかし，不十分であるからこそ，参加できる場・機会を作っていくことが大事であると言えます。

　なお，この住民参加については，アメリカのアーンスタインがバークレイ報告の以前から市民参加の段階として8つの梯子のモデルを使って整理しています。これは形だけの市民参加でなく，真の市民参加とは何かを考えるうえで示唆に富むものです[35]。

アーンスタイン（1969）の市民参加の8つの梯子	
8　住民自治	住民が主体となり，すべてを自主的に行う
7　権限委譲	決定権限を住民に委譲，住民側も責任を負う
6　パートナーシップ	参加する住民と行政の対等な力関係で行政主導をなくす
5　譲歩	住民代表者を選出するが，影響力を少なくする
4　表面的意見聴取	住民の意見を求めるが，反映されるわけではない
3　情報提供	情報を住民へ提供し住民参加の体裁を整えるが，一方的通知
2　鎮静	反対する住民の感情を緩和するために参加させる
1　世論操作	全面的賛同者を行政側の協力者として参加させる

　このアーンスタインによる市民参加は，地域で生じている問題解決に向けた取り組みの意思決定と行動に関するものですが，先ほどインフォーマルケアに関する論点でも取り上げたように，コミュニティソーシャルワークにおける住民参加には，個別支援ネットワークへの住民参加も含まれます。

　そのため，コミュニティソーシャルワークにおける住民参加には，次の5つ

のレベルがあることに留意する必要があります。

> コミュニティソーシャルワークにおける住民参加
> ①支援を必要とする人・家族が育んできた社会関係を維持していく意味での住民参加（既存のインフォーマルな人びとも含めたソーシャルサポートネットワークの形成）
> ②支援を必要とする人・家族と新たにつながる意味での住民参加（新たなソーシャルサポートネットワークの形成）
> ③周りに気づかれていない個別ニーズを住民同士で共有していくための住民参加（生活問題を取り上げた学習会や座談会の開催，生活実態把握調査の実施など）
> ④地域に関する取り組みの意思決定に関わる住民参加（計画策定委員会や公的会議への委員参加，意見提出など）
> ⑤地域内の問題解決に取り組む住民参加（支え合い活動への参加）

　住民参加を論じる際には，これらを混同することなく区別して議論する必要があります。また，すべての住民の生活問題を住民参加によって解決できるわけではなく，必要に応じて専門職の協力が求められます。そして時には地域住民だけでなく，その地域に働きに来ている人びとや学びに来ている人びとなど，多様な人びとの参加も大切です。

■　専門職に関する論点

　実はバークレイ委員会では，議論を重ねていく中でさまざまな意見が出され，それぞれの意見を尊重する形で，2つの少数派の見解が併記されています。そのため本文は多数派報告とも呼ばれます。

　少数派報告の1つは，パッチシステムを推進していたハドレイらによるものです。ハドレイらの考えは，多数派報告と共通していましたが，報告が理念だけにとどまらないようにという考えから，報告で提案している内容をより具体的に推進する方策を明記すべきであると強調しました。これは，すでにパッチシステムとしての実績に基づくものです。

　もう1つの少数派報告は，ソーシャルワーカー養成に関わってきたピンカーによるものであり，ソーシャルワーカーの専門職論議からの問題提起をしてい

Column②　住民とは誰か

　地域福祉において「住民」や「地域住民」という言葉がよく使われますが，では具体的に誰のことを指しているのでしょうか。

　日本の地方自治法では第2章が住民に関する規定となっており，第10条では「市町村の区域内に住所を有する者は，当該市町村及びこれを包括する都道府県の住民とする。」と定められています。

　こうしたことから「住民」という場合，住民登録をしている人びとという捉え方をしている人も多いと思います。しかし，コミュニティソーシャルワークとして関わる相手は，「住所を有する者」だけでなく，その地域に働きに来ている人びとや学びに来ている人びとも含まれます。

　そのため，安易に「住民」という言葉を使用しないことが大切であり，私は多様な人びととの参加や協働について取り上げる時には，「地域内の人びと」という表現をするようにしています。

　また，この場合の「地域」とは「一定の地理的範囲」のことであり，その圏域は自治会・町内会，小学校区，中学校区，行政区等，多層的に捉えられるものであり，支援者がアプローチする目的に応じて異なるものです。

　さらには，「地域内の人びと」だけでなく，時には「地域外の人びと」の参加・協働が必要になる場合もあります。例えば，長年引きこもっていた場合，自分が暮らしている身近な地域よりも離れた場所にある社会資源のほうが利用しやすかったり，また家庭内の困りごとを同じ地域の人びとに知られたくないという思いから，離れた場所に住む人に手伝ってもらいたいという人もいるからです。一方で，認知症の人を支えるために，近隣の人びととの理解や協力を得たいという場合は，同じ地域に住む「住民」へのアプローチが必要な時もあります。したがって，「住民」という用語が適切なのか，そうでないのか，よく考えたうえでの地域へのアプローチが求められます。

　本書での「住民・地域住民」「市民」「地域内の人びと」は次の意味です。

住民・地域住民…一定の地理的な範囲に居住している人びと
市民………………地方自治体である市に住民登録をしている人，自分が暮
　　　　　　　　らす地域をよりよいものにしようという意識をもつ人
地域内の人びと…一定の地理的な範囲に居住している人びとに加えて，通
　　　　　　　　勤や通学等で来ている人びと

ます。彼はソーシャルワークをソーシャルケースワークと同義語として捉え[36]，ソーシャルワーカーのカウンセリング機能を重視する立場からバークレイ報告に賛同しませんでした。彼はソーシャルワークの焦点は普遍主義的であるよりも選別主義的であり，アプローチに関しては予防的であるよりも対応的である点にあると考えました[37]。さらに，社会的ケア計画という用語はソーシャルワーカーの能力と資格を超えた責任範囲を意味し，カウンセリングと社会的ケア計画という両方のまったく異なるレベルで仕事をしようとするソーシャルワーカーはどちらの職務においても優れた仕事はできないであろうと述べています[38]。この指摘は，ソーシャルワーカーの養成，訓練に関わるものとして重要であり，たしかにコミュニティアプローチにおいて求められるジェネラリストを養成しようとする場合，詰め込まれたカリキュラムにより表面的なジェネラリスト以上にはなれず，逆にソーシャルワーカーの専門性が問われることとなりかねません。このほか，ピンカーはコミュニティに過大な期待をもつことに疑問を投げかけています[39]。重要な指摘ではありますが，コミュニティに問題解決機能がないからこそ，コミュニティソーシャルワークにおいてコミュニティに対するアプローチが重要な役割を果たすという点を見逃していると言えます。

　今日的評価として，ピンカーがバークレイ報告において示した見解はソーシャルワーク機能を狭く捉えたものと言えます。ただし，イギリスではコミュニティワークはソーシャルワークに包括される概念ではなく，ソーシャルワークよりも広い領域で独自に発展してきた概念であるという歴史にも目を向ける必要があります。ピンカーはソーシャルワークとコミュニティワークに関わる専門職の間に一線を画していたと思われます。しかしながら，それはソーシャルワーカーとして何をすべきかという専門職からの観点であり，地域住民の生活を支援していくために何が必要なのかという住民ニーズからの観点ではありません。

　一方，パッチシステムの実践の中からは職員の職務に関する問題が明らかとなってきました。例えばハドレイらはドックランズのチームにおける問題点を4つ挙げています。①他の職務との境界が薄れる結果，自己が依拠している特定の職位が消え失せてしまうかもしれない，②ワーカーを経験や訓練によって準備されていない職務に就かせねばならない場合がある，③コミュニティソー

シャルワークが求め，また生み出す「通常以外」の業務が多い，④以前の職務形態によって樹立されてきた不公平な賃金体系，についてです[40]。パッチシステムにおいてコミュニティワーク機能が求められていたにもかかわらず，ソーシャルワーカーとコミュニティワーカーの連携が地域によってうまくいかなかった原因には，こうした理由もあったためと考えられます。

　このようにイギリスではコミュニティソーシャルワークというジェネリックなソーシャルワーク実践において，既存の専門職の役割分担が揺らぎ，また専門職養成における問題が指摘されました。この歴史から学ぶべきは，チームとして統合的なソーシャルワーク実践を展開する大切さです。コミュニティソーシャルワークは1人のソーシャルワーカーや単独の機関で実践できるものではなく，多機関多職種のチームによってコミュニティソーシャルワーク実践を展開していくシステム構築という視点が重要となります。

■ 財政に関する論点

　コミュニティソーシャルワークは資本主義経済における諸刃の側面をもっていることも指摘されており，ベレスフォードによる③と⑨の指摘は，この部分を鋭く突くものです。すなわち，政府の政治的責任を導くことができればソーシャルワークはより平等的で参加型の方式を生み出していきますが，このアプローチには誤って使用される可能性もあります。それは，政府が公的責任を果たさずに問題解決を住民に求める場合にも，コミュニティアプローチはその目的に貢献することができるからです。

　政府の財政負担軽減を目的としたコミュニティケアに対する懸念は，すでにバークレイ報告の1年前に公表された保健社会保障省『コミュニティケアに関する研究報告』（1981年）においても示されており，次のように記述されていました[41]。

保健社会保障省『コミュニティケアに関する研究報告』パラグラフ3.27

　ある種の人びと，ことにひとり暮らしの人びとにとっては，コミュニティを基盤とするケアのパッケージのほうが常に費用が安く済み，福祉施設や病院でのケアに比べてより有効であるとは必ずしも言えない。コミュニティケアのほうが安くつくといっても，それは単にサービス提供の水準

が低く見積もられているから，という場合さえ有り得る。

　　バーバラ・メレディスは，この文を引用してこのような見解は今日にもそのまま当てはまるであろうと述べ[42]，コミュニティケア政策を財政負担軽減という視点から見る危険性を指摘しています。しかしコミュニティソーシャルワーク実践の広がりの背景には，インフォーマルケアの活用による財政支出削減が意図されていたことは否定できません。実際にゴードンとドナルドの研究によってコミュニティソーシャルワーク実践は家族や友人，隣人によるケアを拡大するという点では効果がなかったことが明らかにされ，インフォーマルケアを開拓しようとする政策は誤りであると指摘されています[43]。イギリスにおいてコミュニティソーシャルワーク実践が財政支出抑制策と結びついて展開されたことを，私たちは批判的に学ばなければなりません。行政の使命として効果的な財源の活用は重要ですが，コミュニティソーシャルワーク実践においては，安上がりのみを目的とした政策に貢献するためのインフォーマルネットワークとの協働であってはなりません。

　　しかし，現在の日本では，こうした観点での社会福祉政策が始まっています。例えば，介護保険制度の改正により，要介護度が要支援1・要支援2の人たちに対する介護給付の一部について，住民など多様な担い手が関われるようにするため，2015年から生活支援体制整備事業が行われています。政府は地域ごとに柔軟な対応ができるようにということを名目としていますが，そのねらいは介護保険サービスの公的支出抑制にあります。これは「安上がり福祉」のために住民の助け合いを利用しようとする政策とも言えます。この事業については，改めて取り上げますが，地域の支え合いは公的サービスの支出を減らすことでなく，インフォーマルネットワークがもっている情緒的サポート機能など，人と人の関係が生み出す本来の価値があるからこそ大切なのです。本来，介護保険制度は介護の社会化のために創設された制度であり，家族や地域の支え合いでは対応できない問題に対して，公的機関がしっかりと対応していくことが求められます。

■ コミュニティソーシャルワークの概念範囲
　　イギリスにおけるコミュニティソーシャルワークは，バークレイ報告を機に

さまざまな定義化が行われてきました。コミュニティソーシャルワークという概念は，何を重視し，どのような要素で構成されているのか，各研究者による説明をバークレイ報告後に出された順で見ていきます（表1-1）。

　ヘンダーソンとトーマス（②）は，コミュニティソーシャルワークが専門職だけでなくインフォーマルな人びととの協働によるアプローチであることを重視しており，そこからコミュニティソーシャルワークと言えるもの，言えないものを挙げています[44]。この説明を見て気になるのは，コミュニティソーシャルワークではないものとして「コミュニティソーシャルワーカーの実践」が最初に挙げられていることです。日本でもコミュニティソーシャルワーカーの配置と実践が広がる中で，この説明に戸惑う人もいると思います。これを理解するためには説明全体を見る必要があり，要は専門職だけで支援すること，あるいはインフォーマルな人びとだけでケアをしている状態はコミュニティソーシャルワークではないということです。

　スマイルら（③）は，ネットワークや協働の重要性だけでなく，個人や地域のストレングス，サービス利用における意思決定という点を強調しています。主要な目的として，社会的ネットワークによって不利な立場に置かれている人たちが，新しく，より有益な関係を達成することを強調しており，これは本人の意向よりも専門職の見解あるいはインフォーマルな人びとの意向が優先されがちであることを指摘するものと言えます。そして問題の解決にあたっては，問題に直面している人自身が取り組んでいけるようにというソーシャルワークの視点が重視されています[45]。

　また，コミュニティケア改革後の1995年に出されたソーシャルワーク辞典（④）では，コミュニティソーシャルワークについて地域を基盤とし既存のソーシャルネットワークとの協働を重視したアプローチとして解説しています[46]。地域を基盤とするというのは，小地域ごとに専門職チームを配置してその地域の人びとと協働していくパッチシステムのことであり，コミュニティケア改革によりパッチシステムは解体されるものの，クライエントを取り巻く人びとにも目を向けてともに支援するという視点をソーシャルワークに根づかせた重要な契機として捉えられています。

　ゴードン・ジャック（⑤）は，コミュニティソーシャルワークの目的について，地域の団体への支援やソーシャルサポートネットワークの開発・維持とし

表1-1　バークレイ報告および海外の研究者によるコミュニティソーシャルワーク概念

① Barclay Committee（1982） *Social Workers: Their Role and Tasks*, National Institute for Social Work, p.xvii

この用語は，公的機関によるソーシャルワークとして，個人や集団に影響を与える問題および社会サービス部局と民間組織の責任や資源に始まり，われわれのコミュニティの基本的定義を構成するフォーマル，インフォーマルな関係の地域ネットワークやクライエントの共通関心コミュニティの力量を開発，支持し，権限を与え，また強化することを目的とする業務を意味する。

② Paul Henderson and David N. Thomas（1985） "Out into the Community," *Community Care*, 1.8.85: pp.17–19

コミュニティソーシャルワークでないのは：a)「コミュニティ・ソーシャルワーカー」の実践。b) ケース志向のチームに加わった，臨時のプロジェクト，グループ，ボランティア。c) コミュニティワーク。d) ほとんどのインフォーマルなケアネットワーク。e) 単なる地方自治体サービスとボランタリーセクター間の供給のバランスの移行（共同計画におけるパートナーシップが決定的であるが）。コミュニティソーシャルワークは：a) 個人の問題に対する専門的治療法のモデルから離れること。b)（消費者にとって）大きく過度に官僚的なエリアチームに組織されたグループ，さもなければ匿名のワーカーによって提供されるサービスから離れること。c) 組織的，専門的に過度に分割されたサービスから離れること。d) その区域で「クライエント」あるいは他の関わっている専門職にだけ知られている専門職サービスから離れること。

③ G. Smale, G. Tuson, M. Cooper, M. Wardle and D. Crosbie（1988） *Community Social Work: A Paradigm for Change*, National Institute for Social Work, pp.67–68

コミュニティソーシャルワークアプローチは，
- ソーシャルワーク機関全体の機能を受け入れる。それはチームの中やチームと他のフォーマル，インフォーマルな介護者の間で役割分担された共同の活動に基づいている。
- ソーシャルワーク機関内やソーシャルワークスタッフと彼らが一緒に働く人びととのネットワーク間の共同の活動に基づいている。
- 有効性を最大にするための計画を伴う。コミュニティにおいてたいていのケアやスーパービジョン，管理は，親や親類，隣人，他のインフォーマルな介護者と他機関のスタッフによって行われている。これらの人びとの行動は，コミュニティの中でケアと管理のパターンを構成する。計画は，これらの人びとがどのようにお互いと関係をもっているか，そして特にどのようにして社会的ニーズが利用可能な資源と関わっているかについての分析に基づく。活動の優先順位と方法は，この分析や人びとがいかに関わるべきかの判断に基づく。
- 人びとの変化と彼らのニードにとって役に立つ資源となる人びととの関係性に関わる。主要な目的は，社会的ネットワークによって不利にされる人たちが，新しく，より有益な関係を達成することである。
- サービスの効果的な提供を含む。特徴的な有効性は，サービス提供に際しての意思決定や実際のサービス提供への参加を通して，人びとのニーズを満たすように調整されたサービスへの接近性と選択である。
- 自分自身の問題解決に携わる強さと能力を強調する。実践の目的は，人びとがお互いに助け合い，社会的問題を解決していく能力を引き継ぐよりむしろ，それを高めることを目指す。

④ Martin Thomas and John Pierson eds. (1995)
Dictionary of Social Work, Collins Educational, pp.83-84

「地域を基盤とした支援を促進または維持しようとするソーシャルワークへのアプローチであり，すでにクライエントへケアを提供している人びとを対象とする」

コミュニティソーシャルワークの概念は，最初にバークレイ報告において打ち出された。報告ではイギリスにおいてクライエントへのケアの大部分が個人的な関係にある人びと，すなわちほとんどが家族によって提供されており，彼らは支援を受ける独自の関係や源をもっているとみなしている。コミュニティソーシャルワークの目的は，これらのインフォーマルな支援の源をよい状態で保障することであり，クライエントが支援のネットワークや資源をもっていない場所では，それを作り上げることを求めた。

バークレイ報告で述べられているように，コミュニティソーシャルワークは個人やグループに影響を与えている問題から始まり，そしてその問題を解決するためにフォーマルやインフォーマルな関係の地域ネットワークを支援し促進しようとするものである。その活動スタイルは，分権化と地域性であり，初期段階のソーシャルワークでクライエントにしようとしたであろう関わりを（十分ではないが）地域の人々が行うために，彼らのイニシアティブや能力を頼りにする。

コミュニティソーシャルワークがソーシャルワーカーに要求することは，クライエントを家族メンバーとしてだけでなく，より広いソーシャルネットワークの一部として見ること，そしてクライエントが実際にもっている，または潜在的に開発されうるつながりに焦点を合わせることである。これらのつながりは，家族ネットワークや近隣とのつきあい，人びとに共通の問題を扱う際の利害の共有などに基づいている。

コミュニティソーシャルワークは公式に認められたものに限り，すなわちパッチチームにおいて顕著に成果を上げてきた一方で，ソーシャルワーカーは今や家族や介護者やクライエントを取り巻く支援システムにかなり注意を払うという意味で効果があった。ケアやそれを提供する近隣住民やボランティアのコーディネートにおいて家族の参加を計画することは，デイケアや短期間の施設ケアのようなサービスで支持され，コミュニティソーシャルワークが果たそうとする何かを表している。

⑤ Gordon Jack (2000) Martin Davies, ed.,
The Blackwell Encyclopadia of Social Work, Blackwell Publishers, p.72

コミュニティソーシャルワークの目的は，地域にある団体への支援を確立し提供すること。そしてコミュニティにおけるソーシャルサポートネットワークを開発し維持することである。それはより個別的なアプローチのソーシャルワークとは対照的に，通常パッチや近隣を基盤にしたチームにおいて展開されている。最も個人的なケアは専門家よりもむしろ親類や友人，近隣住民によって提供されているという見解から，コミュニティソーシャルワークはニーズを見いだし，サービスを提供するために適切な支援ができる場合には，住民相互の助け合いを奨励し，コミュニティの資源を活用しようとするものである。

ており，地域相互の助け合いや地域の社会資源の活用について述べています[47]。

このように見てくると，コミュニティソーシャルワークの構成要素には，個別支援に関わる要素と地域支援に関わる要素，さらには専門職や住民との連携

等によるソーシャルサポートネットワークに関わる要素等が含まれていると言えます。そのため概念的範囲は非常に広く捉えられがちですが，ヘンダーソンとトーマスが提示しているように，これらの機能を統合的に展開していく観点がなければコミュニティソーシャルワーク実践とは言えません[48]。

　また，これらの定義においても既存の社会関係に目を向けることが挙げられているように，地域との関わりの中で生活を営んでいくためのソーシャルワーク実践であることから，地域内の社会関係に関係なく施設内や機関内等で完結するソーシャルワークをコミュニティソーシャルワーク概念に含むことは妥当ではありません。この点に関して田中は，ソーシャルワークの概念図においてソーシャルワークにはコミュニティソーシャルワークに包含されないクリニカルソーシャルワークの部分もあることを示しています[49]。したがって，これからの方向性としてソーシャルワークのすべてがコミュニティソーシャルワーク概念に収斂されるのではなく，地域における社会生活の支援に関わるものとしてその範囲は限定されるのです。ただし，施設内や機関内での支援において，本人や家族を取り巻く社会関係を考慮しなくてもよいとは考えません。短期的にも長期的にも社会関係を視野に入れた支援は追求されるべきものです。

　また，コミュニティソーシャルワークは地域内の社会関係を重視するがゆえの難しさを有しています。例えば，パッチシステムを推進したハドレイらも児童虐待等の事後的アプローチとしてのコミュニティソーシャルワークの困難性を認めています[50]。すなわち地域住民とのかなりの親密さによって活動を展開していくコミュニティソーシャルワークは，児童虐待が発生した後に強い措置権限を行使するケースへのアプローチとしては不適切であり，その予防的アプローチにおいては有効性を発揮するものであるとしています。この意味において，コミュニティソーシャルワークによるジェネリックアプローチには限界があり，すべてのケース，すべての段階において対応できるものではありません。そのため，ハドレイらはパッチシステムにおいて，ジェネリック（一般的・包括的）とスペシフィック（専門的）の二段構えのアプローチを推奨しています。

　なお，ケアワークの位置づけについてはバークレイ報告において明確にされていません。マルコム・ペインは図1-1のようにコミュニティケアに関するソーシャルワークの3つの役割として「ケアマネジメント」「コミュニティ

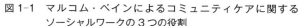

図 1-1　マルコム・ペインによるコミュニティケアに関する
　　　　ソーシャルワークの３つの役割

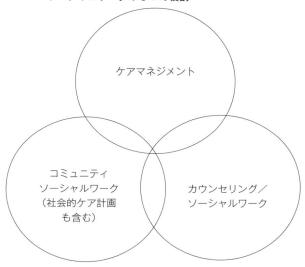

ケアマネジメント

コミュニティ
ソーシャルワーク
（社会的ケア計画
も含む）

カウンセリング／
ソーシャルワーク

（出所）　Malcolm Payne（1995）（本章注 33 参照）

ソーシャルワーク（社会的ケア計画も含む）」「カウンセリング／ソーシャルワーク」を提示していますが[51]，ケアワークの位置づけについては取り上げられていません。

　この点に関してハドレイらは，ケアワークのような非ソーシャルワーク的技術の価値を承認することを重要視しています。例えばホームヘルパーは，ソーシャルワーカーのように行動する必要はないが，改善の代理者として個々のクライエントに関わることは可能であり，またホームヘルパーとしての実践活動を通じて，対象者とのよきラポートを発展させるであろうと述べており，ケアワークにおけるソーシャルワーク的機能を認めています[52]。

　ケアワークは身体的ケアだけでなく精神的ケアの側面からも重要であり，またケアワークを通して信頼関係を築きながら本人や家族の自己実現への働きかけを行っていくことは生活支援に不可欠なものです。

　日本ではソーシャルワークとケアワークの統合的展開という観点からソーシャルケアサービスという用語も使われるようになっています。ケアワークは

地域生活支援における個別支援として重要なものであり，ケアを通したエンパ
ワメント等のソーシャルワーク機能を有していることから，コミュニティソー
シャルワークを展開する支援チームの重要な一員であると言えます。

注——————————

1) Seebohm Committee（1968）*Report of the Committee on Local Authority and Allied Personal Social Services*, HMSO.（= 1989，小田兼三訳『地方自治体と対人福祉サービス（英国シーボーム委員会報告書）』相川書房）

2) Barclay Committee（1982）*Social Workers: Their Role and Tasks*, National Institute for Social Work, p.vii.（= 1984，小田兼三訳『ソーシャル・ワーカー＝役割と任務（英国バークレイ委員会報告）』国際社会福祉協議会，vii 頁）

3) 前掲書，p.vii（= viii 頁）。

4) 前掲書，pp.vii–viii（= viii 頁）。

5) 前掲書，p.viii（= ix 頁）。

6) 前掲書，p.viii（= ix 頁）。

7) 前掲書，pp.x–xi（= xii 頁）。

8) 前掲書，p.xiv（= xvi 頁）。

9) 前掲書，pp.xiv–xv（= xvii 頁）。

10) 前掲書，p.xvii（= xx 頁）。

11) 前掲書，pp.198–218（= 264–290 頁）。

12) Michael Bayley（1973）*Mental Handicap and Community Care: A Study of Mentally Handicapped People in Sheffield*, Routledge and Kegan Paul.

13) イギリスの障害者福祉領域でコミュニティケアが求められるようになってきた歴史的経緯については，次の論文が参考になります。星野信也（1988）「イギリスの障害者福祉——コミュニティ・ケアの限界」『海外社会保障情報』84：1–14 頁。

14) Seebohm Committee（1968）前掲書（注1），151 頁。

15) Roger Hadley, Mike Cooper, Peter Dale and Graham Stacy（1987）*A Community Social Worker's Handbook*, Tavistock Publications, p.6.（= 1993，小田兼三・清水隆則監訳『コミュニティソーシャルワーク ハンドブック——地域福祉を進める技術』川島書房，7 頁）

16) Paul Henderson and Tony Scott with Clive Miller, Gerry Smale and David N. Thomas（1984）*Learning More About Community Social Work*, National Institute for Social Work, pp.1–5.

17) 小田兼三（1993）『現代イギリス社会福祉研究——日本からみた理論・政策・実践と課題』川島書店，165 頁。

18) Roger Hadley et al.（1987）前掲書（注15），p.15（＝15頁）。

19) 冨田明裕（1988）「パッチシステムの特徴」濱野一郎・大山博編『パッチシ
ステム——イギリスの地域福祉改革』全国社会福祉協議会，44頁。

20) Roger Hadley with Brian Leidy（1996）"Community Social Work in a Market
Environment: A British-American Exchange of Technologies and Experience," *The
British Journal of Social Work*, 26(6): pp.824-825.

21) 前掲書，p.825。

22) 津崎哲雄（2000）「ソーシャルワークとソーシャルポリシー——保守党政権
下英国におけるソーシャルワークの変貌」右田紀久恵・秋山智久・中村永司編
『社会福祉の理論と政策』中央法規，131頁。

23) Norman Johnson（1987）*The Welfare State in Transition: The Theory and
Practice of Welfare Pluralism*, The University of Massachusetts Press, p.59.（＝1993,
青木郁夫・山本隆共訳『福祉国家のゆくえ——福祉多元主義の諸問題』法律文化
社，63頁）

24) 平岡公一（1988）「分権的多元主義とパッチシステムの理論」濱野一郎・大山
博編『パッチシステム——イギリスの地域福祉改革』全国社会福祉協議会，31
頁。

25) Joan Baraclough, Grace Dedman, Hazel Osborn and Phyllis Willmott（1996）
100 Years of Health Related Social Work 1895-1995: Then-Now Onwards, British
Association of Social Workers.（＝1999，児島美都子・中村永司監訳『医療ソー
シャルワークの挑戦——イギリス保健関連ソーシャルワークの100年』中央法規,
116頁）

26) Peter Beresford（1982）"Public Participation and the Redefinition of Social
Policy," Catherine Jones and Jane Stevenson eds., *The Year Book of Social Policy
1980-1981*, Routledge & Kegan Paul, pp.22-25.

27) 濱野一郎（1988）「パッチシステム研究の意義」濱野一郎・大山博編『パッ
チシステム——イギリスの地域福祉改革』全国社会福祉協議会，15-16頁。

28) Malcolm Payne（1986）*Social Care in the Community*, Macmillan, p.127.

29) Barbara Meredith（1993）*The Community Care Handbook: The New System
Explained*, Age Concern England, p.23.（＝1997，杉岡直人・平岡公一・吉原雅昭
訳『コミュニティケアハンドブック——利用者主体の英国福祉サービスの展開』
ミネルヴァ書房，11-12頁）1995年の第2版では，1990年の調査結果として680
万人が介護を担っており150万人が1週間に20時間以上のケアを行っている実
態を紹介しています（原著，2nd ed.：p.26）。

30) Graham Allan（1983）"Informal Networks of Care: Issues Raised by Barclay,"
British Journal of Social Work, 13(4): pp.417-433.

31) Veronica Coulshed and Joan Orme（1998）*Social Work Practice*, 3rd ed., Macmillan, p.221.

32) コミュニティケア政策に対するフェミニズムの立場からの批判については，次の論文が参考になります。渋谷敦司（1993）「フェミニズムの視点からみたコミュニティ・ケア政策の問題点」『茨城大学地域総合研究所年報』26：5-26頁。

33) Malcolm Payne（1995）*Social Work and Community Care*, Palgrave, p.169.（＝1998，杉本敏夫・清水隆則監訳，日本社会福祉士会監修『地域福祉とケアマネジメント——ソーシャルワーカーの新しい役割』筒井書房，222頁）

34) 青木郁夫・山本隆（1993）「解説」ノーマン・ジョンソン著，青木郁夫・山本隆共訳『福祉国家のゆくえ——福祉多元主義の諸問題』法律文化社，244頁。

35) Sherry R. Arnstein（1969）"A Ladder of Citizen Participation," *Journal of the American Institute of Planners*, 35（4）: pp.216-224.

36) Barclay Committee（1982）前掲書（注2），p.239（＝319頁）。

37) 前掲書，p.237（＝316頁）。

38) 前掲書，pp.246-247（＝329頁）。

39) 前掲書，pp.241-242（＝322-323頁）。

40) Roger Hadley et al.（1987）前掲書（注15），p.187（＝197頁）。

41) Department of Health and Social Security（1981）*Report of a Study of Community Care*, London.（訳文はバーバラ・メレディス著，杉岡直人・平岡公一・吉原雅昭訳（1997）『コミュニティケアハンドブック』ミネルヴァ書房，27-28頁を引用）

42) Barbara Meredith（1993）前掲書（注29），p.36（＝27-28頁）。

43) David S. Gordon and Sheena C. Donald（1993）*Community Social Work, Older People and Informal Care: A Romantic Illusion?*, Ashgate Publishing Company, p.169.

44) Paul Henderson and David N. Thomas（1985）"Out into the Community," *Community Care*, 1.8.85: pp.17-19.

45) Gerald Smale, Graham Tuson, Michael Cooper, Michael Wardle and David Crosbie（1988）*Community Social Work: A Paradigm for Change*, National Institute for Social Work, pp.67-68.

46) Martin Thomas and John Pierson eds.（1995）*Dictionary of Social Work*, Collins Educational, p.8.

47) Gordon Jack（2000）"Community Social Work," Martin Davies ed., *The Blackwell Encyclopedia of Social Work*, Blackwell Publishers, p.72.

48) Paul Henderson and David N. Thomas（1985）前掲書（注44），pp.17-19。

49) 田中英樹（1996）『精神保健福祉法時代のコミュニティワーク』相川書房，88頁。

50) Roger Hadley et al. (1987) 前掲書（注15），p.165（= 173 頁）。

51) Malcolm Payne (1995) 前掲書（注33），p.2（= 16 頁）。

52) Roger Hadley et al. (1987) 前掲書（注15），pp.150–151（= 158 頁）。

※　本章は日本社会事業大学社会福祉学研究科博士後期課程学位論文（2010）「福祉専門職による地域生活支援スキルの促進要因分析——コミュニティソーシャルワークの観点から」で執筆した内容をベースに書き直したものです。

第 2 章

コミュニティワークと
コミュニティソーシャルワーク

第 1 章ではイギリスのコミュニティソーシャルワークを概観してきました。1982 年にバークレイ報告が公表されると，日本でも全国社会福祉協議会が発行する『月刊福祉』にその内容を取り上げる記事が連載され，社会福祉関係者の間で話題となりました[1]。しかしその当時，地域福祉の主要な方法はコミュニティワークとされていたこともあって，コミュニティソーシャルワークは紹介にとどまり，再び注目されるのは 1990 年代になってからのことです。

本章では，アメリカ，イギリス，日本におけるコミュニティワークの変遷とコミュニティソーシャルワークとの関係性について見ていきます。

I コミュニティオーガニゼーションとコミュニティワークの変遷

コミュニティワークは，ケースワーク，グループワークと並んでソーシャルワークの主要な方法として位置づけられていますが，もともとコミュニティオーガニゼーションと呼ばれていました。日本の社会福祉へコミュニティオーガニゼーションという方法が紹介されるきっかけとなったのは戦後の社会福祉協議会（以下，社協）創設であり，その中心となった牧賢一らによって新たな組織が行う活動の理論的根拠として位置づけられ，アメリカやカナダの理論が

紹介されました[2]。しかし1970年代頃からはイギリスでのコミュティワークに関する議論の影響も受け，次第にコミュニティワークという言葉に置き換わっていきます。そして今日の日本ではコミュニティワークという呼称が社会福祉士養成カリキュラムでも使用されており，コミュニティオーガニゼーションはコミュニティワークの古い用語というイメージがつき，両者の違いはあまり意識されることなく同義語のように捉えられています。

　例えば高森らは1989年の『コミュニティ・ワーク』においてコミュニティワークとコミュニティオーガニゼーションについて詳細な解説を行っていますが，イギリスでのコミュニティワークに関する定見が確立されていないとの理由から，コミュニティオーガニゼーションとコミュニティワークを同義語として取り扱っています[3]。こうした捉え方は広く共有され続け，カナダを中心に世界各地で活動しているビル・リーが1999年に出版した *Pragmatics of Community Organization*（コミュニティオーガニゼーションの実践的研究）を武田が2005年に翻訳した際，書名を『実践コミュニティワーク』としたのは日本の状況を考慮したものと言えます[4]。

　このように日本では，コミュニティワークとコミュニティオーガニゼーションは明確に区別されることなく捉えられてきましたが，国際的に見ると安易に同義語として捉えられてはいません。そこで次に，アメリカにおけるコミュニティオーガニゼーションの歴史的変遷と日本への影響を見ていきます。

■　アメリカにおけるコミュニティオーガニゼーションの変遷

　アメリカでコミュニティオーガニゼーションという言葉が最初に用いられたのは，1912年の全米会議で報告されたバルドウィンの論文とされています。そこでは調整されたコミュニティプログラムやそれらを達成する手段に強調点をおき，プログラムの開発や共同の計画立案が課題とされました。

　その後，コミュニティオーガニゼーションによる実践の蓄積から理論の体系化が進み，代表的なものとしてはレイン報告（1932）における「ニーズ資源調整説」，W. ニューステッター（1947）の「インターグループワーク説」，カナダのマレー・ロス（1955）による「小地域組織化説」，そしてコミュニティオーガニゼーションの多様な方法を「小地域開発モデル」「地域計画モデル」「社会運動モデル」という3つのモデルに類型化したロスマン（1968）の理論等があ

ります[5]。

　日本では戦後の社協創設にあたり，新しい組織は何をするのか，その実践の基盤となる理論としてコミュニティオーガニゼーションに注目しました。その中心となった牧賢一は，コミュニティオーガニゼーションに関する海外の文献を日本に紹介し，また『社会福祉協議会読本』を執筆して，理論に基づく実践の普及に努めます。その後マレー・ロスが1955年に出した『コミュニティオーガニゼーションの理論と実際』が岡村重夫によって1963年に翻訳されたことで「小地域組織化説」が社協活動に大きな影響を与えていきました。マレー・ロスはコミュニティオーガニゼーションを次のように定義しています[6]。

> **マレー・ロス（1955）によるコミュニティオーガニゼーションの定義**
>
> 　地域社会がみずから，そのニーズと目標を発見し，それらに順位をつけて分類する。そしてそれを達成する確信と意志を開発し，必要な資源を内部外部に求めて，実際行動を起こす。このようにして地域社会が団結・協力して，実行する態度を養い育てる過程が，コミュニティオーガニゼーションである。

　この定義を詳しく見ていくと，まず地域住民が自分たちが暮らしている地域の問題を知り，どのような解決方策が必要なのかを見いだすことを挙げています。そしてどの問題から取り組んでいくのかを話し合って整理し，その際に，自分たち自身で取り組んでいくことが大事だという思いを共有したり，自分たちでもできるというイメージをもてるようにしていくことの必要性を述べています。そして住民自身が行動していくにあたっては，その地域内だけでなく，地域外の社会資源も活用するとしています。この時，支援者は地域住民自身が協力し合いながら，こうした取り組みを行っていこうとする気持ちを育んでいくことがコミュニティオーガニゼーションであると述べています。

　このように，この理論では地域で暮らす住民が民主主義の理念に基づいて，地域で起きている問題の解決に向けてどう協力していくかというプロセスを重視しており，住民参加による問題把握から合意形成を行い，行動していく過程に対する働きかけをコミュニティオーガニゼーションとしています。

　このマレー・ロスの小地域組織化説は，ソーシャルワークの視点が基盤になっているとも言えます。ソーシャルワーカーは相手に代わって問題解決を行

う専門職ではなく，問題に直面している人自身が問題へ対処していく力を高めていけるように支援する専門職であることが求められます。コミュニティオーガニゼーションは，地域で起きている問題を支援者が代わりに解決するのではなく，住民自身が問題に気づき，解決に向けて主体的に行動していけるように支援していく方法なのです。

　ロスマンはこのマレー・ロスの理論を「小地域開発モデル」とし，日本の社協活動では，この理論を基盤として小地域で福祉活動を行う住民の組織化や，同じ問題を抱える人びとを組織化する当事者組織化が行われていきました。こうしたことから日本の地域福祉概念は地域組織化を1つの柱として形成されていきます。

　その後，アメリカではケースワーク，グループワーク，コミュニティオーガニゼーションという伝統的な三分法に対する批判が起こり，1970年代にはソーシャルワーク統合化の論議が始まりました。一方では州政府による福祉政策が展開される中で，その福祉政策を作っていく過程への住民参加やアドミニストレーションを含めたものとして，コミュニティオーガニゼーションの見直しが行われていきます。

　その結果，コミュニティオーガニゼーションはマクロプラクティスという統合的概念として位置づけられるようになり，ロスマンらは1987年に従来の3つのモデルを改訂し，マクロプラクティスを体系化する予備的議論として「政策実践モデル」と「アドミニストレーションモデル」を付け加えました。さらにその後ロスマンらは1995年に新たな理論的枠組みとして「コミュニティインターベンション」を打ち出し[7]，2001年と[8] 2008年にも改訂を行っています[9]。これは従来の3モデルのアプローチの混成を積極的に行うものであり，ミクロとマクロのメゾ（中間）領域を対象として，コミュニティの状況を改善・変革したり，問題解決を目的とした関与の方法を検討するものです。

　なお，1995年に出版されたアメリカのソーシャルワーク事典である*Encyclopedia of Social Work* の19版では，「コミュニティプラクティスモデル」として8つのモデルが解説されており，2008年の *Encyclopedia of Social Work* の20版では，「コミュニティプラクティスインターベンション」として，19版の8つのモデルの内容が一部修正されて解説されています[10]。また，それぞれで「コミュニティオーガニゼーション」が項目として解説されていますが，

2000年代からは「コミュニティオーガナイジング」として改めて注目されるようになってきています[11]。このように，アメリカにおけるコミュニティオーガニゼーションは独自の理論的発展が進んでいます。

■ イギリスにおけるコミュニティワークの変遷

一方，イギリスではコミュニティワークとして実践が行われてきました。コミュニティワークの起源とされる活動として，1869年にロンドンで結成された慈善組織協会（Charity Organization Society）や，1884年にバーネットを指導者として設立されたトインビーホールで展開されたソーシャルセツルメントの活動があります。これらはコミュニティワークの起源としてだけでなく，ケースワークを中核とするソーシャルワークの専門職化を進めることにもつながっていきました。また1919年には全国の民間団体の連絡・調整を行う全国社会サービス協議会（National Council of Social Services）が地方社会サービス協議会の連合体として誕生します[12]。

その後，イギリスでコミュニティワークが明確に概念化されていくのは1960年代後期になってからであり，その背景にコミュニティワークの概念的混乱もありました。当時のイギリスにおけるコミュニティワークは独自の発展をしながらも，カナダのマレー・ロスらが提唱したモデルのように，人びとが話し合い，行動していくことを援助するものであるという捉え方がされていました。しかし，イギリスのコミュニティワークは，社会福祉分野だけでなく教育や住宅の分野でも活用されている方法であり，それぞれに展開されていく中で，第一義的なねらいがどこにあるのかという混乱が生じ始めます。

例えば利害関係にある人びとがそれぞれに成果を上げられるように支援すべきなのか，それともよりよい社会関係を地域内に築くことなのか，あるいは構造的変革をもたらす権力闘争に力を注ぐべきなのか，またはコミュニティワーカー自身の関わりとしてグループ自らが選択した目的を達成するように支援をしていくのか，それともコミュニティワーカーが望ましいと考える目標に合わせてグループに影響を及ぼしたりグループを選択するべきなのかという議論が起こり始めたのです[13]。

こうした混乱状況を収束するため，イギリスでは1968年にガルベンキアン財団のコミュニティワークに関する研究グループが立ち上がり，通称ガルベン

キアン報告がまとめられました。この報告ではコミュニティワークを次のように定義しています[14]。

ガルベンキアン報告（1968）によるコミュニティワークの定義

　コミュニティワークは基本的に人びとと社会変革との間の相互関係に関するものであり，絶え間ない変革を通して，人びととサービスの提供者により快適に「適した」状態をもたらし，他者との関係において，人として生き，成長することを援助することである。

　この定義では，人間が，人との関係の中で，人として生きていくにあたり，人びとを取り巻く環境に目を向けて社会変革を行っていくことがコミュニティワークであるとしています。社会変革（ソーシャルアクション）を重視した定義となっていますが，この報告書はコミュニティワーカーを有給専門職業として確立することにも貢献していきました。同年に出されたシーボーム報告とも連動して，多くの地方自治体社会サービス部がコミュニティワーカーを専門職として雇用することとなり，イギリスのコミュニティワークは隆盛期を迎えます。

　しかし，このような状況の中でデビッド・ジョーンズは1977年にコミュニティワークの曖昧性を指摘しています。例えば活動が公的機関の業務外で行われたり，法令に基づかない事業を実施したり，あるいは「コミュニティ」を代表する青年ボランティアを巻き込んでいるだけでコミュニティワークと考えられがちであると述べています[15]。そしてイギリスとアメリカにおけるコミュニティオーガニゼーションの違いについて，彼はアメリカでは伝統的なコミュニティオーガニゼーションは地域の生活問題を解決するために社会福祉に関わる諸団体を結びつけ，活動を調整・発展させることであるとし，一方イギリスでは社会サービス協議会や地区，地方，国レベルの特定分野における多数の団体活動の調整・促進・開発に携わっている類似の組織によってなされる活動をコミュニティオーガニゼーションと呼ぶとしています[16]。

　その後，アメリカでは先ほど紹介したようにコミュニティオーガニゼーションのもつ意味がさらに広がり，イギリスで以前からコミュニティワークと呼ばれていた活動を含む広範囲な概念となっていきました。

　デビッド・ジョーンズの捉え方はキース・ポップルのコミュニティワーク実践モデルの分類にも表れています[17]。イギリスでは，コミュニティオーガニ

表 2−1　キース・ポップル（1995）によるコミュニティワーク実践モデル

実践モデル	戦　略	ワーカーの主な役割，肩書	仕事や機関の例
コミュニティケア	社会的ネットワークとボランタリーなサービスの養成，自助の概念の開発	オーガナイザー，ボランティア	高齢者や障害者，5 歳以下の子どもとの仕事
コミュニティ・オーガニゼーション	異なる福祉機関間の調整の改善	オーガナイザー，触媒者，マネジャー	ボランタリー・サービス協議会，セツルメント，人種の平等協議会
コミュニティ・ディベロップメント	集団が生活の質を高める技術と自信を得られるように支援する。活発な参加	イネイブラー，近隣ワーカー，促進者	コミュニティのグループ，借家人のグループ，セツルメント
社会／コミュニティ計画	社会状況の分析，目標と優先順位の設定，サービスとプログラムの改善と評価	イネイブラー，促進者	再開発が行われている地域
コミュニティ教育	教育とコミュニティを近づけ，より平等な関係にしていくよう取り組む	教育者，促進者	コミュニティ・スクール，コミュニティ・カレッジ，「補償教育」，労働者階級やフェミニストの成人教育
コミュニティ運動	通常は地域レベルでの，階級に基づいて，闘争に焦点を当てた直接行動	活動家	不法占拠運動，福祉権運動，計画と再開発への抵抗，借家人による運動
フェミニスト・コミュニティワーク	女性の福祉の向上，女性の受ける不平等への挑戦と根絶	活動家，イネイブラー，促進者	女性の難民，女性の保健グループ，女性の治療センター
有色人種と反人種差別主義者のコミュニティワーク	有色人種のニードを支援するグループの設立と運営，人種差別への挑戦	活動家，ボランティア	人種の平等協議会や人種平等のための委員会によって設立されたプロジェクト

（出所）　Popple（1995）（本章注 12 参照）

ゼーションはコミュニティワーク実践モデルの 1 つとされ，異なる福祉機関間の調整の改善を行うものとして整理されるようになります（表 2−1）。

■　コミュニティオーガニゼーションとコミュニティワークの異同と特徴
　こうしたことからコミュニティワークとコミュニティオーガニゼーションは

安易に混同してはならず，またアメリカとイギリスにおける初期の理論を紐解いていくとその実践の根底にある視点の違いが浮かび上がってきます。

高田真治は，アメリカのコミュニティオーガニゼーション創始期の理論的変遷において，コミュニティオーガニゼーションと社会計画の関係に注目しています[18]。アメリカではバルドウィン論文の後，リンデマンやスタイナーによってコミュニティオーガニゼーションの理論化の努力がなされますが，これらのコミュニティオーガニゼーションの課題は，地域のさまざまな組織の協働・調整によるサービス効率化のプログラム開発という意味での「計画」でした。

しかしレイン報告以前のこの時期，コミュニティオーガニゼーション概念は未成熟であり，コミュニティオーガニゼーションは1929年に創刊された『ソーシャルワーク年鑑』第1版では項目として取り上げられましたが，1933年の第2版および1935年の第3版では，「社会計画およびプログラム」の項目の中で述べられるにとどまり，コミュニティの概念が曖昧であること，コミュニティオーガニゼーションは地方的性格をもつものであり，かつ多様に用いられてきたことなどを理由に，コミュニティオーガニゼーションというより社会計画というほうが好ましいとされました。さらに1937年の第4版においては，コミュニティオーガニゼーションは「古い用語」とされて項目がなくなり，「社会福祉計画」として述べられています。

このようにコミュニティオーガニゼーションの初期においては，「計画」への強い関心が示されていましたが，コミュニティオーガニゼーションと社会計画，あるいは社会福祉計画の関係は不明瞭なものでした。これは，大恐慌を契機として，ニューディール政策や社会保障法に見られるように連邦政府が公的に地域へ介入するようになり，社会計画化の趨勢の中でソーシャルワークの方法としてのコミュニティオーガニゼーションがその固有の機能をどこに見いだしていくかが模索されていたことによります。

こうした状況の中，1939年のレイン報告によってコミュニティオーガニゼーションが「ニードと資源の調整」であると定義され，これを具体的に進める方法および活動として計画が位置づけられた意義は大きく，その後のコミュニティオーガニゼーション概念の基盤の1つとして「計画」が重要な位置を占めるようになります。

一方イギリスでは，コミュニティワークが概念化されるようになったのは1960年代後期になってからですが，それは1968年のシーボーム報告やガルベンキアン報告によりコミュニティワーカーが有給専門職業として社会サービス部に雇用されていったことと連動するものです。

　しかし，それ以前に初期のコミュニティワークとして注目されるのは，慈善組織協会であり，1869年にロンドンで結成された「慈善救済および乞食抑圧のための協会」を起源として，慈善団体間での救済活動の連絡調整が行われました。この実践はコミュニティワークの源流とされていますが，友愛訪問員を配置して家庭訪問を行ったことからケースワークの源流としても位置づけられています。また1884年に世界で初めてのセツルメントとして「トインビーホール」が設立され，1919年には民間団体の連絡調整を担う全国社会サービス協議会（National Council of Social Services）が組織されましたが，イギリスのコミュニティワーク発展に大きな実態と基盤を与えるきっかけとなったものはコミュニティアソシエーションであり，これは近隣組織や地区の既存団体で構成される組織のことです。

　コミュニティアソシエーションは，地区のコミュニティセンターを拠点に住民の余暇や社会活動ニーズに応えたサービスを提供していきました。加納恵子は，このコミュニティアソシエーションの経緯を日本に紹介しており，それによると1918年以降の公営住宅の拡大に伴って新興住宅地における住環境整備を目的に始まったものであり，1928年には全国社会サービス協議会と教育センター協会が協力して新住宅地委員会を創設し，大不況時には単なるレクリエーション組織を超えて成人教育や特に失業に関する社会サービスを実施するようになり，1945年には全国コミュニティアソシエーション連合と改称されていきます[19]。

　このようにコミュニティアソシエーションは「社会教育」的活動により近隣基盤の活発な民間団体活動を押し進め，福祉コミュニティづくりに実質的な貢献をしてきた組織と言えます。そしてまたイギリスではこうした活動とは別に1880年代から伝統的に続くソーシャルセツルメントによる「社会教育」活動が展開されてきた歴史も有しています。

　以上のことから，誇張的に言うとアメリカにおける初期のコミュニティオーガニゼーション理論は大恐慌以後のニューディール政策とソーシャルワークが

密接に関わり，「社会計画」的側面の強調によって地域社会を形成していこうとしたのに対し，イギリスは「社会教育」的側面を重視しながら地域社会を形成しようとした視点が根底にあったと言えます。

このようにコミュニティオーガニゼーションとコミュニティワークは，各国のさまざまな政治的・社会的背景によって概念化され理論的発展が進められてきました。

しかしながら，日本ではコミュニティワークの理論を活かした実践が全国的に十分育まれたとは言い難い状況にあり，社会福祉の専門職養成においてもケースワーク，グループワーク，コミュニティワークという三分法の枠組みの中で，コミュニティワークとコミュニティオーガニゼーションの概念的相違性があまり意識されることなく取り上げられていることがあります。

2 ┃ コミュニティワークの意義と課題

もともとコミュニティオーガニゼーション理論が生まれてきた背景には貧困問題があり，当初は救貧事業や慈善事業の範囲内での施設・機関間の連絡調整による救貧的サービスの組織化を目標としたものでした。

しかし，核家族化や都市化が進み地域社会の解体が顕著になり始めると，コミュニティオーガニゼーションは救貧や慈善事業の枠を越えて地域社会の諸問題を解決することを目的とするようになっていきます。そのためコミュニティオーガニゼーションの対象は，地域住民の共通要求や問題におかれ，その対応は社会福祉関係者だけでなく地域社会を構成するさまざまな住民グループ，すべての住民に向けられるようになり，住民組織化や住民参加が重視されていくようになりました。

すなわち地域の諸問題を住民の個別課題としてではなく地域課題として捉える視点からのアプローチとして展開されていくようになり，その中でも特にカナダのマレー・ロスによる小地域組織化説はアメリカのコミュニティオーガニゼーション理論において大きく注目されます。これは地域の共通課題に対する全体的調和を重視したものであり，アメリカのコミュニティオーガニゼーション理論を導入していた日本の社協でもこの小地域組織化説が注目されるようになりました。こうした理論的基盤のもとに具体的実践として1959年に発足し

た保健福祉地区組織育成中央協議会（育成協）が「カ・ハエ撲滅運動」を展開し，公衆衛生活動や生活改善運動に大きな成果を上げていきます。それは育成協の取り組んだ保健活動がまさにマレー・ロスのコミュニティオーガニゼーション理論が対象とする地域の共通課題であったからにほかならず，公害問題などにも活用されていきました。一方で，障害者やその家族による当事者グループなどの組織化も進み，それは特定の小地域だけにとどまらずに行われるようになります。

　しかしながら，マレー・ロスによるコミュニティオーガニゼーション理論は，その有効性と同時にいくつかの問題点を抱えていました。例えば利害関心の多様化した状況では合意形成自体が困難になってきていることや，地域住民の共通課題になりにくい要援護者階層など少数者の福祉問題は見過ごされやすいこと，そして住民の自発性を強調するプロセス志向は，地域社会における相互扶助を必要以上に重視しがちなことなどです。

　その後，アメリカにおけるコミュニティオーガニゼーションは，ロスマンによって多様なアプローチが体系化されていきましたが，それに対し日本ではコミュニティオーガニゼーションをコミュニティワークという用語に置き換えていく以外，その理論を発展させていくことはありませんでした。それは竹中和郎が指摘するように，アメリカのソーシャルワークにおけるコミュニティオーガニゼーション理論の背後には，すでに1920年前後から急速な発展をみたコミュニティ研究，とりわけ農村社会学や都市社会学の分野における実証的諸研究や理論，社会病理学の研究実績があったことに対して，日本の実践家の多くはその知識をもたず，またこれに積極的関心を示すことなく，海外理論の紹介や形式的な取り組みにとどまったことは否定できません[20]。

　そのため，日本におけるコミュニティオーガニゼーション理論はインターグループワーク説や小地域組織化説にとどまり，先進的実践を行う地域を除き，全体としてそのアプローチに内在する課題を克服していくには至りませんでした。

　例えば，インターグループワーク説は各団体の代表者が集まって協議する場をつくるものですが，代表者の声が団体内の1人ひとりの声を代弁しているとは限らず，また協議された内容が団体内で広く共有されるとも限りません。加えて，構成団体に所属していない人びとの声は取り上げられにくくなります。

実際に，日本における小地域での住民組織化は，各自治会や各種団体の代表者，そして民生委員で構成される場合も多く，多様な人びとが参加して活動を行う組織というよりは，団体間の連絡・調整を行う組織にとどまり，活動は各団体に任されている場合もあります。これは今日の地域ケア会議や生活支援体制整備事業の協議体など，制度的に設置されるさまざまな会議体でも同じであり，各団体の代表者や推薦者で構成されることから，どの会議も同じようなメンバーとなり，情報交換だけで会議が終わっているという声も各地から聞かれます。そのため，どうしたら地域内の人びとの声を拾い上げ，多様な方々に参加してもらえるかということも考えて，組織の立ち上げや話し合いの場づくりを行う必要があります。

　また，地域の共通課題に取り組む手法としての小地域組織化説は，小地域における住民活動を組織化し，地域における人と人のつながりをつくって問題解決に取り組むという点で成果を上げましたが，福祉問題は地域の共通問題になりにくいということが，どれだけ認識されているかが問われます。

　ややもすると福祉問題＝高齢者の介護問題として捉えられがちですが，社会福祉として取り上げる問題はそれだけではありません。例えば障害のある方に対する誤解や偏見は，周りの人びとの無知や無理解から生じることもあり，環境が生み出す問題です。しかし，知的障害や精神障害等は地域全体に共通する問題ではなく，一部の人に限られることから，自分にも関係することとしてみんなで対応を考えるということがしにくい問題です。そのため，地域内で多く起きている問題だけでなく，少数の人びとの問題にも目を向けていく大切さが認識されなければ，置き去りにされてしまう問題があることに留意する必要があります。こうした問題に対しては，現代社会において生きづらさが生じている，あるいは生じやすい人びとに関する学習とその人びととの接点，交流の機会を創出することが必要です。それは，漠然としたものでなく，その地域で暮らす1人ひとりの生きづらさに向き合ったものであることが求められます。

　このように小地域組織化では，地域内で共通する問題に対して共同で取り組んでいくだけでなく，個々のニーズに対して地域内の人びとが関心をもち，その解決に向かって行動していくことを目指すことも重要です。

　なお，マレー・ロスの小地域組織化説はイギリスのコミュニティワークにも影響を与えましたが，日本とは異なりイギリスでは全般的に小地域組織化説に

傾くことはありませんでした。コミュニティアソシエーションのように近隣を基盤としたコミュニティワークも展開されましたが，イギリスにおけるコミュニティワークは必ずしも地域組織化だけの取り組みではありません。デビッド・ジョーンズは，コミュニティワークについて「ワーカーが取り組んでいるのは，地域社会全体でなく，個人，家族，集団，組織，利害集団の相互に関連し合ったシステムである。システムは，はっきりととらえられるように存在している静的な実体ではない。システムは論争中の問題やニードまたは利害，果たすべき課題，達成すべき目的などの見地から確定される。したがって必然的にシステムはたえず変化するのである」[21] と述べ，さらに「セツルメント，社会福祉の調整事業（例えば慈善組織協会），成人教育，友愛組合や生協運動などの相互扶助運動，チャールズ・ブースの業績が例証するような社会問題への科学的アプローチなどに現れているように，19 世紀にまでさかのぼる社会改良という固有な伝統」[22] をもっているとしています。

　イギリスのコミュニティワークは，単にアメリカのコミュニティオーガニゼーションの導入ではなく，かねてから育んできた実践の上に構築されていったものと言えます。

　日本では，社協創設から 1960 年代にかけて，コミュニティオーガニゼーション理論が社協活動の理念として第一義的な役割を果たしてきました。コミュニティオーガニゼーションは一定の成果につながったものの，逆に社協活動を狭めてしまったと指摘したのは，全国社会福祉協議会として市町村社協活動を長年支えてきた永田幹夫であり，次のように述べています[23]。

　　「コミュニティ・オーガニゼーションがソーシャルワーク方法論として成立していくうえで，わが国に大きな影響をもたらしたものは，結果よりもプロセスを重視するインター・グループ・ワーク説と，さらにそれを経て展開された『地域社会の団結協力，協働の態勢づくり』を強調したいわゆる統合説などであるが，これらはわが国社協の発足初期における理論形成期に入ってきたもので，ときあたかも 1950 年代中盤から 1960 年代にかけて，住民参加や地区組織活動の伸長期であり，この理論は注目を集め，社協基本要項（1962 年）もこれに傾斜したのであった。こうした動きはわが国の社協の発展やコミュニティオーガニゼーションの発達に多大の貢献

をしたことは論をまたないが，一方わが国の場合，これらの先端的な理論を主流とする考えに偏する傾向を生み，社協活動に一定の枠をはめることになって，実践的諸活動はあたかも社協本来の役割でないといった論が横行し，社協活動の幅を局限し，矮小化することになったことは否めないところである。」

　時代の変化により生活ニーズが多様化し，1980年代から先駆的な社協で訪問型の家事援助のような在宅福祉サービスや金銭管理サービス等に取り組むようになり，1990（平成2）年の社会福祉関係八法改正によって在宅福祉サービスが法定化されると，生活支援サービスを直接担う社協も増えていきました。

　社協に求められる活動とこれまで拠り所としてきた実践理論にズレが生じ始めてきたことから，全国社会福祉協議会は，1992（平成4）年に「新・社会福祉協議会基本要項」を策定し，社協は「住民の福祉活動の組織化，社会福祉を目的とする事業の連絡調整および事業の企画・実施などを行う」組織であるとしました。従来からの地域組織化に加えて，生活ニーズに対応する事業の企画・実施が社協活動の役割とされたのです。全国社会福祉協議会では，こうした生活ニーズに対応する事業を行う社協を「事業型社協」と表現して，その推進を図りますが，住民主体の地域づくりを主としてきた社協職員から疑問の声がなかったわけではありません。地域づくりを基盤としたうえでの事業展開を目指すものであったとしても，地域支援の縮小につながるのではないかと懸念する声もありました。

　実際に，事業型社協では事業実施に伴う行政からの委託費や補助金そして利用料等の収入・収益が財源の中で大きな比率を占めるようになり，逆に地域支援業務は財政的には支出のみで収入につながらないことが目立つようになります。その結果，当初から危惧されていたように地域支援業務が縮小し，それに付随して地域支援を担える人材が育たないという負の連鎖に陥るところも出てきました。しかし，一方で生活支援サービスの提供に関わる社会資源が少ない地域では，事業型社協としてその役割を果たし，日々の生活を支えていけるようになりました。

　地域によってさまざまな影響がある中，1997（平成9）年に介護保険法が成立，2000（平成12）年に施行されたことにより，在宅福祉サービスを提供して

いた社協は，介護保険事業者としての立場になりました。地域によっては他事業者との競合関係となることから介護保険事業から退いたり，社協ならではの独自性を模索するようになります。日常生活自立支援事業による権利擁護や生活福祉資金による経済的支援等，社協しか担うことができない個別支援は，今日に至るまで続けられています。

　また介護保険法施行と同じく2000（平成12）年に公布・施行された社会福祉法において地域福祉という言葉が初めて法律に明記され，地域福祉の推進は社協のみならず行政やすべての国民にとって目指すべき理念となりました。

　社会福祉法は幾度かの改正を経て，2020（令和2）年改正において，地域共生社会の実現に向けた包括的な支援体制の構築を目標として掲げました。そしてそれを具体化すべく，①断らない相談支援，②参加支援，③地域づくりに向けた支援を展開する重層的支援体制整備事業が明記されました。特に断らない相談支援では，制度の狭間の問題への対応が重要であり，制度に基づいた支援を行う行政だけでなく，民間団体である社協や施設経営をしている社会福祉法人への期待が高まっています。そして1人ひとりの生活を支えるうえで，社会とのつながりを保てるための支援やさまざまな生きづらさを抱えた人びとを排除することのない地域づくりを連動させていくことも求められています。

　日本ではこれまでの経験を通して，地域福祉において個別支援と地域支援それぞれがしっかりと展開できることの大切さが明らかになってきました。1人ひとりに対する支援の充実と，支援を必要とする人びとが暮らす環境に対するアプローチの双方が重要であり，これらを包含する地域福祉実践理論が求められます。

3 ┃ 統合的実践としてのコミュニティソーシャルワーク

　そこで注目したい実践理論がコミュニティソーシャルワークです。これまで見てきたようにコミュニティワークやコミュニティオーガニゼーションの理論は，国際的には広く深い内容を有するものであり，その重要性は失われるものではありません。近年では海外でコミュニティオーガナイジングが再注目されており，日本においても地域支援に関する実践理論として目を向けるべき点が多くあります。しかし，直接的な個別支援も含めた地域福祉実践の理論枠組み

として，コミュニティワークやコミュニティオーガニゼーションの概念を拡大していくよりも，個別支援と地域支援の統合的実践の理論を整理することが必要であると考えます。

　アメリカでのコミュニティオーガニゼーション理論は，その後コミュニティインターベンションやコミュニティプラクティスとしてかなり広範な概念へと変化していきましたが，個別課題に対するアプローチとの統合的展開を説明する概念とはなっていません。また，イギリスのコミュニティワーク概念はキース・ポップル（1995）の実践モデル（表2-1）にあるようにコミュニティケアやコミュニティオーガニゼーションをはじめ，多様な機能を含むものの個別支援との統合的展開を志向しているわけではありません。カナダにおいてはビル・リー（1999）がロスマンら（1987）による3つのモデルをベースとして，このうち「小地域開発モデル」と「社会活動モデル」を融合させ「実践的アプローチ」としてコミュニティへのアプローチを進めていますが[24]，そこでも小地域組織化説の限界や個別支援との統合的展開については取り上げられていません。

　ただし，この個別支援と地域支援を統合しようとする視点は，ソーシャルワークの歴史において古くから議論されてきたことです。すでに1930年代にはソーシャルワークがニーズに応えるにあたり，1人の専門職が社会の問題と個人のニーズの両方に応えることができるのかという問題に関心が寄せられていました[25]。これはソーシャルワークにおけるジェネラリストアプローチにおいて主要な論点でもあります。さまざまなソーシャルワーク実践の統合については，1977年にスペクトとヴィッケリーが編者となった『社会福祉実践方法の統合化』によってその重要性が早くから指摘されてきました[26]。

　しかし今日では多様な専門職が生み出され，専門分業化が進む中で1人の専門職がすべてを担うことを志向するのは実際的ではありません。また限られた人員や勤務時間の中で，1人のソーシャルワーカーが個別支援と地域支援の双方を担いきれるわけはなく，多様な人びとがチームとなることが求められます。今日，チームアプローチや多機関多職種連携はソーシャルワークにおいて主要な位置づけとなりましたが，その内実は個別支援のみであることが少なくありません。本書の目的は，生活を支えるチームや連携の中に地域支援者を含めることでもあります。地域支援としてのコミュニティワークの重要性を踏まえて，

さらに個別支援と地域支援の統合的実践としてコミュニティソーシャルワークの展開を目指すものです。

　また，ここで誤解のないように述べておきたいのは，コミュニティオーガニゼーションやコミュニティワークは個別ニーズに対応できないと主張するものではないということです。これまでコミュニティワーク実践に尽力してきた人びとの中には「コミュニティソーシャルワークはコミュニティワークを矮小化しているのではないか」「コミュニティワークは個別ニーズに対応できないというのは，コミュニティワークを正しく理解していない」と指摘する人もいます。

　これに対して私は，「コミュニティソーシャルワークにはコミュニティワークが不可欠であり，コミュニティソーシャルワークではコミュニティワークを実践する人びとと個別支援を実践する人びとの連携を大事にしたい」とお答えするようにしています。

　コミュニティワークも本来的には地域に暮らす人びとを支えるための実践であり，支えてきた個別ニーズがあります。例えば，支え合い活動の団体が立ち上がることで対応できるニーズがあり，サロン活動が始まることで寂しさから解放される人もいます。

　しかし，こうした活動に参加したくても参加できない人びと，人との関係を拒んで参加しようとしない人びと，悪化した家族関係などのサロン以外の生活ニーズを抱えている人びとに対しては，地域支援者からでなく個別支援者が個々へのアプローチを行うことが必要となります。相手の状態に応じた個別の対応が必要な場合には，まずは誰かが個別支援として関わりを始めることが大切です。そのうえで必要に応じて個別支援ネットワークとして関わる人びとを広げていき，相手が暮らしている地域に対するアプローチの必要性が見えてきた時に，地域支援者との連携が始まります。個別支援者は地域支援者とつながることで支援の手立てが広がり，逆に地域支援者は個別支援者とつながることで，自分たちが関わる地域で何をすべきかを見いだすことができるようになります。

　コミュニティワークによって展開される実践が対応してきた個別ニーズがあり，人びとの生活上の困難を解決するための実践であったことは間違いありません。強調したいのは，個別支援者と地域支援者の連携の重要性であり，互い

Column③　コミュニティとは何か

　コミュニティに関する研究と定義はさまざまにありますが，本書ではコミュニティを「自分と他者の幸福に関心をもち，時にその実現に向けて他者と協力して行動する人びと」という意味で使用します。

　コミュニティ（Community）の語源は，ラテン語の Communitas であり，公共や共同という意味を有する言葉から派生してきました。コミュニティという言葉は，さまざまな意味で使用されており，共同体や共同生活，あるいは共通性を有した集団や理想的な地域社会など，多岐にわたります。

■マッキーバーのコミュニティとアソシエーション

　「コミュニティ」の概念を最初に整理したのは R. M. マッキーバーであり，1917 年の『コミュニティ』において，「コミュニティ」を共同生活として捉え，それは「相互の行為を十分に保証する共同関心がメンバーによって認められているもの」としました[27]。彼は，その共同生活の標識として，風習，伝統，言葉使いなどの独自な共通の特徴に注目し，その例として，イギリス人で外国の首都に住む者は，その首都の広いコミュニティと同時に彼らだけの親密なコミュニティ内で生活を送ることも多いことを挙げています[28]。こうした整理は，同質性の認められないものをコミュニティとみなさないことになりますが，「相互の行為を十分に保証する共同関心」として多様性を認める意識がメンバー間にあれば，異なる特徴を許容するコミュニティであると言うことができます。しかし，その場合でも同じ価値観を共有しない人びとはコミュニティのメンバーから外れることとなり，「コミュニティ」は閉鎖性を伴うものとなります。この点に関して，ソーシャルキャピタル（社会関係資本）概念の提唱者であるパットナムは，コミュニティとソーシャルキャピタルは概念的な親戚関係にあるとしたうえで，内向きなメンバーだけで作られる「結束型（排他型）」の社会関係資本ではなく，多様なメンバーに開かれた「橋渡し型（包含型）」の社会関係資本の重要性を指摘しています[29]。

　また，マッキーバーは「コミュニティ」と対比して「アソシエーション」も定義しており，「ある共同の関心または諸関心の追求のために明確に設立された社会生活の組織体」としました[30]。彼は，アソシエーションは部分的であり，コミュニティは統合的であるとして，コミュニティ内には多くの

アソシエーションが存在し，人は最低の目的にも，最高の目的にも結合できると述べています[31]。

　このようにマッキーバーの「コミュニティ」はかなり広い概念であり，本書で取り上げるコミュニティと同じとは言えず，また「アソシエーション」に相当するかと言えば，そうとも言えません。コミュニティソーシャルワークの本質を「コミュニティの人びととともに生活を支える」とした場合のコミュニティとは，支援を必要とする人の周りにいる人びとであり，かつ支援を必要とする人が幸せに暮らせるようにという思いを抱いている人びとのことです。そうした人びとの中には，支え合い活動を行うことを目的とした組織に属する人たちも含まれますが，そうでない人たちもいます。支援を必要とする人を取り巻く多様な人びとを結びつけて，一緒に生活を支えていこうとするのがコミュニティソーシャルワークです。そしてそのコミュニティの中では，福祉専門職も大事なメンバーとして捉えます。

■福祉コミュニティ

　このように整理すると，本書のコミュニティとは，これまで地域福祉分野で取り上げられてきた「福祉コミュニティ」という考え方と重なります。かつて岡村重夫は，1974年の『地域福祉論』において「生活上の不利条件をもち，日常生活上の困難を現にもち，またはもつおそれのある個人や家族，さらにはこれらのひとびとの利益に同調し，代弁する個人や機関・団体が，共通の福祉関心を中心として特別なコミュニティ集団を形成する必然性」から「地域コミュニティ」の下位コミュニティとしての「福祉コミュニティ」を提起しました[32]。

　この岡村の「福祉コミュニティ」概念は，1971年の中央社会福祉審議会答申「コミュニティ形成と社会福祉」における「コミュニティ」を基盤として理論展開したものです。岡村は「福祉コミュニティ」の構成員として，①福祉や医療サービスの対象者，②生活困難の当事者と同じ立場に立つ同調者や利害を代弁する代弁者，③各種のサービスを提供する機関・団体・施設，を挙げています[33]。

　このように福祉専門職も「福祉コミュニティ」の一員であり，また岡村が「サービス対象者」も一員であるとしたのは重要な視点です。コミュニティを論じる際に，活動者だけに焦点を当てがちですが，生活の主体者として

サービス対象者を捉え，よりよい福祉コミュニティに向かって，サービスを利用する人びとも発言し行動することの大切さは，現代でも忘れてはならないことです。

そして「福祉コミュニティ」は，これらの構成員の活動，ネットワーク，意識を重視します。全国社会福祉協議会において長く地域福祉実践を牽引してきた和田敏明は，福祉コミュニティについて「単なる目標ではなく，コミュニティが構成する一つの社会状態をつくる」ことであるとし，「①社会福祉施設ないし在宅福祉サービスや地域福祉活動，②それを支えている公私のネットワーク，③それに参加・協力する住民の意識・態度の変容，の3つが①のサービス，活動の利用圏をベースにつくられる，という考え方」であるとしています[34]。

以上を踏まえると，本書でも「コミュニティ」ではなく，「福祉コミュニティ」としたほうがいいのではないか，という考え方もできます。しかし，あえて「コミュニティ」としたのは，支援を必要とする人を，支援を受けるだけの人にしないためでもあります。福祉関係者だけでなく，幅広い分野の人びととつながっていくことの大切さを考えてのことです。

また，コミュニティという概念において，帰属意識や相互扶助という要素を重視する捉え方も多くあります。例えば，広井良典はコミュニティについて次のように暫定的な定義をしています。

> 「コミュニティ＝人間が，それに対して何らかの帰属意識をもち，かつその構成メンバーの間に一定の連帯ないし相互扶助（支え合い）の意識が働いているような集団。」[35]

なお広井は，社会生態学の観点からヒトが個人と社会の間に中間的な集団をつくることに注目し，この中間的な組織こそが「コミュニティ」の本質であり，コミュニティづくりには「外部とつながる」という要素が含まれるとしています[36]。

このように「コミュニティ」は外部に対する帰属意識，連帯意識，相互扶助意識をもつ集団という捉え方がされ，日本では望ましい地域の将来像としてのイメージを伴う言葉となっています。

広井の整理のように「コミュニティ」を何らかの共通項でつながっている集団と捉える見方は多くの人々に抱かれているイメージだと思います。ただ，

コミュニティを集団とすると，集団に属さない個人が抜け落ちてしまうことになります。コミュニティソーシャルワークにおいては，必ずしも集団になっていなくても，誰かの役に立ちたいという思いを抱いている個人とつながることは重要であると考えます。

　帰属意識についても同様に，帰属意識がなくても誰かの役に立ちたいという思いを抱いている人びとがいます。そしてさらに地域生活支援においては，人びとの連帯や相互扶助の意識が十分でなかったとしても，それぞれの思いや暮らしとの接点を探りながら，時には行動につながるように支援者が働きかける場合もあります。

　人は，他人の幸福だけを考えて生きることはできず，自分の暮らしを営む必要があります。コミュニティソーシャルワークでは，相手の思いや暮らしを知ることで，相手の生活と他者の幸福がつながる接点を見いだし，他者の幸福が自分の幸福にもつながっているという実感をもてるように，地域内の多様な人びとへ働きかけていくものです。

　こうした考えから本書では「コミュニティ」を「自分と他者の幸福に関心をもち，時にその実現に向けて他者と協力して行動する人びと」としています。

の存在や役割を知ったうえでつながることです。

　これまでのコミュニティオーガニゼーションやコミュニティワークにおいても，まったく個別支援者との連携をしていなかったわけではなく，バークレイ報告によるコミュニティソーシャルワーク概念が紹介される前から，日本でも個別支援と地域支援が結びついた実践は展開されてきました。しかし，それは一部の実践に過ぎず，必ずしも全国的に個別支援者と地域支援者が日頃から連携を密にしてきたわけではありません。個別支援者が自分の関わる相手が暮らす地域社会に対してのアプローチを考えて，地域支援者と連携するという実践は，今の日本において十分展開されているとは言いがたい状況になっています。

　また，公的制度で対応できないニーズがあった際に，手伝ってくれるボランティアがいないかというような相談が個別支援者から社協に入ることもありますが，それはあくまでも個別支援としてのものです。地域支援として，例えば

この地域で手伝ってくれるグループの立ち上げができないか，この方の障害を学ぶ機会を設けて誤解や偏見をなくせないか，などの問題意識から地域支援者に呼びかけることができれば，地域の力が高まり，自分が担当する人の生活の向上にもつながるでしょう。一方でこうした実践のためには個別支援者の声を地域支援者が聴く機会と受け止める力が求められます。

　この個別支援と地域支援の統合的展開については，①地域支援者から個別支援者につながる，②個別支援者から地域支援者につながる，という形があり，さらに加えて，③個別支援者と地域支援者が一緒になる，という形もあります。これには2つの形があり，③-1コミュニティソーシャルワーカーを配置して個別支援と地域支援の両方を役割としてもつ，③-2個別支援者と地域支援者が入った支援チームをつくる，というものです。

　コミュニティソーシャルワークは個別支援と地域支援の統合的実践であると位置づけ，次章から日本におけるコミュニティソーシャルワークの変遷と展開について見ていきます。

注────────────
1）　嶋田啓一郎（1983）「社会福祉の進展とバークレイ報告（上）」『月刊福祉』1：40-45頁。嶋田啓一郎（1983）「社会福祉の進展とバークレイ報告（中）①」『月刊福祉』2：40-45頁。嶋田啓一郎（1983）「社会福祉の進展とバークレイ報告（中）②」『月刊福祉』3：36-41頁。嶋田啓一郎（1983）「社会福祉の進展とバークレイ報告（下）」『月刊福祉』4：36-41頁。
2）　戦後，社会福祉協議会創設に尽力した牧賢一は，社会福祉協議会とコミュニティオーガニゼーションに関する本を多く刊行してきました。牧賢一（1950）「社会福祉協議会の理論と問題」『社会事業』，牧賢一（1953）『社会福祉協議会読本』中央法規，牧賢一（1955）『講義要綱 コミュニティ・オーガニゼーション概論』日本社会事業短期大学，牧賢一（1958）『コミュニティ・オーガニゼーション概論 講義要綱』日本社会事業短期大学，牧賢一（1966）『コミュニティ・オーガニゼーション概論 社会福祉協議会の理論と実際』全国社会福祉協議会。
3）　高森敬久（1989）「コミュニティ・ワークの概念」高森敬久ほか『コミュニティ・ワーク──地域福祉の理論と方法』海声社，5頁。
4）　Bill Lee（1999）*Pragmatics of Community Organization*, Common Act Press.（＝2005，武田信子・五味幸子訳『地域が変わる 社会が変わる 実践コミュニティワーク』学文社）

5) 1970年代までのアメリカにおけるコミュニティオーガニゼーションの動向については，定藤丈弘が詳細に紹介しています。定藤丈弘（1975）「アメリカにおける最近のコミュニティ・オーガニゼーションの動向について（1）」社会事業史研究会『社会事業史研究』第3号：169-201頁，定藤丈弘（1976）「アメリカにおける最近のコミュニティ・オーガニゼーションの動向について（2）」社会事業史研究会『社会事業史研究』第4号：183-207頁。

6) 初版は，Murray G. Ross（1955）*Community Organization: Theory and Principles*, Harper & Brothers, p.40（＝1963，岡村重夫訳『コミュニティ・オーガニゼーション――理論と原則』全国社会福祉協議会，51頁）。第2版は，Murray G. Ross（1967）*Community Organization: Theory, Principles, and Practice*, 2nd ed., Harper & Row, p.40（＝1968，岡村重夫訳『コミュニティ・オーガニゼーション――理論・原則と実際』改訂増補，全国社会福祉協議会，42頁）。

7) Jack Rothman, John L. Erlich and John E.Tropman eds.（1995）*Strategies of Community Intervention: Macro Practice*, 5th ed., F.E.Peacock.

8) Jack Rothman, John L. Erlich and John E.Tropman eds.（2001）*Strategies of Community Intervention*, 6th ed., F. E. Peacock.

9) Jack Rothman（2008）*Strategies of Community Intervention*, 7th ed., Eddie Bowers.

10) Richard L. Edwards, and June G. Hopps eds.（1995）*Encyclopedia of Social Work*, 19th ed., National Association of Social Workers Press, pp.577-591. Terry Mizrahi, Larry E. Davis eds.（2008）*Encyclopedia of Social Work*, 20th ed., Oxford University Press, pp.355-365.

　20版では8つのモデルとして，①近隣およびコミュニティの組織化（Neighborhood and Community Organizing），②機能的コミュニティの組織化（Organizing Functional Communities），③社会，経済，持続可能な開発（Social, Economic and Sustainable Development），④プログラム開発およびコミュニティの連絡調整（Program Development and Community Liaison），⑤社会計画（Social Planning），⑥連帯（Coalitions），⑦政治的・社会的行動（Political and Social Action），⑧進歩的変化への運動（Movements for Progressive Change）を挙げています。

11) コミュニティオーガナイジングの解説書として以下のような文献があります。Joyce McKnight and Joanna McKnight Plummer（2014）*Community Organizing: Theory and Practice*, Pearson. また，日本でも近年コミュニティオーガナイジングをタイトルとした本が出版されています。鎌田華乃子（2020）『コミュニティオーガナイジング――ほしい未来をみんなで創る5つのステップ』英治出版。

12) イギリスのコミュニティワークの展開については，次の文献が参考になります。Alan C. Twelvetrees（1991）*Community Work*, 2nd ed., Macmillan. Keith Popple（1995）*Analysing Community Work: Its Theory and Practice*, Open University

Press.

13) こうしたイギリスにおけるコミュニティワークの混乱についてはヤングハズ バンドが解説しています。Eileen Younghusband (1978) *Social Work in Britain: 1950-1975*, George Allen and Unwin. (= 1986, 本出祐之監訳『英国ソーシャル ワーク史（下）1950-1975』誠信書房)

14) Gulbenkian Foundation (1968) *Community Work and Social Change*, Longmans, p.29.

15) David Jones (1977) "Community Work in the United Kingdom," Harry Specht and Anne Vickery eds., *Integrating Social Work Methods*, National Institute Social Services Library No.31, George Allen & Unwin, p.164. (= 1980, 岡村重夫・小松 源助監修訳「イギリスにおけるコミュニティワーク」『社会福祉実践方法の統合 化』ミネルヴァ書房, 227 頁)

16) 前掲書, p.233 (= 168-169 頁)。

17) Keith Popple (1995) 前掲書 (注 12), pp.56-57.

18) 高田真治 (1986)『アメリカ社会福祉論──ソーシャル・ワークとパーソナ ル・ソーシャル・サービス』海声社, 140-142 頁。

19) 加納恵子 (1989)「イギリスでの歴史」高森敬久ほか『コミュニティ・ワー ク──地域福祉の理論と方法』海声社, 26 頁。

20) 竹中和郎 (1966)「コミュニティ・オーガニゼーション」木田徹郎・竹中和 郎・副田義也編『改訂 社会福祉の方法』誠信書房, 122-123 頁。

21) David Jones (1977) 前掲書 (注 15), p.173 (= 239-240 頁)。

22) 前掲書, p.167 (= 230 頁)。

23) 永田幹夫 (1993)『改訂 地域福祉論』全国社会福祉協議会, 246 頁。

24) Bill Lee (1999) 前掲書 (注 4), p.32 (= 45 頁)。

25) 1 人のソーシャルワーカーがどこまで担えるかという議論については以下の 文献が参考になります。Louise C. Johnson and Stephen J. Yanca (2001) *Social Work Practice: A Generalist Approach*, 7th ed., Allyn & Bacon. (= 2004, 山辺朗 子・岩間伸之訳『ジェネラリスト・ソーシャルワーク』ミネルヴァ書房)

26) Harry Specht and Anne Vickery eds. (1977) *Integrating Social Work Methods*, National Institute Social Services Library No.31, George Allen & Unwin. (= 1980, 岡村重夫・小松源助監修／訳『社会福祉実践方法の統合化』ミネルヴァ書房)

27) Robert Morrison MacIver (1920) *Community: A Sociological Study*, 2nd ed., Macmillan, p.109. (初版は 1917 年) (= 1975, 中久郎・松本通晴監訳『コミュニ ティ』ミネルヴァ書房, 復刻版 2009 年, 135 頁)

28) 前掲書, p.23 (= 46 頁)。

29) Robert D. Putnam (2000) *Bowling Alone: The Collapse and Revival of American*

Community, Simon & Schuster（paperback edition（2020）p.22）.（= 2006，柴内康文訳『孤独なボウリング──米国コミュニティの崩壊と再生』柏書房，19 頁）

30）Robert Morrison MacIver（1920）前掲書（注 27），p.24（= 47 頁）。

31）前掲書，p.24（= 47 頁）。

32）岡村重夫（1974）『地域福祉論』光生館（新装版 2009 年，69 頁）。

33）前掲書，70 頁。

34）和田敏明（2006）「市区町村社会福祉協議会と福祉コミュニティ」日本地域福祉学会編集『新版地域福祉事典』中央法規，319 頁。

35）広井良典（2010）「コミュニティとは何か」広井良典・小林正弥編著『コミュニティ』勁草書房，13 頁。

36）前掲書，21 頁。

※　本章は日本社会事業大学社会福祉学研究科博士後期課程学位論文（2010）「福祉専門職による地域生活支援スキルの促進要因分析──コミュニティソーシャルワークの観点から」で執筆した内容をベースに加筆修正したものです。

第 3 章

日本のコミュニティソーシャルワーク概念

I ┃ コミュニティソーシャルワークへの注目と普及

　日本では 1980 年代にイギリスのバークレイ報告の内容や具体的実践としてのパッチシステム等，コミュニティソーシャルワークの理論と実践が紹介されましたが，当時の地域福祉実践理論としては，社会福祉協議会（以下，社協）が創設時から基盤としてきたコミュニティワークが主要な位置づけを保っていました。

　しかし，1980 年代後半から社会福祉全体の流れとして，多様な支援者によって地域生活を支えようとする「ソーシャルサポートネットワーク」や「ケースマネジメント」の概念が提起され，地域福祉においても地域組織化だけでなく「個」への対応が求められるようになっていきます。

　1990 年には地域生活を支える在宅福祉サービスが制度化され，個々の生活ニーズへの対応が進む中，社協も地域活動への支援だけでなく，事業型社協として直接的な生活支援を担い始めます。長年，住民主体の原則を大切にして地域組織化へ取り組んできた社協の中には，直接的な生活支援は本来的役割ではないと考える職員もいましたが，時代の要請として多様なニーズへの対応が行政からの委託や独自事業として行われるようになります。訪問による家事支援

や身体介護等の生活支援が広がる一方で，社協内で直接的な生活支援部門と地域活動を支援する部門の連携が十分に図れず，社協が個別支援を行う意義を職員間で共有できないところもありました。

そうした状況の中，大橋謙策はイギリスのコミュニティソーシャルワーク概念に注目し，これからの地域福祉における重要な概念として再定義化し，地域福祉実践の変革を提唱したのです。

大橋が関わった公的な研究会報告書やさまざまな著作からコミュニティソーシャルワークに注目した意図を読み取ると，イギリスと同様にクライエント中心の専門職による支援にコミュニティ志向性をもたせる側面と，コミュニティオーガニゼーション中心の組織化活動に個別志向性をもたせるという側面の両面が見られます。

前者については，大橋が座長を務めた生活支援事業研究会（厚生省社会援護局保護課所管）による「生活支援地域福祉事業（仮称）の基本的考え方について（中間報告）」（1990 年 8 月）に見られるように，地域における多様なニーズの把握（キャッチ）システムを確立するという視点から家族や地域社会全体を捉えたコミュニティソーシャルワークの必要性を指摘しています[1]。一方で大橋は，「これからは従来のコミュニティワークを発展させ，個別援助とそれを支えるネットワークづくりとを統合化させるコミュニティソーシャルワークという考え方が重要になる」という点を強調し，社協活動の基盤理論であったコミュニティワークからの転換を強く求めていきます[2]。

なお，コミュニティオーガニゼーションでは埋没してしまいがちな「個」への対応の必要性は，全国社会福祉協議会の事務局長を務めていた永田幹夫も早くから指摘しており，1993 年の『改訂 地域福祉論』ではコミュニティソーシャルワーク概念に注目していたことがわかります[3]。

1990（平成 2）年の生活支援事業研究会の報告後，国は 1991（平成 3）年に「ふれあいのまちづくり事業」を立ち上げます。この事業の目的は，「地域において様々な人びとが交流し，助け合うとともに，関係機関や社会資源が有機的に連携することにより，高齢者，障害者，児童・青少年等に対し，地域に即した創意と工夫を行った福祉サービスを提供するとともに，それらを永続的かつ自主的に提供する体制の整備を図ること」であり，地域内の人びととともに地域生活を支えるというコミュニティソーシャルワークと重なるものです。

この事業を活かして，個別ニーズに対応しつつ地域支援を展開しようとする先駆的な社協も出てきました[4]。しかし，全体として見ると個別ニーズへ対応するという視点よりも，地域の支え合い活動を推進するという視点での事業展開が行われるにとどまってしまった地域もあります。

　その理由として，この事業を進めるために市町村社協に配置された「地域福祉活動コーディネーター」の役割として，地域支援の比重が大きかったことが挙げられます。

　地域福祉活動コーディネーターの役割は「①ふれあいのまちづくり事業実施の企画及び立案，②ふれあいのまちづくり推進会の設置及び運営，③住民のニーズの把握，④住民等の参加の促進並びに社会福祉施設及び関係機関・団体等との連携及び調整，⑤その他事業を円滑に実施するための諸業務を行う」とされました。この事業により住民からの相談を受け止める取り組みが進み，既存のサービスや地域活動へのつなぎは行われるようになりましたが，制度や地域活動では対応できない問題を抱えた世帯に寄り添い，必要な社会資源を生み出すまでの取り組みは十分に行われませんでした。本来，そうした課題は，ふれあいのまちづくり推進会議で検討され，新たな取り組みを創出することが想定されましたが，極端な表現をすれば，地域内の関係機関や団体の代表者が集まっての情報交換にとどまる地域もありました。

　コミュニティソーシャルワークの観点から考えると，誰を支えるための地域支援かを意識することが重要であり，それは個々の生活ニーズに応える個別支援を前提としてのものです。そのため，地域内のサポートネットワークは代表者レベルだけでなく，個々の生活を支える実践者レベルにおいても必要であり，また市全域のような広域でなく，小地域での会議も大切です。何より多様な個別ニーズに対応できるソーシャルワーカーが求められるのです。

　しかし，「ふれあいのまちづくり事業」における地域福祉活動コーディネーターは，個別ニーズへの対応を十分に行うことができず，ふれあいのまちづくり推進会議においても個別ニーズへの対応を創出する機能が十分に発揮されるには至りませんでした。

　大橋がコミュニティソーシャルワークに再注目し，その重要性を提起した背景には，こうした状況があったのです。

　大橋はイギリスで打ち出されたコミュニティソーシャルワークという概念を

援用し，個々の生活を支える実践とその人びとが暮らしている地域を支える実践を結びつけようとします。大橋によるコミュニティソーシャルワークの定義は，文献によって多様な表現がなされていますが，それは社会的情勢や伝えたい相手を意識してのことです。初期の定義は比較的簡潔にまとめられており，その後さまざまな表現が追加されているのはそのためです。本章では初期の定義として介護保険制度創設前の 1999 年に出されたものを取り上げておきます[5]。

> コミュニティソーシャルワークにはフェイス・ツー・フェイスに基づき，個々人の悩みや苦しみに関しての相談（カウンセリング）や個々人が自立生活上必要なサービスは何かを評価（アセスメント）し，必要なサービスを提供する個別援助の部分とそれらの個別援助を可能ならしめる環境醸成やソーシャルサポートネットワークづくりとの部分があり，コミュニティソーシャルワークはそれらを統合的に展開する活動である。

この定義では，ケアマネジメントという言葉は入っていませんが，相手の思いを聴き，状況を把握・分析し，必要なサービスを提供するというケアマネジメントのプロセスを個別援助として取り上げています。それに加えて環境整備やソーシャルサポートネットワークの形成という環境に対するアプローチがあり，この両者を統合的に展開するものとしてコミュニティソーシャルワークを説明しています。

この個別支援と地域支援の統合という点にコミュニティソーシャルワークの本質があります。大橋は戦後日本の地域福祉においてコミュニティワークが軸とされてきたことを踏まえつつ，今後，個別支援を行う者は相手が暮らしている地域に目を向けること，地域支援を行う者は担当する地域で暮らす個々のニーズに目を向けること，そして両者が連携することの大切さを実践現場へ浸透させる必要性から，イギリスのコミュニティソーシャルワーク概念を援用し，独自の定義によって日本の地域福祉実践に一石を投じたのです。

■ 日本でのコミュニティソーシャルワーカーの始まり

1980 年代にイギリスから日本に紹介されたコミュニティソーシャルワーク概念は，大橋によって 1990 年代に再注目されていきましたが，当時はその重

要性を訴える理念提起の段階でした。しかし2000年には社会福祉事業法が社会福祉法となって地域福祉という言葉が初めて法的に位置づけられ，介護保険制度の創設により地域生活の支援体制が拡充していったことなどを背景に，先駆的な地域でコミュニティソーシャルワーカーの配置が始まり，その実践が注目されて各地へ広がっていくという実践萌芽の段階に入っていきます。日本でコミュニティソーシャルワーカーという名称の人材配置が始まったのは2004（平成16）年であり，市町村レベルでは沖縄県浦添市，都道府県レベルでは大阪府が先駆けです。

　沖縄県浦添市では，2004（平成16）年3月に行政の「てだこ・結プラン　第二次地域福祉計画」，そして2005（平成17）年3月に市社協の「てだこハートフルプラン　第三次地域福祉活動計画」の策定にあたり，全国の市町村に先駆けて双方の計画にコミュニティソーシャルワーク事業を位置づけました。コミュニティソーシャルワーカーは中学校区を担当エリアとして社協に配置され，その人件費は行政からの補助によるものです。2009（平成21）年の「てだこ・結プラン　第三次浦添市地域福祉計画」では「地域支え合い活動支援プラン」と「コミュニティソーシャルワーク充実プラン」が重点的に取り組む事項とされ，さらに5つの中学校区ごとに地域保健福祉センターの設置が進められてきました。

　コミュニティソーシャルワーカーの主な業務は，①地域づくり事業（地域自治会，民生委員，住民との連携による取り組み），②個別相談・支援（訪問，電話，来所，総合相談，健康相談，専門相談），③地域ネットワーク，災害時等要援護者支援ネットワークづくり，④校区ボランティアセンター事業（ボランティア登録，斡旋など），⑤健康づくり事業，⑥コミュニティづくり推進委員会の開催，⑦地域の特性に応じたさまざまな取り組み，であり，個別支援と地域支援の役割を担うものとされました。

　大阪府では，2000（平成12）年の「社会的な援護を要する人びとに対する社会福祉のあり方に関する検討会報告書」や2002（平成14）年の大阪府社会福祉審議会答申「これからの地域福祉のあり方とその推進方策について」において，コミュニティソーシャルワーカーの必要性につながる議論が始められていました。そして2003（平成15）年に「第1期大阪府地域福祉支援計画」，2004（平成16）年に「大阪府健康福祉アクションプログラム（案）」が策定され，そこ

でこれまでの小地域ネットワーク活動等を基盤に「真に必要な人に，必要なとき，必要なサービスを」提供できる地域の健康福祉セーフティネットづくりを進める方針が明確にされ，2004（平成16）年度から概ね中学校区単位で地域における見守り・発見・相談・つなぎの機能を担うコミュニティソーシャルワーカー（CSW）を配置するCSW機能配置促進事業が全国に先駆けて始められたのです。

このコミュニティソーシャルワーカーの役割について，大阪府が2011（平成23）年にまとめた「市町村におけるCSWの配置事業に関する新ガイドライン」では，「地域住民等からの相談に応じ，専門的な福祉課題の解決に向けた取組みや住民活動の調整を行うとともに，行政の施策立案に向けた提言（地域住民主体の見守り・支え合い体制の構築など公民協働で福祉課題の解決を図るための提言）等を行う地域福祉のコーディネーターの役割を担う者」とされており，さらにこのガイドラインでは，今後のコミュニティソーシャルワーカーへの期待として「個別支援を地域支援に発展させ，要援護者を見守り・支えるボランティアグループの組織化や要援護者支援のための新たなサービス・仕組みの開発を通じたセーフティネット体制づくり，地域福祉計画及び他の分野別計画の策定並びに福祉施策の推進に関する行政への提言等をこれまで以上に行うこと」が挙げられています。

また大阪府がコミュニティソーシャルワーカーの配置を始めた2004（平成16）年は，大阪府社協老人施設部会が独自に社会貢献事業を立ち上げた年でもあります。これは府内の老人福祉施設が入居者定員に応じて社会貢献基金を拠出し，さらにコミュニティソーシャルワーカーを施設内に配置して，大阪府社協の社会貢献支援員とともに経済的援助を行うものです。このように大阪では，府と社会福祉法人のそれぞれがコミュニティソーシャルワーカーの配置を始めていきました。

なお，大阪府のCSW機能配置促進事業は2008（平成20）年度で廃止され，市町村が地域の実情に応じて自由に事業を展開することができるようにという趣旨から「地域福祉・子育て支援交付金」，2018（平成30）年度からは地域福祉，高齢者福祉に特化した「大阪府地域福祉・高齢者福祉交付金」となり，府として各市町村のコミュニティソーシャルワーカー配置を財政的に継続支援しています。

■ コミュニティソーシャルワーカーの配置が広がった4つの契機

　このように先駆的な実践として始まったコミュニティソーシャルワーカーの配置がさらに全国的に広がってきた契機として，4つの出来事が挙げられます。

　第1の契機は，2008（平成20）年の厚生労働省『これからの地域福祉のあり方に関する研究会報告書』です[6]。この研究会の座長は大橋が務め，この報告書において「地域福祉のコーディネーター」の必要性が提起されたことにより，市区町村レベルの地域福祉計画や地域福祉活動計画に独自施策としてコミュニティソーシャルワーカー（地域福祉コーディネーター）を位置づけて配置する地域が増えていきました。

　この報告書において「地域福祉のコーディネーター」の役割は次のように示されています。

(1) 専門的な対応が必要な問題を抱えた者に対し，問題解決のため関係する様々な専門家や事業者，ボランティア等との連携を図り，総合的かつ包括的に支援する。また，自ら解決することのできない問題については適切な専門家等につなぐ

(2) 住民の地域福祉活動で発見された生活課題の共有化，社会資源の調整や新たな活動の開発，地域福祉活動に関わる者によるネットワーク形成を図るなど，地域福祉活動を促進する

　この説明は，(1) が個別支援，(2) が地域支援での役割を示していると言えます。なお，この研究会で「コミュニティソーシャルワーカー」でなく「地域福祉のコーディネーター」という名称が使用されたのは，当時はまだコミュニティソーシャルワークに対する理解が広がっておらず，コミュニティソーシャルワーカーという名称も一部の地域でしか使用されていなかったためです。そこで報告書では地域福祉実践における個別支援や地域支援をコーディネートする人材として「地域福祉のコーディネーター」と表記されました。地域によっては「地域福祉コーディネーター」という名称で住民活動のリーダー養成を行っていたところもありましたが，この報告書では住民活動のリーダーではなく，ソーシャルワークを担う専門職としての配置を提言するものであることから，「地域福祉コーディネーター」ではなく「地域福祉のコーディネーター」となっていることに留意する必要があります。ただ，実際にはこうした専門職

を配置する際の肩書きとして「地域福祉コーディネーター」を使用する地域も
あり，専門職として配置されている場合は「コミュニティソーシャルワー
カー」と同じ役割をもっていると言えます。

　コミュニティソーシャルワーカーの配置が広がり始めたこの時期，2013（平
成25）年に野村総合研究所では，先駆的にコミュニティソーシャルワーカー
（地域福祉コーディネーター）を配置してきた地域でのヒアリング調査を行い，そ
の役割を次のように定義しました[7]。

> ①小地域単位で担当し，
> ②制度の狭間の課題も含めて，個別支援と地域の社会資源をつなぎ，
> ③地域特性に応じた社会資源やサービスの開発を含めた地域支援を行う

　この定義と2008（平成20）年の『これからの地域福祉のあり方に関する研究
会報告書』の定義を比べて異なるのは「小地域単位」を担当するという点であ
り，これは個別支援として地域とつながり，地域支援を展開するために，先駆
的地域では一定のエリアの担当制がとられてきたことによるものです。ただし，
この地域の範囲はさまざまであり，小学校区や中学校区，さらにはもっと広い
地域を担当している場合もありました。

　第2の契機は，地域共生社会の実現に向けた政策の始まりです。2015（平成
27）年9月に厚生労働大臣政務官を主査とする新たな福祉サービスのシステム
等のあり方検討プロジェクトチームは，『新たな時代に対応した福祉の提供ビ
ジョン』と題した報告書をまとめ，世帯全体が抱える複合的な課題に対する包
括的な支援体制の構築等について提言しました。そして，2016（平成28）年7
月には厚生労働大臣を本部長とする「我が事・丸ごと」地域共生社会実現本部
が設置され，世帯全体や支援を必要とする人を「丸ごと」支えていける体制の
整備と，支援を必要とする人びとの生きづらさに周りの人びとが関心をもち，
他人事でなく「我が事」として関わりを考えていく地域づくりに向けた政策が
本格的に推進されることとなったのです。具体的な推進方法については，同年
10月に設置された地域力強化検討会（地域における住民主体の課題解決力強化・相
談支援体制の在り方に関する検討会）が検討を行い，2017（平成29）年9月に「最
終とりまとめ」が公表されました。この中において，コミュニティソーシャル

ワーカーの必要性が繰り返し述べられており，包括的支援体制の構築に向けて，その一翼を担う人材として期待されていきます。

　しかし，実際にこうした人材を配置するためには，人件費や運営費の確保が不可欠であり，そこで第3の契機として挙げられるのは，2015（平成27）年4月の改正介護保険法施行により創設された生活支援体制整備事業です。これは直接的にコミュニティソーシャルワーカーの配置に関する事業ではありませんが，コミュニティソーシャルワーカー配置に関わる人件費確保に向けて活用する自治体が出てきました。この事業では，国からの補助金によりすべての市区町村に生活支援コーディネーター（地域助け合い推進員）を配置することとなりました。その役割は高齢者の生活支援を入り口とした地域づくりに関する地域支援です。そのためコミュニティソーシャルワーカーに求められる地域支援と役割が重なることから，コミュニティソーシャルワーカーの配置に当たり，生活支援コーディネーターの業務を担うことで人件費を確保しようとしたのです。ただし，生活支援コーディネーターの役割として個別支援は位置づけられていないことから，その業務が地域支援に偏り，個別支援が弱くなりかねないという問題を抱えています。しかしながら，上記2つの契機に基づく世の中の動きから新たにコミュニティソーシャルワーカーを配置しようとする市区町村にとって，この生活支援体制整備事業に関わる国からの補助金は魅力的であり，結果としてコミュニティソーシャルワーカーが生活支援コーディネーターの業務を兼務している地域もあります。

　また，別の人件費獲得の方策として生活困窮者自立支援事業を活用している地域もあります。この場合は個別支援が主な役割となり，地域支援が弱くなりかねないという問題を抱えています。

　このような状況から，コミュニティソーシャルワーカー（地域福祉コーディネーター）の配置が少しずつ広がりを見せましたが，個別支援と地域支援双方の役割が期待されているところもあれば，個別支援あるいは地域支援いずれかの役割が期待されているところもあり，地域によって異なる状況です[8]。

　第4の契機は，包括的支援体制の構築に向けて，2021（令和3）年の社会福祉法改正において重層的支援体制整備事業が明記されたことです。この事業で

は，「属性を問わない相談支援」「参加支援」「地域づくりに向けた支援」の一体的な実施を必須としており，これらに加えて「アウトリーチ等を通じた継続的支援」と「多機関協働」を規定しています。この事業はまさに個別支援と地域支援を統合的に展開するコミュニティソーシャルワークと重なるものであり，事業実施を見据えて，市区町村が策定する地域福祉計画にコミュニティソーシャルワーカー等の人材配置や充実を進める動きも出ています。

　なお，コミュニティソーシャルワーカーが広がっていった背景として，2014（平成26）年にNHKのドラマ10でコミュニティソーシャルワーカーを取り上げた「サイレント・プア」が放送されたことも付記しておきます。当時，まだコミュニティソーシャルワーカーが配置されている地域が限られている中，誰に対して，どんな仕事をしているのかがドラマで表現されたことは，福祉関係者だけでなく一般市民にとっても，その役割を知る機会となりました。ドラマを監修したのは大阪府豊中市社協の勝部麗子さんであり，ドラマとしてテレビ局が演出した部分はあるものの，全体的にリアリティのある内容となっています。豊中市社協では，コミュニティソーシャルワーカーを取り上げた本も出版しており，先駆的実践とともにその普及に向けて全国の実践者を力づけ，牽引し続けてきたことは高く評価されるものです。

　これまでコミュニティソーシャルワーカーが日本に配置されてきた経緯を見てきました。ここで誤解のないように強調しておきたいことは，コミュニティソーシャルワーク実践はコミュニティソーシャルワーカーだけによる実践ではないということです。個別ニーズに即して個別支援と地域支援を結びつけていく実践は，イギリスのバークレイ報告やコミュニティソーシャルワークへの注目が集まる前から日本でも行われてきました。例えば，1960年代に大阪の保健所で地域精神保健支援を担ってきた福祉職への調査を行った加納光子は，当時のソーシャルワーク理論がクリニカルな個別支援に向かっている中で，先駆性や開拓性をもって地域資源やサービス開拓が行われてきたことに注目し，これを先駆的なコミュニティソーシャルワークとして取り上げています[9]。このように，コミュニティソーシャルワークの実践は，コミュニティソーシャルワーカーに限らず，地域生活支援に携わるさまざまな人びとが，個別支援と地域支援の統合的実践を志向した際に展開されるものです。さらにそれは，1人

の専門職や1つの機関だけでできることではなく，個別支援者と地域支援者の連携が欠かせません。

■ コミュニティソーシャルワーク実践者の養成
　コミュニティソーシャルワーカー（地域福祉コーディネーター）の配置が進む中，いち早くその人材養成プログラムの開発と実施に取り組んだのは，NPO法人日本地域福祉研究所です。この研究所は大橋謙策を理事長として1995（平成7）年に設立され，全国各地をフィールドとした「地域福祉実践研究セミナー」の開催，行政や社協の計画策定のコンサルテーション，人材養成研修を担ってきました。早くからコミュニティソーシャルワークの重要性を提起してきましたが，次第に具体的な人材養成プログラムの必要性が生じてきたことから，2004（平成16）年に日本財団からの助成を受けて研修プログラム開発の研究会を立ち上げ，全国に先駆けて「コミュニティソーシャルワーク実践者養成研修」を始めました。私はこの研修事業担当者として地域福祉研究所のメンバーとともに研修内容の企画と実施を担ってきました[10]。研修名として「コミュニティソーシャルワーカー養成」ではなく「コミュニティソーシャルワーク実践者養成」としているのは，コミュニティソーシャルワークの実践は，個別支援者と地域支援者の協働によるチームアプローチが不可欠であり，先ほども述べたようにコミュニティソーシャルワーカーという職名の者だけで実践できるものではないという考えに基づくものです。
　2004（平成16）年に始めた当初は全5日間のプログラムでしたが，その後プログラム内容の精査を重ね，2023（令和5）年現在ではSTEP1が2日間，STEP2が2日間の全4日間の研修として行っています。毎年，日本地域福祉研究所として行うほかに，都道府県社協等からの委託を受けて各地で実施しており，これまでの受講者は3000人を超えるに至っています。なお，新型コロナウイルス感染症の流行により2020年からはオンライン研修として開催し，それまで以上に全国各地から受講されるようになっています。
　そのプログラム内容は，STEP1としてコミュニティソーシャルワーク概念，個別アセスメントと個別支援，地域アセスメントと地域支援，個別ニーズに対応する社会資源開発に関する講義と演習（11月開催），STEP2では先駆的地域の実践分析，各自が事例をもちよってのグループコンサルテーション，ネット

表 3-1　日本地域福祉研究所「コミュニティソーシャルワーカー実践者養成研修」（2023 年度）の内容

【STEP 1】1 日目

9:30 〜 10:00	Zoom 入室
10:00 〜 10:20	開会
10:20 〜 11:50	**講義「コミュニティソーシャルワークの視点と方法」**
11:50 〜 12:50	昼食
12:50 〜 14:50	**ワークショップ①「CSW における個別アセスメントと個別支援」** 専門職のアセスメント力はアセスメントシートに頼りすぎると弱まりかねない。このワークショップでは事例を通して気づきを促す研修方法により「家族全体」を捉える視点を養い，そのうえで「生活の全体性」や「ストレングス」に配慮しながら「その人らしさ」に着目した支援計画に結びつけていくための個別アセスメントと個別支援の技法を学ぶ。
15:00 〜 17:00	**ワークショップ②「CSW における地域アセスメントと地域支援Ⅰ」** コミュニティソーシャルワークにおける地域支援は，個別ニーズに対応するためのものである。このワークショップでは，地域の捉え方や地域データの把握・分析など，地域アセスメントの基本的技法と地域へのアプローチ方法を学んだうえで，個別事例から地域に埋もれた社会資源の活用や開発の必要性を見いだす視点と方法を学ぶ。

【STEP 1】2 日目

9:00 〜 9:30	Zoom 入室
9:30 〜 11:50	**ワークショップ③「CSW における地域アセスメントと地域支援Ⅱ」** コミュニティソーシャルワークでは，個別ニーズを地域ニーズとして捉える視点が重要となる。このワークショップでは，専門職が向き合っている個別ニーズが，地域の中においてその人や家族だけのニーズなのか，同様なニーズを持つ人びとがほかにもいるのかを検証していくための方法やそのニーズを地域内で共有していく方法を学ぶ。
11:50 〜 12:50	昼食
12:50 〜 14:50	**ワークショップ④「CSW における地域アセスメントと地域支援Ⅲ」** このワークショップでは，個別アセスメントと地域アセスメントの統合によって個別支援と地域支援を結びつける視点を養い，個別ニーズに即した地域へのアプローチによって新たな社会資源を開発していくプロセスを学び，実践仮説に基づいたコミュニティソーシャルワーク実践のプランニング技法を学ぶ。
15:00 〜 16:20	**総括講義「コミュニティソーシャルワークの展開に向けて」**
16:20 〜 16:30	閉会

【STEP 2】1 日目

8:40 ～ 9:10	Zoom 入室
9:10 ～ 10:10	**実践分析**
10:20 ～ 11:30	**グループコンサルテーション** グループコンサルテーションでは，各自が提出した事例をもとに 1 事例ずつグループで検討を行う。他者の視点やコメントを通して，自らの視野や視点を広げていくことを目指す。
11:30 ～ 12:30	昼食
12:30 ～ 17:00	**グループコンサルテーション**

【STEP 2】2 日目

8:30 ～ 9:00	Zoom 入室
9:00 ～ 9:40	**講義「コミュニティソーシャルワークにおけるチームアプローチ」**
9:50 ～ 11:00	**ワークショップ⑤「ソーシャルサポートネットワークの把握」** このワークショップでは，受講者から提出された事例から 1 事例を選び，その事例において現在関わりのある人びとと今後関わってほしい人びとをすべて挙げ，さらにその人びとはどのようなサポートを担っているのか，担ってほしいかを検討する。
11:05 ～ 11:30	**ワークショップ⑥「ネットワーク会議のメンバー選定」** このワークショップでは，ネットワーク会議の開催に向け，会議の目的に即してソーシャルサポートネットワークのメンバーとして挙げた人びとの中から参加者を選定する。また，ネットワーク会議のロールプレイ実施に向けて配役を決める。
11:30 ～ 12:30	昼食
12:30 ～ 13:20	**ワークショップ⑦「ネットワーク会議のシナリオ検討」** このワークショップでは，ネットワーク会議のロールプレイに向けてシナリオを検討する。その際，自分の業務上の役割とは異なる役割を演じることとし，それぞれの発言骨子はグループ全員で検討する。
13:25 ～ 15:20	**ワークショップ⑧「ネットワーク会議のロールプレイ」** このワークショップでは，20 分間のネットワーク会議ロールプレイをグループごとに行う。ロールプレイでは，普段の業務とは異なる立場を演じることで，相手の立場や感情を体感する。観察者役のグループは，良かった点と気になった点をコメントし，会議を客観的に見る力を養う。
15:30 ～ 16:30	**総括講義「コミュニティソーシャルワークの展開に向けて」**
16:30 ～ 16:40	修了証授与，閉会

ワーク会議の演習，総括講義（2月開催）となっています（表3-1）。

　STEP 1と STEP 2の開催時期を分けているのは，コミュニティソーシャルワークを自分の地域の実践に引きつけて理解していくためです。現任者研修では，向上心のある仲間と学ぶことによって実践向上への意欲も高まるものの，現場に戻るとさまざまな壁に直面することがあります。その壁をどう突破していくかが重要であり，本研修では STEP 1で，研修主催者が用意した事例をもとに個別支援と地域支援そして両方を結びつけていくプロセスを学び，STEP 2では，自分なりにコミュニティソーシャルワークの視点から実践した事例を互いに報告し，その時何を難しいと感じたのか，どのような工夫が考えられるか等を話し合うようにしています。自分の事例から実践現場で感じる壁を乗り越えていく力を高めていくことを目指した研修であり，そして同じ問題意識をもった仲間と協力し合える関係を所属組織以外に広げていくことをねらいとしています。

　この研修プログラムは全4日間で盛り込むべき内容として検討を重ねた結果，精査したものです。しかし，地域によっては1日や2日しか研修日程を組めないという場合もあり，その都度，研修主催者と協議のうえでプログラムを行うことになります。また日本地域福祉研究所では，この基本プログラムだけでなく，アウトリーチによる面接ロールプレイや財源づくりに関するファンドレイジング等の研修も行っており，受講者のニーズに即した研修プログラムの開発と実施を，コミュニティソーシャルワークの観点からも重視しています。

2 ｜ 日本におけるコミュニティソーシャルワーク概念

■ 大橋謙策によるコミュニティソーシャルワークの定義と機能

　日本のコミュニティソーシャルワークについて，その重要性を提起してきた大橋謙策は時代状況に応じていくつかの定義をしており，前節では初期のものを紹介しました。その後，2002（平成14）年には次のように定義し，特に個別支援に関する説明を加えています。これは，介護保険制度によってケアマネジメントが注目される中，信頼関係に基づく傾聴とアセスメントを基盤として本人や家族との合意によるサービス提供が重要であることを意識してのものです[11]。

> **大橋謙策によるコミュニティソーシャルワークの定義**
>
> 　地域に顕在的に，あるいは潜在的に存在する生活上のニーズを把握（キャッチ）し，それら生活上の課題を抱えている人びととの間でラポール（信頼関係）と契約に基づきフェイス・ツー・フェイスの形式によるカウンセリング的対応も行いつつ，その人や家族の悩み，苦しみを聞き，その人や家族が抱えている課題の解決にはどのようなサービスや支援が必要かを明らかにするアセスメントを行い，本人の求めとソーシャルワーカーの専門的判断に基づき，ケア方針を設定する。それに関し，改めてインフォームドコンセントを行って必要なサービスを総合的に提供するケアマネジメントを手段とするソーシャルワークの過程とそれらの個別援助を通しての地域自立生活を可能ならしめる生活環境の整備や近隣住民によるインフォーマルケアの組織化や精神的環境醸成を行うソーシャルワークを統合的に展開する活動。

　また2005（平成17）年には，コミュニティソーシャルワークの機能として10項目に整理しています[12]。

　なお，この整理では大橋がかねてから重視している地域住民の主体形成のための福祉教育が含まれていませんが，大橋によるコミュニティソーシャルワークの定義において精神的環境醸成について書かれていることを踏まえると，社会福祉に関する教育や学習はコミュニティソーシャルワークにおける重要な機能の1つと言えます。

> **大橋謙策によるコミュニティソーシャルワークの機能**
>
> ①ニーズキャッチ機能
> ②個別相談・家族全体への相談機能
> ③ICFの視点および自己実現アセスメントシートおよび健康生活支援ノート式アセスメントの視点を踏まえたケアマネジメントをもとに"求めと必要と合意"に基づく援助方針の立案およびケアプランの遂行
> ④ストレングス・アプローチ，エンパワーメント・アプローチによる継続的対人援助を行うソーシャルワーク実践の機能
> ⑤インフォーマルケアの開発とその組織化機能

⑥個別援助に必要なソーシャルサポートネットワークの組織化と個別事例
　ごとに必要なフォーマルサービスの担当者とインフォーマルケアサービ
　ス担当者との合同の個別ネットワーク会議の開催・運営機能
⑦サービスを利用している人びとの組織化とピアカウンセリング活動促進
　機能
⑧個別問題に代表される地域問題の再発予防および解決策のシステムづく
　り機能
⑨市町村の地域福祉実践に関するアドミニストレーション機能
⑩市町村における地域福祉計画づくり機能

　　さらに大橋は 2022（令和 4）年に，1960 年代から 50 年余にわたって取り組
んできた地域福祉に関する実践，研究，教育（研修）の集大成としてまとめた
『地域福祉とは何か』において，コミュニティソーシャルワークの機能を次の
5 項目に収斂させています[13]。
　　大橋は，この 5 つの機能とともに市町村を基盤としてコミュニティソーシャ
ルワークを展開できるシステムとアドミニストレーションの体制整備が必要で
あるとしています[14]。

大橋謙策によるコミュニティソーシャルワークの機能
①地域にある潜在化しているニーズ（生活のしづらさ，生活問題を抱えている福
　祉サービスを必要としている人々）を発見し，その人や家族とつながる。
②それらサービスを必要としている人々の問題を解決するために，問題の
　調査・分析・診断（アセスメント）を行い，その人々の思い，願い，意見
　を尊重して，"求めと必要と合意" に基づき，問題解決方法を立案する。
③その解決方法に基づき，活用できる福祉サービスを結びつけ，利用・実
　施するケアプラン（サービス利用計画）をつくるケアマネジメントを行う。
④もし，問題解決に必要なサービスが不足している場合，あるいはサービ
　スがない場合には新しいサービスを開発するプログラムをつくる。
⑤そのうえで，制度的サービス（フォーマルサービス）と近隣住民が有してい
　る非制度的助け合い・支え合い活動（インフォーマルケアが十分でない時には
　その活動の活性化を図ることも含める）とを有機的に結びつけ，両者の協働

> によって福祉サービスを必要としている人々の地域での自立生活支援を
> 支えるための継続的対人援助活動を展開すること。

　この説明では，個々の生活ニーズに対して相手の思いを尊重しながら福祉
サービスを提供し，必要なサービスがなければ新たなサービス開発を行って，
専門職と近隣住民が協働して地域での自立生活を支援することがコミュニティ
ソーシャルワークの機能であるとしています。大橋の問題意識は，個々の生活
ニーズへの対応を既存の制度の枠内だけで考えず，多様な人びととともに行う
実践を広げようとする点にあると言えます。

■「地域自立生活」と「生活の安定」
　なお，大橋は1999（平成11）年の定義では「自立生活」，2002（平成14）年
の定義では「地域自立生活」という用語を使用しており，大橋のコミュニティ
ソーシャルワーク概念において，その目的は「地域での自立生活」にあると言
えます。この自立生活について，かねてから大橋は6つの自立（①身体的自立，
②生活技術的自立，③経済的自立，④精神的・文化的自立，⑤社会〔関係〕的自立，⑥
政治的自立）が重要であると訴えてきました[15]。「自立」と言うと，身体的自立
や経済的自立がイメージされがちな状況に対して，それだけではないと示して
きたことは注目すべきです。
　この点に関して，岡村重夫は社会生活上の基本的欲求として次の7つを挙げ
ており，さらに岡村は，これらに対応する基本的社会制度の整備の必要性を論
じています[16]。

岡村重夫による7つの社会生活上の基本的欲求と基本的社会制度	
①経済的安定	産業・経済，社会保障制度
②職業的安定	雇用保険制度
③医療の機会	保健・医療・衛生制度
④家族的安定	家庭，住宅制度
⑤教育の機会	学校教育，社会教育
⑥社会的共同	司法，道徳，地域社会
⑦文化・娯楽の機会	文化・娯楽制度

こうした整理がすでになされている中で，大橋が6つの自立を提示したことは，社会制度による支援の必要性だけでなく，本人や家族の力が高まることの大切さに注目してのことと捉えられます。しかし，「自立」という言葉は，誰からの支援も受けずに自分で行うというイメージを有しており，明治時代の国語辞典『言海』では「ヒトリダチ，他力に頼（ヨ）ラヌコト」と説明されています[17]。このイメージは今日の社会においても引き継がれていますが，社会福祉領域における「自立」とは，アメリカで始まった障害者の自立生活運動のように，必要な支援を活用しながら主体的に生活を送るという「自律」の側面をもつものです。しかし，「自立」という言葉からは「自律」の側面を感じにくく，「自立」が強調されればされるほど，支援を受けている人びとが負い目を感じてしまうという状況を生み出してしまいます。

　なお，大橋は「地域自立生活」を支援するため「社会生活モデル」に基づくアセスメントシートを作成しており，コミュニティソーシャルワークが社会とのつながりを重要視することの表れと言えます[18]。

　以上のことを踏まえ，私自身は，**地域での自立した生活**ではなく**生活の安定**を支援の目標として大事にしたいと考えます。安定した生活を送るためには，個々の努力による自助を基盤としたうえで，自分や家族の力あるいは民間のサービスでは対応できない時に，公的サービスをはじめ何らかの支援の活用が必要であるという考えに基づくものです。

■「福祉サービスを必要とする人」と「支援を必要とする人」

　また，2022（令和4）年の大橋による機能の説明では「福祉サービスを必要としている人々」という表現が用いられていますが，これは社会福祉法第4条「地域福祉の推進」において「福祉サービスを必要とする地域住民及びその世帯」とされていることに重なります。

　現在の社会福祉法は2000（平成12）年に社会福祉事業法の改正・改称によって社会福祉に関する基本法の位置づけとなりました。これは1998（平成10）年の中央社会福祉審議会社会福祉構造改革分科会による「社会福祉基礎構造改革（中間まとめ）」の提言を受けてのものであり，それまで行政措置として福祉サービスによる援助を受けていた人びとが，これからは「利用者による選択の尊重」によって自ら選択し，契約によって福祉サービスを利用できるようにす

ることが改革の柱となりました。しかし，生活上の困難を抱えた人びとの中には，福祉サービスの利用に必要な手続きをすることができなかったり，窮迫した状況にもかかわらず，福祉サービスの利用を望んでいない場合もあります。福祉サービスの相談窓口に来る人は，相談できる力のある人であり，支援の必要性が高い人ほど相談に行けない状態になっていることもあります。大橋が座長を務めた厚生省社会援護局保護課所管の生活支援事業研究会（1990）「生活支援地域福祉事業（仮称）の基本的考え方」では，福祉サービスの利用につながらない潜在的ニーズをもつ人びとへのアプローチの重要性を早くから指摘していました。

　社会福祉法では「福祉サービスを必要とする」という文言によって，これらの人びとに対する支援の必要性を示したことは重要な点であり，アウトリーチによる支援が求められる理由でもあります。

　ただし，支援の内容は福祉サービスに限らないと私は考えます。例えば，外出が困難な方に対して地域内の人びとが声かけを行うという時，それは福祉サービスという位置づけでなく，気にかけあう人間関係から生まれるものもあります。そのため私は**福祉サービスを必要とする人**ではなく**支援を必要とする人**という表現を用いるようにしています。

　また，大橋による機能の整理では地域生活支援における公的責任を重視し，制度による福祉サービス利用を基盤としたうえで非制度の互助活動との協働を図るとしています。この点について私は，制度によらない多様な人間関係によるサポートの中で人びとが暮らしていることを大切にしたうえで，地域内の人びとだけでは対応できない問題に対して制度による支援を行い，既存の制度で対応できない場合には，新たな社会資源（新たな公的サービス，新たな互助活動，新たな民間企業による営利活動や社会貢献活動等）を生み出していくことが重要だと考えます。

■　小野敏明によるコミュニティソーシャルワークの機能
　大橋とともに地域福祉の実践と研究に関わってきた小野敏明も早くからコミュニティソーシャルワークの機能として，次の 10 項目に整理しています[19]。

小野敏明によるコミュニティソーシャルワークの機能

①ケアマネジメントによる総合的支援

②地域の課題把握と課題の社会化

③住民の福祉理解の推進と福祉環境整備

④フォーマルサービスの開発

⑤当事者組織（セルフヘルプグループ）の組織化と組織支援

⑥地域におけるインフォーマルサポートネットワークの開発とその社会資
　源化

⑦インフォーマルサポートネットワークと公的サービスの有機的連携，協
　働の促進

⑧関係機関・団体の連携，協働の促進

⑨地域福祉計画の策定推進

⑩活動全体を推進するにあたってのマネジメント

　この整理は 2000（平成 12）年という介護保険法施行と同時期にまとめられた
という時代的背景もあり，個別援助における一連の機能が「ケアマネジメント
による総合的支援」としてまとめられています。また，「課題の社会化」につ
いて，小野は「課題の普遍化」とも呼んでおり，その際には同様なニーズの把
握を重視する立場から「地域の課題把握」と並記されています。

■ 菱沼幹男によるコミュニティソーシャルワークの機能

　小野や大橋の整理では，個別支援と地域支援のそれぞれに関する機能，そし
てそれを統合するシステムに関する機能が挙げられており，特に地域福祉計画
策定をコミュニティソーシャルワーク機能の 1 つとしています。地域福祉計画
は策定義務がないことから未策定地域もあり，また策定されていたとしてもコ
ミュニティソーシャルワークを展開するシステム構築が意識されていないこと
もあります。しかし，こうした場合にもコミュニティソーシャルワーク実践を
展開することは可能であり，理想としては地域福祉計画によってコミュニティ
ソーシャルワークを展開するシステムを構築すべきではありますが，地域福祉
計画を不可欠な要件とするものではないと考えられます。地域福祉計画策定は
コミュニティソーシャルワークの機能というよりは，機能を具現化する手段の

1つとして捉えられるものです。機能としては，個別支援と地域支援をつなぐ機能が重要であり，それを可能にするシステムの構築や運営を担うためのアドミニストレーション機能を中心に整理することが望ましいと考えます。

　先行研究を踏まえて，私が2010（平成22）年に整理したコミュニティソーシャルワークの機能は，①ニーズ把握機能，②アセスメント機能，③相談助言・制度活用支援機能，④インフォーマルなサポート関係の維持・回復・開発機能，⑤地域生活支援計画作成・実施・モニタリング機能，⑥地域組織化機能，⑦ニーズ共有・福祉教育機能，⑧ソーシャルサポートネットワーク形成・調整機能，⑨ニーズ対応・社会資源開発機能，⑩アドミニストレーション機能の10項目であり[20]，小野，大橋，菱沼の整理による機能を対比させたものが表3-2です。

　菱沼の定義の①②③⑧は，個別支援と地域支援の両方，④⑤は個別支援，⑥⑦⑨は地域支援，⑩は個別支援と地域支援の統合に関する機能になっています。本書では個別支援は第5章，地域支援は第6章，個別支援と地域支援の統合は第7章，菱沼の整理によるコミュニティソーシャルワーク機能の詳細は第4章で取り上げていますので，詳細は各章を参考にしてください。

■　平野隆之による地域福祉援助技術概念との違い

　次に，コミュニティソーシャルワークの概念的範囲を多角的に考察するために，平野隆之による地域福祉援助技術概念との違いについて見ていきます。コミュニティソーシャルワークはコミュニティベースドソーシャルワークとも言われますが，日本では平野が「地域福祉援助技術」概念を構築し，コミュニティベースドソーシャルワークと言い換えうるとしています[21]。そして，地域福祉の推進を目指すソーシャルワークを「地域福祉援助技術」と呼び，この概念の中にはミクロ（直接的援助技術）からマクロのコミュニティワークと，さらにマクロ的な計画方法や運営管理およびソーシャルアクションの方法に至るすべての援助技術が含まれるとしています[22]。地域福祉援助技術はこのように統合的な概念としており，その範囲に含まれない社会福祉援助技術の領域として施設・病院内で完結するソーシャルワーク実践等を挙げています。そしてソーシャルワークすなわち直接・間接の援助技術から，地域志向やコミュニティケア志向の見られないソーシャルワークを除外したものを「地域福祉援助

表 3-2 菱沼（2010），大橋（2005），小野（2000）によるコミュニティソーシャルワーク機能の定義の比較

菱沼（2010）	大橋（2005）	小野（2000）
①ニーズ把握機能	①ニーズキャッチ機能	①ケアマネジメントによる総合的支援 ②地域の課題把握と課題の社会化
②アセスメント機能	③ICFの視点および自己実現アセスメントシートおよび健康生活支援ノート式アセスメントの視点を踏まえたケアマネジメントをもとに"求めと必要と合意"に基づく援助方針の立案およびケアプランの遂行	
③相談助言・制度活用支援機能	②個別相談・家族全体への相談機能	
④インフォーマルなサポート関係の維持・回復・開発機能	④ストレングス・アプローチ，エンパワーメント・アプローチによる継続的対人援助を行うソーシャルワーク実践の機能	
⑤地域生活支援計画作成・実施・モニタリング機能	③ICFの視点および自己実現アセスメントシートおよび健康生活支援ノート式アセスメントの視点を踏まえたケアマネジメントをもとに"求めと必要と合意"に基づく援助方針の立案およびケアプランの遂行	
⑥地域組織化機能	⑦サービスを利用している人びととの組織化とピアカウンセリング活動促進機能 ⑤インフォーマルケアの開発とその組織化機能	⑤当事者組織の組織化と組織支援 ⑥地域におけるインフォーマルサポートネットワークの開発とその社会資源化
⑦ニーズ共有・福祉教育機能		②地域の課題把握と課題の社会化 ③住民の福祉理解の推進と福祉環境整備

⑧ソーシャルサポートネットワーク形成・調整機能	⑥個別援助に必要なソーシャルサポートネットワークの組織化と個別事例ごとに必要なフォーマルサービスの担当者とインフォーマルケアサービス担当者との合同の個別ネットワーク会議の開催・運営機能	⑦インフォーマルサポートネットワークと公的サービスの有機的連携，協働の促進 ⑧関係機関・団体の連携，協働の促進
⑨ニーズ対応・社会資源開発機能	⑤インフォーマルケアの開発とその組織化機能 ⑧個別問題に代表される地域問題の再発予防および解決策のシステムづくり機能	④フォーマルサービスの開発 ⑥地域におけるインフォーマルサポートネットワークの開発とその社会資源化
⑩アドミニストレーション機能	⑨市町村の地域福祉実践に関するアドミニストレーション機能 ⑩市町村における地域福祉計画づくり機能	⑨地域福祉計画の策定推進 ⑩活動全体を推進するにあたってのマネジメント

技術」としています[23]。そして図3-1のように地域福祉の構成要素をコミュニティケア資源とそれを推進する地域福祉援助技術の2つに分類し，地域福祉援助技術の中に「ケアマネジメント」「コミュニティワーク」「地域福祉計画」を併存させ，コミュニティケアについては，「地域福祉援助技術のなかに統合されるものではなく地域福祉を構成する重要な理念であり，また資源部分に相当する構成要素」としています[24]。

　このように平野の地域福祉援助技術の定義はコミュニティソーシャルワーク概念とかなり近いものですが，コミュニティケア志向を求めながらも「地域福祉援助技術」をソーシャルワーカーの用いる「技術」の概念としたうえで，コミュニティケアの部分を含めていません[25]。これは，コミュニティに対するソーシャルワーカーの関わりを地域福祉援助技術とし，支援を必要とする人びとに対するコミュニティの関わりは含めないという整理と言えます。

　これに対してコミュニティソーシャルワークでは，専門職だけでなく本人を取り巻く多様な人びととともに生活を支えることを重視するものであり，コミュニティケアは重要な構成要素と捉えており，平野の「地域福祉援助技術」と本書でのコミュニティソーシャルワークは異なるものです。

　平野による「地域福祉援助技術」は，コミュニティケアが展開される地域を

図 3-1　平野（2003）による地域福祉援助技術の構成要素

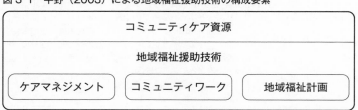

| コミュニティケア資源 |
| 地域福祉援助技術 |
| ケアマネジメント　　コミュニティワーク　　地域福祉計画 |

目指してソーシャルワーカーが行うものとして，「コミュニティに対するケア（Care for the Community）」に焦点をあてていると言えます。平野の視点は地域福祉の理念の捉え方から生じているものであり，地域福祉を「地域が主体となる福祉」として捉え，地域の主体化に関わるコミュニティワークを重視しています。そのため，地域福祉援助技術の中心には直接援助技術である個別援助が位置づけられるのではなく，むしろ間接援助技術に含まれるコミュニティワークが中心の位置を占めるものと整理し[26]，「個の援助から出発して地域福祉の援助へ」という流れで捉えることに否定的な見解を示しています[27]。

　一方，コミュニティソーシャルワークの重要性を提起してきた大橋（1999）は地域福祉を「地域自立生活を保障する営み」と捉え[28]，個別支援から地域支援へとつなげていくことを重視しています。

　こうした違いは地域福祉概念が時代の要請に応えるべく拡張されてきた可変的概念であることによります[29]。地域福祉という概念が生まれてきたのは1970年前後ですが，初期の地域福祉では，地域住民との関わりや生活環境から生じている生活問題は，その地域で解決に向けて取り組むことが重視され，方法論として地域組織化やソーシャルアクションが位置づけられました。平野の視点は，この歴史的経緯を踏まえたものです。しかし，1980年代になり公的機関や住民による在宅福祉サービスが地域福祉概念に加わり，市区町村において個を支える支援体制の構築が地域福祉の課題となっていった経緯があり，大橋の視点はこの重要性を起点としたものです。

　平野の「地域福祉援助技術」は「コミュニティに対するソーシャルワーク（Social work for the Community）」と言えますが，それに対してコミュニティソーシャルワークは「コミュニティの人びととともに行うソーシャルワーク（Social work with the Community）」であり，そのためには「コミュニティに対す

るソーシャルワーク（Social work for the Community）」そして「地域がコミュニティになるためのソーシャルワーク（Social work to be the Community）」が重要であると考えます。

　なお，コミュニティとは漠然とした地域住民のことではなく，その人自身が育んできた人間関係や生活の中で接点を有する人びと，さらにはよりよい地域社会を目指して他者とのつながりをもとうとする人びととして捉え（→第2章 **Column③**），こうした人びととの関わりが本人の人生にとって大切なサポートとなるからこそ，コミュニティソーシャルワークでは専門職だけでなく多様な人びととの協働を目指すのです。

■　コミュニティソーシャルワーク概念の範囲限界

　コミュニティソーシャルワークは個別支援と地域支援そしてその連携を図るシステム構築という幅広い機能を有しますが，コミュニティソーシャルワークはすべての生活問題に対処できるものではありません。コミュニティソーシャルワーク概念の範囲限界についても述べておきます。例えば，社会福祉施設や病院では，個別支援が中心となる局面があります。特に社会福祉施設の入所者や病院の入院患者に対して，ソーシャルワーカーは施設内や院内の多職種連携のコーディネートを行ったり，本人や家族への相談支援，多機関との連絡調整やさまざまな事務手続きを担っており，すべてが地域支援と結びつけられるものではありません。しかし，入所あるいは入院中に，その人が育んできた人間関係やボランティア等の新たな人間関係による支援を行ったり，また退所や退院に向けて支援を行う際に，これから暮らす地域への関わりが生じることがあります。時には，新たな社会資源の開発に向けて，実態に即した提言が必要とされる場合もあります。

　したがって，これからのソーシャルワークがすべてコミュニティソーシャルワークであるべきというものではなく，支援の段階や状況によって活用されるものと言えます。

注―――――――

1)　生活支援事業研究会（1990）「生活支援地域福祉事業（仮称）の基本的考え方について（中間報告）」。

2) 大橋謙策（1999）『地域福祉』放送大学教育振興会，171頁。

3) 永田幹夫（1993）『改訂 地域福祉論』全国社会福祉協議会，160頁。

4) 例えば，富山県氷見市社協では「ふれあいのまちづくり事業」によって，総合相談システムを構築し，住民とともに生活を支える活動を展開していきました。詳しくは大橋謙策・原田正樹監修／社会福祉法人氷見市社会福祉協議会編（2023）『福来の挑戦——氷見市地域福祉実践40年のあゆみ』中央法規，37-43頁。

5) 大橋謙策（1999）前掲書（注2），180頁。

6) 厚生労働省（2008）『これからの地域福祉のあり方に関する研究会報告書』。

7) 野村総合研究所（2013）『コミュニティソーシャルワーカー（地域福祉コーディネーター）調査研究 事業報告書』では，都道府県レベルでコミュニティソーシャルワーカー等の養成研修を行っている地域，市区町村レベルでコミュニティソーシャルワーカー等を配置している地域へのヒアリング調査を行ったうえで，求められる要件や今後の課題についてまとめています。

8) 2017（平成29）年3月に日本地域福祉学会研究プロジェクトとして私が担当した調査では，3都県の市区町村自治体を対象に回答があった85自治体のうち，「地域福祉のコーディネーター」を配置しているのは，34カ所（40.0％）であり，配置している市区町村において主な業務として個別支援と地域支援の両方を位置づけているのは44.4％，地域住民の活動を支援する地域支援が主になっているのは47.2％，制度の狭間の問題等への個別支援が主となっているのは3％であり，約半数の地域で個別支援が業務として位置づけられていない状況でした。

9) 加納光子（2017）『改正精神衛生法時代を戦った保健所のPSWたち——萌芽するコミュニティソーシャルワークを支えた開拓型支援モデル』ミネルヴァ書房，307-309頁。

10) 菱沼幹男（2008）「コミュニティソーシャルワーク実践者をいかに養成していくか——NPO法人日本地域福祉研究所における養成研修の取り組み」『コミュニティソーシャルワーク』2：40-50頁。

11) 大橋謙策（2002）「21世紀型トータルケアシステムの創造と地域福祉」日本地域福祉研究所監修『21世紀型トータルケアシステムの創造——遠野ハートフルプランの展開』万葉舎，58-59頁。

12) 大橋謙策・宮城孝・田中英樹（2005）『コミュニティソーシャルワークの理論』NPO法人日本地域福祉研究所，22-24頁。

13) 大橋謙策（2022）『地域福祉とは何か——哲学・理念・システムとコミュニティソーシャルワーク』中央法規，167頁。

14) 前掲書，167頁。

15) 大橋謙策（1991）『地域福祉の展開と福祉教育』全国社会福祉協議会，28頁。

16) 岡村重夫（1983）『社会福祉原論』全国社会福祉協議会，85 頁。

17) 大槻文彦（2004）『言海』ちくま学芸文庫，655 頁。

18) 大橋謙策（2022）前掲書（注 13），134-136 頁。

19) 小野敏明（2000）「コミュニティソーシャルワークの技法──機能と役割を
ふまえて」大橋謙策・千葉和夫・手島陸久・辻浩編『コミュニティソーシャル
ワークと自己実現サービス』万葉舎，177 頁。

20) 菱沼幹男（2010）「福祉専門職による地域生活支援スキルの促進要因分
析──コミュニティソーシャルワークの観点から」日本社会事業大学大学院社会
福祉学研究科博士学位論文。

21) 平野隆之（2003）「コミュニティワークから『地域援助技術』へ」髙森敬
久・加納恵子・高田真治『地域福祉援助技術論』相川書房，37 頁。

22) 髙森敬久ほか（2003）『地域福祉援助技術論』相川書房，ⅰ頁。

23) 平野隆之（2003）前掲書（注 21），36-37 頁。

24) 前掲書，187 頁。

25) 前掲書，34 頁。

26) 前掲書，37 頁。

27) 前掲書，44 頁。

28) 大橋謙策（1999）前掲書（注 2），33 頁。

29) 武川正吾（2006）『地域福祉の主流化』法律文化社，29-43 頁。

※　本章は日本社会事業大学社会福祉学研究科博士後期課程学位論文（2010）「福祉専
門職による地域生活支援スキルの促進要因分析──コミュニティソーシャルワークの
観点から」で執筆した内容をベースに書き直したものです。

第4章

コミュニティソーシャルワーク
とは何か

I コミュニティソーシャルワークの定義

　コミュニティソーシャルワークは，個別支援と地域支援の統合的実践であり，「はじめに」で紹介した通り，私が最小限の言葉で定義したものは以下になります。

　　　コミュニティソーシャルワークとは，誰もが社会とのつながりの中で幸せに暮らすことができるように，支援を必要とする人びとに対する個別支援と，その人びとが排除されることのない地域づくりに向けた地域支援を結びつけて行うソーシャルワーク実践である。

　本章では，国内外の先行研究を踏まえて，私が整理したコミュニティソーシャルワークの内容を解説します。

■ コミュニティソーシャルワークの目的

　この定義では，まずコミュニティソーシャルワークの目的として「誰もが社会とのつながりの中で幸せに暮らすこと」としています。

　「福祉」とは「幸せ」の意味をもち，社会福祉は「社会として幸せを護り，

表 4-1 中核的感情欲求 (ジェフリー・ヤング)

1. 他者との安全なアタッチメント (安全で安定した, 滋養的かつ受容的な関係)
2. 自律性, 有能性, 自己同一性の感覚
3. 正当な要求と感情を表現する自由
4. 自発性と遊びの感覚
5. 現実的な制約と自己制御

作ること」, そして社会福祉を具体的に行う方法がソーシャルワーク (社会福祉実践) であり, コミュニティソーシャルワークは個別支援と地域支援を統合的に行うソーシャルワークという位置づけになります。

では, なぜコミュニティソーシャルワークとして個別支援だけでなく地域支援と結びつけるかというと, 人は人との関係性の中で生きている存在だからです。このことは人類の歴史において昔から宗教や哲学等, 多様な領域で論じられてきました。

日本では和辻哲郎 (1934) が『人間の学としての倫理学』において「人間」という言葉のもつ意味について日本や海外の用法を考察しており, 「人間とは『世の中』自身であるとともに世の中における『人』である」[1] としています。

すなわち人間という場合, 1人の人という意味だけでなく, 人と人が形成する社会全体という意味があり, 私たちは人間として, 共同生活を営む中で喜びや悲しみを感じながら生活しています。仏教の四苦八苦における「愛別離苦」や「怨憎会苦」は人との関係性によって生じる苦しみを表しており, その苦しさから解放される方法の1つとして, 宗教への信仰によって人びとを内面から救済したり, あるいはその人びとに寄り添うことを重視する宗教家による慈善活動が始まり, 人が人を支えるというソーシャルワークの源泉となっていきました。

一方で人間関係による生きづらさに対する支援として心理療法が生み出され, 多くの臨床データをもとに発展してきました。その中でもスキーマ療法を生み出したアメリカの心理学者ジェフリー・ヤングは, 養育者や他者との関係性等に基づく「中核的感情欲求」という概念[2] を提示しています (表 4-1)。

スキーマ療法とは, ストレス状態にある人びとが, これまでの経験によって形成してきた感情・思考・行動のパターン (スキーマ) を明らかにし, それを認識そして変容させていくことを目指すものです。この中核的感情欲求につい

表 4-2　中核的感情欲求（伊藤絵美）

1.　愛してもらいたい。守ってもらいたい。理解してもらいたい。
2.　有能な人間になりたい。いろんなことがうまくできるようになりたい。
3.　自分の感情や思いを自由に表現したい。自分の意志を大切にしたい。
4.　自由にのびのびと動きたい。楽しく遊びたい。生き生きと楽しみたい。
5.　自律性のある人間になりたい。ある程度自分をコントロールできるようになりたい。

て，伊藤絵美は，よりわかりやすい表現にしていますので，あわせて紹介します（表4-2）[3]。

中核的感情欲求は私たちの誰もが求めるものであり，人間関係の中で満たされ，あるいは阻害されるものです。スキーマ療法は，セラピストと相談者との関係性の中で行われますが，ソーシャルワークは相談者本人だけでなく，その環境にも働きかける機能を有しており，中核的感情欲求の概念は，必要なアプローチを考えるうえで重要な示唆を与えてくれます。また，この中核的感情欲求を見れば，単に地域の人びととつながればよいのではない，ということがわかります。自分を束縛したり，負い目を感じさせるような周囲の関わりは誰もが望まないにもかかわらず，支援者がそれを無意識的に行っていないか，自己を省みるきっかけにもなります。

自らが求める人との関わりは幸福感をもたらすものであり，人間関係で傷ついた心は人間関係でこそ癒やすことができます。

精神疾患を経験した精神科医のダニエル・フィッシャーは『希望の対話的リカバリー』において，「私たちの自然な欲求は，周囲の人たちと心と心のレベルでつながり，コミュニティにおいて十全な生を生きている全人的な人になることである」とし，そして「苦しみを体験している人が心と心のつながりを他者とつくるとき，その人は自分自身の心とつながることができ，人間性をリカバーできる」と述べています[4]。

他者との関係で傷ついた場合に，別の他者との関わりで生きる力を取り戻していくことができるのが人間なのです。

生活を営むうえで，望まない孤独や孤立を感じることなく，差別や排除の対象とされて虐げられることなく，他者との良好な人間関係のもとで暮らすこと

Column④ 幸福追求権

　幸福に関する権利について，日本国憲法では第13条で「すべて国民は，個人として尊重される。生命，自由及び幸福追求に対する国民の権利については，公共の福祉に反しない限り，立法その他の国政の上で，最大の尊重を必要とする」と定め，「幸福追求権」として位置づけられています。

　このうち「生命，自由，幸福追求」は，1776年7月4日のアメリカ独立宣言に由来すると理解されていますが，その発端は1776年6月12日の「ヴァージニアの権利章典」に見られます。その第1条では「すべて人は生来ひとしく自由かつ独立しており，一定の生来の権利を有するものである。これらの権利は人民が社会を組織するに当たり，いかなる契約によっても，人民の子孫からこれを奪うことのできないものである。かかる権利とは，すなわち財産を取得所有し，幸福と安寧とを追求獲得する手段を伴って，生命と自由とを享受する権利である」としています。

　そして1776年7月4日のアメリカ独立宣言では「われわれは，自明の真理として，すべての人は平等に造られ，造物主によって，一定の奪いがたい天賦の権利を付与され，そのなかに生命，自由および幸福の追求の含まれることを信ずる」（抄訳）とされました。

　日本の憲法学において「生命，自由，幸福追求」の淵源はジョン・ロック（1690）の『統治二論』とされていますが，『統治二論』では幸福追求という文言は見られず，「生命，自由，財産」として繰り返し述べられています[5]。ただし，この財産については，"estaete"と"property"が使用されており，さらに『統治二論』を翻訳した加藤節は，"property"という用語について，モノを所有する権利を指す場合は所有権，人間の身体や人格に関わるような広い意味で用いられる場合には固有権として訳しており[6]，これは『ロック「市民政府論」を読む』を著した松下圭一の見解と同じものです[7]。

　ロックの"property"とは，財産だけを表すものでなく「生命・健康・自由・財産」からなるものであり，「神の作品」として創造された人間が「神の目的」を果たすべき義務を負っているからこそ「自分自身を維持する」義務を有し，その義務は「property」すなわち「生命・健康・自由・財産」を欠いては果たせないものとロックは考えました。ロックが幸福追求について述べているのは『人間知性論』（1689）であり，第2編第21章で「英知

的な性質の最も高い完全は，気をつけて絶えず真の堅固な幸福を追求することにあるが，同じように，私たちが想像上の幸福を真の幸福とまちがえないため自分自身で気をつけることは，私たちの自由のなくてはならない根底である」と述べています[8]。

　真の幸福の追求が英知的な完全につながるというロックの思想は，キリスト教を背景にしていると考えられます。例えば，「あなたがたの天の父が完全であられるように，あなたがたも完全な者となりなさい」（『マタイによる福音書』5章48節）という教えと無関係ではないでしょう。また，古代ギリシャ哲学における幸福観にもつながるものです。アリストテレスは「幸福なひととはよく生きているひと，よくやっているひとを意味する」（『ニコマコス倫理学』）と述べており[9]，幸福とは「よく生きること」であるという見方は，ロックの次の言葉にもあてはまります。「私たちは，自分たちの最大善としての真の幸福を選択し追求する必然性によって，個々の場合の欲望の満足を停止しないわけにはいかない」[10]。こうしたことからロックが考える幸福追求とは，「神の目的」を果たすべくすべての人びとが営むものであり，個々の欲望を満たすものではないと言えます。

　アメリカ独立宣言では，起草を担当したトマス・ジェファーソンがロックの思想をもとに，財産を幸福追求に置き換えて「生命，自由，幸福追求」を掲げたと言われています。その理由については団上智也が詳しく考察しており，ロックや建国者の言葉を丹念に拾い上げる中で，ジェファーソンは幸福追求という言葉を単に財産から置き換えたのではなく，個人と国家の双方を包含する公共の「幸福」を志向したものと指摘しています[11]。

　また，アメリカ独立宣言にはトマス・ペインの『コモン・センス』も影響を与えました[12]。さらにペインは1791年に『人間の権利』を著し，自然権について「すべての知的権利ないし精神の持つ権利があり，また他人の持つ自然権を侵害しないで，自分自身の慰めと幸福とを求めて個人として行動するすべての権利」としています[13]。幸福追求権は，古代ギリシャ哲学やキリスト教を思想的背景としながら，アメリカがイギリスの支配から独立し，虐げられていた人びとが幸福に生きていける社会をつくろうという切なる思いを背景として生み出されたものであり，当時のアメリカで暮らしていた人びとが直面していた問題に立ち向かう権利として記されました。第二次世界大戦後，占領軍の支配下におかれた日本の憲法に幸福追求権が明記されたこ

とは，アメリカがたどった歴史に学び，国民1人ひとりが真の幸福に向かって主体的に生きていくことを目指したものと言えます。

しかし，古代ギリシャ哲学やキリスト教のように「良く生きる」という幸福概念が広く共有されてこなかった日本の人びとにとって，幸福追求権は個々の主体性が欠落した状態で捉えられてきた側面もあります。幸福とは「良く生きること」であるというアリストテレスの考えは，理念的には理解されても，今日の消費社会では蓄財や快楽への誘惑が生活を取り囲み，真の幸福を見いだしにくくなっています。キリスト教での幸福は当初，死後の世界にあるとされ，やがて宗教改革によって仕事と幸福が結びつけられ，勤勉な生活によって現世での幸福を求めることに価値が置かれるようになっていきました。幸福追求と勤勉さは切り離せず，幸福追求には個々の主体性が欠かせないものですが，こうした思想的基盤が成熟してこなかった日本では，幸福追求という概念のもつ奥深さへの理解が深まりにくく，幸福を個々の欲求充足として捉えがちな人びともいます。今日の憲法学では幸福追求権について，一般的行為の自由を保障するという「一般的行為自由説」と人格的生存に不可欠な内容の権利の総体という「人格的利益説」があるとされています。初期の学説では，憲法第13条は，第14条以下の人権を総称規定するものであり，具体的権利性のないものとされていました。しかし，1960年代以降，生活の安寧を脅かすさまざまな社会問題に対応する根拠条文として活用されるようになり，プライバシーの権利，日照権，環境権，嫌煙権，健康権，平和的生存権等，具体的権利性をもつものとされるようになってきています。これらは「新しい人権」として取り上げられ，憲法学においても論点の1つとなっています。

また社会福祉分野では憲法第25条の「健康で文化的な最低限度の生活」に加えて，個々の自己実現を支援する根拠として憲法第13条の「幸福追求権」を捉える見解もあります。自己実現につながる支援の必要性が提起されたことは重要です。しかし，一方でそれは「健康で文化的な生活」には自己実現が含まれないことの肯定につながってしまいます。そのため私は個々の自己実現は憲法第25条に位置づけるべきと考えます。

国民の安寧な生活，そして生きがいのある生活を保障するため，憲法の規定を根拠として人びとを支えることは重要です。ただ，その一方で幸福追求権が生まれてきた経緯を考えると，幸福追求とは個々の欲望を満たすことで

ができる社会を目指すならば，社会とのつながりの中で幸福に生きる権利を誰
もが有するという考えを社会として認め，共有することが大切です。この権利
を本書では**社会的幸福権**と呼ぶことにします。

　社会的幸福権は，本人が望むだけでなく，周りの人びとが志向しなければ具
体化されません。私たちは誰かにとって他者の存在であり，他者とはすべての
人びとのことでもあります。その他者としての人びとに対する働きかけがなけ
れば社会的幸福権は享受できず，そのための地域支援が不可欠です。そしてそ
の働きかけは個別ニーズに即したものでなければならず，だからこそ個別支援
と地域支援の統合が重要となります。

　こうしたことから，社会的幸福権に基づき「誰もが社会とのつながりの中で
幸せに暮らすこと」をコミュニティソーシャルワークの目的とします。

■　コミュニティソーシャルワークの方法

　コミュニティソーシャルワークの方法は，「支援を必要とする人びとに対す
る個別支援と，その人びとが排除されることのない地域づくりに向けた地域支
援を結びつけて行う」ことであり，このコミュニティソーシャルワークを展開
するためには，①社会とのつながりを意識した個別支援，②個々の生きづらさ
を意識した地域支援，③個別支援と地域支援を結びつけるシステムが必要です。

　この定義における語句の意味は以下の通りです。

・「支援を必要とする」状態とは，何らかの生活上の困難が生じている状態で
あり，支援の必要性には，本人が自ら支援を求める意思表示をした場合だけで
なく，何らかの事情で自ら支援を求める意思表示ができない場合も含みます。

　ここでの支援とは相手ができないことをすべて行うだけでなく，問題に直面
している人々やその周りの人びとが問題解決に向かっていこうとする意欲をも
ち，意思を表明し，行動できるようにしていくというエンパワメントも含めた

ものとします。

　そのため，相手を弱い立場に置こうとする「支援」ではなく，相手の尊厳を大切にした「関わり」という表現が望ましい場合もあります。

・「個別支援」とは，個人だけでなく家族全体も含めて，生きづらさを抱えている人に対して直接的に行う支援です。コミュニティソーシャルワークにおいては，特に社会とのつながりの維持・回復・開発を視野に入れて個別アセスメントと個別支援を行います。

・「排除されることのない地域づくり」とは，すべての人にとって労働，学習，社会参加，他者との交流等の機会が豊かな選択肢としてあり，またさまざまな生きづらさへの理解と配慮がある社会を目指していくことです。その人間関係は特定の地理的範囲に限定されるものではありませんが，日常生活を営む生活圏での人とのつながりも重視する観点から「社会」ではなく「地域」としています。

・「地域支援」とは，一定の地域で暮らしている人びとが，その地域で生じている個々の生活問題に目を向けて，その問題解決を各個人のみに委ねず，互いに協力して解決していけるように支援していくことであり，また社会資源の改善・開発等，生活環境に対するアプローチも含むものです。コミュニティソーシャルワークにおいては，その地域で暮らす人びと個々の生きづらさにしっかりと向き合い，その解決や緩和のために必要な地域アセスメントと地域支援を行います。

・「結びつけて行う」とは，1人のソーシャルワーカーが個別支援と地域支援の両方を行うということではなく，個別支援者と地域支援者が協力して行うことであり，それは個々の支援者の心がけの問題にとどまらず，個別支援を行う部署・機関と地域支援を行う部署・機関が協力しやすい仕組みをつくることも含みます。

2 ┃ コミュニティソーシャルワークの原則

　コミュニティソーシャルワークはソーシャルワーク実践であることから，ソーシャルワークの原則を基盤としますが，本書ではコミュニティソーシャルワークという観点，すなわち「コミュニティの人びととともに生活を支える」

ことを重視する立場から原則をまとめてみました。なお，これらは確定したものでなく，私がこれまでの限られた経験をもとに整理したものにすぎません。こうした原則は，時代の変化に伴って絶えず精査されるべきものであり，これからも実践者とともに作り上げるものと考えます。

■ 価値原則

　価値原則とは基本とすべき大事な考え方であり，無意識的に共有されている場合もあります。コミュニティソーシャルワークが大切にする価値原則の中核として次の3点が挙げられます。

①人は，良好な関係・環境によって成長・回復に向かえる

　人は人との関係の中で生きており，その関係性からさまざまな感情を抱きます。人間関係は，自分の成長につながる場合もあれば，マイナスの影響をもたらす場合もあります。しかし，人間関係でつらい経験をした時，生きる意欲を取り戻していけるのも人間関係によってです。人間関係で傷ついた心は，人間関係の中でこそ癒やすことができるものです。

　この人間関係は自ら育んでいくものですが，さまざまな生活上の困難によって人間関係を築くことができなかったり，奪われたりすることがあり，そうした時には周りからの支援が大切となります。

　また，人は安寧に生活ができ，自らの力を活かせる環境があれば，生きる喜びを感じながら，自らを高めていくことができます。そのため，日々の暮らしを支える社会資源を整備していくことが不可欠であり，環境に対する働きかけが求められます。

　コミュニティソーシャルワークは，支援を必要とする人だけでなく，その周りの人びとや生活環境に注目するものであり，ここに個別支援と地域支援を結びつける必要性が見いだされます。コミュニティソーシャルワークとしての地域支援は，1人ひとりに対する個別支援の延長線上にあるものであり，それは「人は，良好な関係・環境によって成長・回復に向かえる」という価値原則に基づくものです。

②人は，自律的に生活を営む時に生きる喜びを感じられる

　人は，抑圧された環境では苦しさを感じ，そこに生きる喜びを見いだすことはできません。自らの意思が尊重される社会こそ人びとが求めるものであり，それには人びとが互いに相手を尊重することで近づいていけます。自律的に生活を営むとは，主体的に自分の人生を築いていくことですが，それは周りの人びとのことを考えず自分勝手に暮らすということではなく，周りの人びととの主体性を尊重することで自分の主体性を周りの人びとが尊重してくれるように生きていくということでもあります。

　周りの人びとが自分を尊重してくれるとは，自分の居場所が社会の中にあるということでもあり，社会から排除されずに，自らの意思が尊重された生活を送ることができる時に，人は生きる喜びを感じられるようになります。

　人類の歴史において，この価値原則がないがしろにされてきた経験を忘れてはならず，また今も決して社会で十分に共有されていないという現実に向き合わなければなりません。

　「人は，自律的に生活を営む時に生きる喜びを感じられる」という価値原則は，1人ひとりにとって大切なものであるからこそ，社会全体として考えなければならないものです。

③人は，よりよい生活に向かって生きられる

　ソーシャルワーカーは相手に代わって問題を解決する支援者でなく，問題に直面している人びと自身が問題へ対処していけるように関わる支援者であり，それは個別支援と地域支援の双方に共通するものです。

　しかし，その支援には時間を要することもあり，なかなか進展しないことに対して「この人には無理ではないか」「この地域では難しい」など，相手のせいにすることでそれ以上の関わりを諦めてしまう支援者もいます。しかし，難しい状況だからこそ力量ある支援者の関わりが必要であり，支援者が諦めてしまったら，そこで終わってしまいます。生きづらさを抱え，セルフネグレクトの状況になっている場合，そこからもう一度自分の人生をやり直していこうと思えるような「視点の転換」には，苦しかった時期が長かったほど，多くの時間とともに誰かの関わりを必要とします。この価値原則は「誰もが人生をやり直す力をもっている」という考えを基盤とするものです。人は本来，幸せに生

きていこうとする本能的欲求をもっており，それが阻害されている状況だからこそ，支援者の関わりを必要としていることを見失ってはならず，支援者のペースでなく，相手の歩みに合わせて関わり続けることが求められます。

コミュニティソーシャルワークでは，1人ひとりが有する力に目を向けるとともに，その人びとが暮らしている地域社会の人びとの力にも目を向けます。その中には，公的機関の支援者も含まれており，既存の制度やサービスだけでは対応できない時，公的機関として新たな手立てを考えることもできるはずです。

困難な状況にあっても，適切なサポートやきっかけがあれば「人は，よりよい生活に向かって生きられる」という価値原則によって，諦めることなく多様な個別支援と地域支援が生み出されます。

■ 支 援 原 則

支援原則とは，支援者が重視すべき考え方であり，さまざまな支援を展開するうえで基盤となるものです。ここでは，個別支援原則と地域支援原則に分けて説明します。

【個別支援原則】
①支援者の価値観でなく，相手の価値観と主体性を尊重して支援する

支援者は支援の必要性について自らの価値基準をもとに判断しがちであり，その価値観はこれまでの生活環境や経験によって形成されてきたものです。支援者の価値観を押しつけた支援は，相手の価値観を否定し，主体性を奪うことにもなりかねません。問題を解決するのは支援者ではなく本人自身であり，本人の声を聴き，本人の思いを尊重することは支援の基本原則です。

そのため，コミュニティソーシャルワークで重視する「地域の人びととともに生活を支える」という支援者の価値観も相手に押しつけることがあってはなりません。もし相手が他者との関わりを拒んでいる場合には，その背景にある思いに目を向け，その原因を探っていくことが大切です。『レナードの朝』の作者として知られる精神科医のオリバー・サックスは，相手を理解するためには，外からよく見える表面だけを扱うのではなく，相手の深いところまで降りていくことが大切であると訴えています[14]。相手の価値観を知るに至るまで

相当な時間を要することもありますが，それに目を向けずに必要な支援を行うことはできません。したがって，この原則には相手との関係構築が欠かせません。

ただし，相手の価値観と主体性を尊重して支援するということは，相手が求めるままに支援するということではありません。支援者として，より望ましい手立てを提案するということも大切な支援であり，支援者の思いも受け止めてもらえる関係づくりがあってこその支援原則です。

②個人だけでなく，周りの人びとにも目を向けて支援する

この支援原則は，「一般システム理論」や「生活モデル」[15] に基づくものであり，現在の生活に支障をもたらしている問題の原因を丁寧に探り，周りの人びととの関わりによって引き起こされている問題があれば，その関係性や根本にある問題に対する支援を行うというものです。周りの人びととは，同居している家族や，これまで育んできた友人関係，多様な属性の知人，日常生活で関わる人びと，そして支援機関の人びと等，すべての人間関係が含まれます。この人間関係については，A. 現在有している人間関係，B. 今後つながりたい人間関係を区別したうえで，双方に目を向けるものです。

こうした人間関係へのアプローチは，1人のソーシャルワーカーや1つの機関だけでできないこともあるため，この原則を具現化するには多様な人びとが支援チームとなることが求められます。その際には，プライバシーに配慮し情報共有のルールを明確にしておくことが必要です。

③問題点だけでなく，有する力にも目を向けて支援する

支援者は相手が抱えている問題の解決に向けて関わるため，問題は何かという点に注目することになります。支援において解決すべき問題を明らかにすることは重要ですが，その解決方法を探る際には，問題点だけを見るのではなく，本人や周りの人びとが有している力にも目を向けることが大切です。支援者が相手に代わって問題解決をするのではなく，本人自身が問題に対処していけるようになるにはどうしたらよいかを考えていくには，有する力を見ることが不可欠です。

これは「ストレングスアプローチ」や「エンパワメントアプローチ」と呼ば

れるものですが，支援においては，明らかに強みとして見いだせるものだけを活かそうとするのではなく，強みを探していくこと，強みを身につけられるようにすることも大切です。特にコミュニティソーシャルワークにおいては，他者との関わりや関わろうとする力に目を向けることが求められます。

④身体的側面だけでなく，精神的・社会的側面にも目を向けて支援する

　相手の身体的側面をアセスメントし，できないことを補い，できることを増やしていくという支援は大切ですが，人の全人的理解の大切さを忘れてはなりません。人はそれぞれに感情を有し，過去の経験と未来への思考とともに今を生きており，その感情は絶えず周りからの影響を受け続けています。

　そのため，精神的側面のアセスメントが重要であり，それは判断能力という観点だけでなく，本人の思い，感情も含めたものです。そしてどのような人間関係の中で，どのような役割を担っているのか，どのようなサポートを受けて暮らしているかという社会的側面のアセスメントを行うことが，環境に対する働きかけを考えることにつながります。

⑤制度の枠にとらわれず，生活ニーズを解決・緩和するために支援する

　支援者の多くは，どこかしらの機関や団体に所属して，担当業務の遂行を通して支援を行うことになります。特に公的機関の支援者は，制度で規定された対象者の限られたニーズへの対応を業務としています。自らが担当する業務によって相手のニーズに対応できる場合は問題ありませんが，生活ニーズは多様であり，必ずしも制度による支援では対応できない場合があります。

　そのため，各支援者は担当業務内でのアセスメントと支援にとどまらず，生活全体のアセスメントを行い，自らが担当する業務だけでは対応できない時には，適切な機関等につなぐことが求められます。また，制度の狭間の問題や既存の社会資源では対応できない問題があった場合，つなぐ先がないということが生じます。その際には，対応できる新たな社会資源開発に向けて行動したり，またそうした問題を受け止めて対応していくことができる支援者が必要となります。既存のサービスの枠内で支援を考える**サービス志向型**でなく，生活ニーズに対応していく**ニーズ志向型**の支援が求められます。

⑥問題への対処だけでなく，問題発生の予防に向けて支援する

　人は生活上の問題が生じ，自分だけでは対応できなくなった時に，周りへ支援を求めることになります。そのため，すでに問題が起こっている状況に対して支援者が関わることが多くありますが，一方で問題が悪化しないように，また新たな問題が生じないように支援することも重要です。

　例えば，子育て家庭で子どもへの虐待が起きてから関わるのではなく，虐待が起きる前に親子を支える手立てを講じることも大切な支援です。問題が起きてからでは遅いという考えは関係者の中では共有されていても，実際には問題が生じているケースへの対応に追われ，問題の発生を予防するための関わりが十分に行えないことがあります。予防的支援は，他のケースにも活かせる場合があり，意識的に取り組む必要があります。このように事後対応アプローチだけでなく予防的アプローチが大切です。

⑦１人で抱え込まず，ニーズに応じたチームを組んで支援する

　支援は，本人や周りの人びとから相談が寄せられた時から始まります。最初はケースの全体像が見えず，相談を受けた支援者が少しずつ状況を把握しながら支援を行うことになります。その支援の経過において，責任感の強い支援者ほど自分で何とかしようと思ってしまい，いつのまにか１人でケースを抱え込んでしまっていたということも少なくありません。

　そのため，まずはアセスメント段階から複数で相談内容を分析して支援の方向性や手立てを考えていくチームアセスメントが重要であり，さらにはニーズに応じて支援チームのメンバーを選定していくチーム形成，チームで支援をするチームアプローチが求められます。それは，家族全体への関わりを見渡したものであり，かつ社会福祉分野だけでなく，多機関多職種によるチームであることが望まれます。

　このチームのメンバーには公的機関の専門職だけでなく地域内の多様な人びとが含まれます。「コミュニティの人びととともに生活を支える」という時の「コミュニティの人びと」とは，そこで暮らしている住民だけでなく，その地域内で働く人びと，学びに来ている人びとも含みます。

【地域支援原則】

　ここでの地域支援とは，コミュニティソーシャルワークの定義の説明でも述べたように「一定の地域で暮らしている人びとが，その地域で生じている個々の生活問題に目を向けて，その問題解決を各個人のみに委ねず，互いに協力して解決していけるように支援していくこと」であり，社会資源の改善・開発等，生活環境に対するアプローチも含むものです。

　本書における地域支援は，地域内の人びとの思いや暮らしに即して，地域活動に無理なく参加できることを目指すものであり，これを**支持的地域支援**と呼びます。

①地域で行われている活動を学び尊重する

　地域に関わろうとする時，最も大事なことは，地域を変えようという気持ちからでなく，地域で暮らす人びとがこれまでどんな活動をしてきたのか，どんな思いを抱いているのかを教えてもらいに行くという気持ちで相手に接することです。特にこれまで地域で活動している組織のリーダー的な立場の人や生活支援に携わっている人，例えば自治会役員やボランティアグループの代表者，民生委員，児童委員の人びとからは，個々に話を聴く機会を設けることが必須です。さらにそのうえで必要な人びとから個々に話を聴き，その関わりを通して相手の活動を学び，尊重することで地域活動のアセスメントと活動者との関係形成を図ります。こうした基盤があってこそ，その地域に対する関わり方を見いだしていくことができるようになります。地域支援者の中には，地域の会合や行事には参加していても，その人びとから個々に話を聴くことを十分に行わず，自分の意見を地域内の人びとに伝えるだけにとどまっている人もいます。個別支援において相手の話を丁寧に聴くことが大切であるのと同じように，地域支援においても地域内の人びとの話を丁寧に聴くことが大切です。

②地域で活動する人びとの悩みを聞きともに解決へ向けて努力する

　地域支援者は自分が求める活動に対して地域内の人びとに協力してもらうというスタンスだけでなく，まずは地域で活動する人びとのニーズに対する支援を相手と一緒に考えるスタンスが求められます。その際に，相手が求めることにそのまま応じるだけでなく，その主旨を受け止めながら多様な選択や解決方

策を探っていけるようにすることも大切です。例えば、「体操教室を開きたいので講師を呼ぶための助成金を出してほしい」というような声があった場合、助成金をどう増やせるかという視点で考えるだけでなく、地域内で講師となれる人材を発掘・養成したり、映像教材が活用できるようにするなどの工夫も考えられます。また、自主財源づくりに取り組めるように支援するという方法も考えられます。地域内の活動が豊かに展開されてこそ、さまざまな個別ニーズへの対応も可能となります。活動者の負担を増やすだけの地域支援でなく、相手が負担感を抱いているのであれば、それを軽減していくことも地域支援者の役割です。地域内の人びとが地域支援者に対して「この人は自分たちのために考えてくれる人だ」という感覚をもてた時、地域支援者の思いにも耳を傾けてくれるようになるという考え方が、この原則の基盤になります。

③地域内の人びとの生活の流れに即して協働を探る

　これも地域支援者が求める活動に参加してもらうにはどうするかという視点ではなく、地域内の人びとの生活の流れを踏まえて、どうすれば相手の生活の流れを崩すことなく活動に参加してもらえるか、相手が協働しやすい方策を探るという視点で地域への関わり方を考えるものです。

　例えば、仕事をしている人に対して、休日に参加してほしいという依頼をするだけでなく、仕事の一環として、企業の社会貢献として参加できる機会を設けたり、あるいは子育て世帯であれば親子で参加できる機会を設けることも考えられます。

　この原則で重要なことは、相手の生活や仕事の状況、思いを知らずに協働を提案しないということです。もし相手のことをよく知らずに提案してしまうと、相手がやらされ感を抱いてしまい、拒否的な態度をとられてしまう場合もあります。

　地域支援者の中には、相手の意識を変えるにはどうしたらよいかということに固執している人もいます。これは意識変容から行動変更を図ろうとするアプローチであり、「意識啓発型」と言えます。たしかに学習の機会や情報を得る機会があることで行動が変わる場合もありますが、日々の生活で忙しく新たな時間がとれない等の場合は行動を変えるには至らないことがあります。こうしたことから相手の思いと生活の流れに即して、無理なく参加できる接点を提案

する「協働提案型」のアプローチが求められる時もあります。

　この原則は，相手の意識を変えて活動に参加してもらおうとする「意識啓発型」ではなく，人びとの暮らしに即して協働の道を探る「協働提案型」の地域支援において最も重要なものです。

④活動意欲をもっている人びとへの支援を通して実践の波及を目指す

　私たちは日々の生活においてさまざまな問題に対応しながら暮らしを営んでいます。それぞれに興味関心事があり，有する力は異なり，日々の感情は絶えず変化しています。地域支援者は，こうした多様な生活を送っている人びとに関わることになります。そのため，地域内のすべての人に参加してもらおうと思っても，それは到底不可能なことであり，また可能にしてはいけないことです。もし，仮にすべての人が参加する形になった場合，それは何らかの強制や同調圧力によるものであり，個々の自由な意思と行動が尊重された社会ではありません。

　日々の暮らしの多様性を尊重したうえで，地域支援者としては，まず活動意欲をもっている人を把握し，その活動を支えることが大切です。活動意欲をもっている人びとを把握するためには，地域で活動している人びとの声を個々に聴くだけでなく，人づてに紹介してもらったり，住民アンケート等によって掘り起こすこともできます。活動したい人びとの思いを土台として，活動を生み出し実行していくプロセスにおいて多様な人びととの接点を探ることが参加者の広がりにもつながります。

　さらには，その活動を他の地域の人びとが知る機会を設けることにより，自分の地域でも行いたいという意欲をもつ人びとが現れてくることもあります。地域活動に対して内発的動機をもつ人びとを支えることが，さらなる内発的動機の広がりにつながるという考えが，この原則にあります。

⑤地域内の人びとが活動しやすい地理的範囲を踏まえて参加できる場をつくる

　地域活動をしたいと思っている人が行動できる範囲は，外出の手段や能力によって異なります。例えば車を運転できる人とできない人では生活圏が異なり，広すぎる範囲で地域内の人びとが参加する場を設けてしまうと参加できない人が増えてしまいます。そのため，どの程度の地理的範囲であれば集いやすいか

を吟味したうえで参加できる場を設定していくことが求められます。この範囲はその地域で暮らす人びとの状況によって異なり，隣近所，自治会や町内会，小学校区，中学校区等，さまざまな地理的範囲が考えられることから，その地域で暮らす人びとの意向を聴くことが重要です。

　小地域のほうが参加しやすいという人もいますが，一方で活動できる人材が限られてしまうこともあるため，担い手になれる人を確保する観点からも考える必要があります。

　地域活動は，同じ地域に暮らす人びとの関係性を育む機会であり，自分が暮らす地域をよりよくするために参加できる機会でもあります。住民にとって広すぎる地理的範囲を設定してしまうと，自分たちの地域のこととして捉えることが難しくなる場合もあることから，既存の地区割り（例えば，自治会連合会，地区単位の民生委員児童協議会，小・中学校区，地域包括支援センター圏域等）を考慮したうえで，必ず地域活動者の声を聴きながら一緒に考えていくことが大切です。

　なお，取り上げる生活問題によっては，インターネットを活用したオンラインでのコミュニティをつくるなど，地理的範囲にとらわれずに，人びとがつながれる場を考える必要があります。

⑥地域へ関わる機関・団体とチームを組んで支援する

　地域支援は福祉分野だけでなく，防災，教育，健康，地域振興等，多様な分野で行われています。今の日本では，これらがバラバラに地域へ関わっており，また自治会長や民生委員等，一部の地域住民が同じような会議に度々招集されるという状態も決して珍しくありません。

　これからの地域支援は，多様な地域支援者がチームとなり，地域支援方針を共有して地域を支援すること，すなわち**包括的地域支援**が重要です。「包括的地域支援」と呼ぶのは，包括的支援体制の構築に向けて重層的支援体制整備事業が制度化され，その中で分野横断的な相談支援を「包括的相談支援」と呼ぶことに対応したものです。個別支援において多機関多職種が連携することが重要であるのと同じく，地域支援においても多機関多職種，多様な団体・人びとと連携することが求められます。

　この地域支援チームによる地域支援は，これまで十分に行われてきませんで

した。地域支援チームを編成して地域アセスメントを行い，地域支援会議を開催して地域支援方針を共有したうえで，チームとして地域を支援するという実践が求められます。

⑦活用する資源は地域内だけで考えない

　地域支援を行う際に，地域内の人びとに対するアプローチはもちろん重要ですが，地域内だけで活用できる社会資源を考えず，広く地域外の社会資源の活用・連携も考えていくことが求められます。時には，隣接する地域との協働を考えることにより，可能性が広がることもあります。今の日本における地域福祉政策は，市区町村を基盤とするという視点が強調されてきたことから，それぞれの市区町村内では，かなり連携がなされるようになってきましたが，その反面，市区町村の範囲を超えた社会資源の活用・連携が弱くなっている場合があります。

　地域支援を考える際に，対象となる地域内を丁寧にアセスメントし，活用できる社会資源を探し，生み出していくことは重要ですが，地域内だけにとらわれず，隣接している地域，さらには地理的範囲を超えて，多様な人びととつながる視点も求められます。

3 ┃ コミュニティソーシャルワークの機能

　次に，第3章で取り上げたコミュニティソーシャルワークの機能について，私が整理した10項目を説明します（表4-3）。繰り返しになりますが，これらの機能は1人のソーシャルワーカーや1つの機関だけで果たせるものではありません。個別支援者と地域支援者それぞれの力が発揮され，地域全体として展開していくものです。

①ニーズ把握機能

　コミュニティソーシャルワークにおける第1の機能は，ニーズ把握機能です。すべての支援はニーズの把握から始まり，これは個別支援，地域支援ともに共通するものです。

　ニーズには，本人が意思表示したものだけでなく，支援者側から見た支援の

表4-3　コミュニティソーシャルワークの機能（菱沼）

> ①ニーズ把握機能
> ②アセスメント機能
> ③相談助言・制度活用支援機能
> ④インフォーマルなサポート関係の維持・回復・開発機能
> ⑤地域生活支援計画作成・実施・モニタリング機能
> ⑥地域組織化機能
> ⑦ニーズ共有・福祉教育機能
> ⑧ソーシャルサポートネットワーク形成・調整機能
> ⑨ニーズ対応・社会資源開発機能
> ⑩アドミニストレーション機能

必要性も含みます。ブラッドショウが示しているフェルトニード（感得されたニード）のように，本人や家族が自覚していてもそのニーズを表明していない場合があり[16]，これは個別支援だけでなく，地域支援においても当てはまります。ニーズを抱えた人がすべて個別支援者や地域支援者に相談に来るとは限りません。そもそも相談できるというのは，本人がそれだけの力をもっている，あるいは周りのサポートがあるということです。したがって，相談窓口を増やすだけでなく，家庭訪問や地域活動訪問等のアウトリーチによってニーズを把握することが求められます。

　こうしたアウトリーチによるニーズ把握は，それなりに時間と労力がかかるため，地域アセスメントによる焦点化も重要となります。例えば，アウトリーチによるニーズ把握について厚生労働省による『地域包括支援センターの手引き』[17] においても戸別訪問の実施が求められていますが，実践現場ではその重要性は認識していながらも訪問する時間がとれないという実状があります。どうしたら地域へ出かけられる体制を生み出せるかは組織の方針やマネジメントの力量にかかっていますが，一方では地域アセスメントの分析を通して，限られた人員や時間の中で訪問先を絞り込んでいくという方法もあります。すなわち，やみくもに戸別訪問すればよいわけではなく，生活問題を抱えている，あるいは抱えていると推察できる人びとに焦点を当てて優先的に訪問することが求められます。

　この焦点化は個々の支援者の気づきだけでなく，統計データの分析等によっても可能となります。例えば秋田県は全国平均に比べて自殺率が高い地域です

が，高齢者の自殺率について家族と同居している高齢者と一人暮らし高齢者を比べてみると，家族と同居している場合のほうが高くなっています。こうしたデータから，例えば家族と同居しておりサービスをまったく利用していない後期高齢者は地域にどれくらいいるのか等という観点から対象世帯を絞り込み，そこから優先的に戸別訪問を行うということも考えられます。

ただし，潜在的ニーズ把握のための戸別訪問には配慮が必要です。専門職が突然訪問しても受け入れてもらえないことがあり，訪問のきっかけを作るためには，例えば所属機関のパンフレットや情報誌，地域のサロン開催の案内等，相手が抵抗感なく受け取れる情報等を持参して関係形成に努める場合もあります。また戸別訪問は，1人ではなく他機関との協働も含めて2人1組で実施することにより，相手の多面的理解や関係形成が促進され，時にはトラブル回避になることもあります。また，アウトリーチによるニーズ把握では，臨床心理的なアセスメントが重要となる場合，保健師等の医療関係者や精神保健福祉士，社会福祉士等の訪問が必要となります。ニーズ把握では，支援者がどのようなアセスメントの視点（枠組み）をもっているかによって引き出されるニーズが異なってしまうため，各支援者によるニーズ把握力の向上が求められます。

そして，こうしたアウトリーチによるニーズ把握は専門職だけで行うものではなく，地域住民の協力による場合もあります。実際には地域の身近な相談役となっている民生委員や自治会，または近隣住民が気にかけて訪問する中で把握しているニーズもあります。こうした住民の方々だけの負担が大きくなりすぎないように，生活支援に関わる機関の存在や，地域住民が気づいたことをどこに連絡すればよいかを見えるようにしていきます。

②アセスメント機能

コミュニティソーシャルワークにおける第2の機能は，アセスメント機能です。アセスメント機能をニーズ把握機能と区別しているのは，アセスメントにはストレングスの把握やニーズの分析という側面があるからです。

アセスメントには，要援護者や家族に対する個別アセスメントと，暮らしている環境に対する地域アセスメントの両面があり，これはICF（国際生活機能分類）の視点に基づいた個人因子と環境因子の両面から全体性を把握していくものです。アセスメントにおいては，生活上の問題だけでなく，本人や家族そし

て地域のもっている力（ストレングス）も含めて把握していく視点が重要となります。

　個人因子に関わる部分については，さまざまなアセスメントツールが開発されていますが，本人を取り巻く環境をアセスメントする方法としては社会関係図（エコマップ，ソーシャルサポートマップ）の活用が有効です。しかしながら実際に社会関係図を描いたことがない専門職も多く，業務に追われる中でなかなか描く時間がとれないという状況もしばしば見られます。コミュニティソーシャルワークでは環境因子のアセスメントが不可欠であることから，カンファレンスの際に他の専門職と共同で作成することによって，チーム内での環境因子情報の共有を図ることもできます。ただし，社会関係図は時系列で変化を表すことができないため，必ず作成した期日を明記し，必要に応じて更新していきます。

　社会関係図は本人や家族と共同で作成する場合もあります。特に本人や家族自身が描くことにより自らの置かれている状況を客観的に捉えることが可能となり，新たな気づきを得る機会にもなります。

　また，専門職間のアセスメントの視点を統一するために，さまざまなアセスメントツールが開発されていますが，ツールに頼りすぎると項目だけの把握にとどまり，専門職としてのアセスメント力が弱くなりかねません。かつて2007 年に秋田県内と島根県内すべての地域包括支援センターと社会福祉協議会を対象に行った調査[18] では，既存のアセスメントツールの問題点として，情緒的サポートの把握やインフォーマルな人びとによるサポートの内容，人間関係の把握において課題が見られました。

　一方でアセスメントツールは細かければよいというものではありません。アセスメントツールを基盤にしたうえで，1 人ひとりの支援に必要な情報を把握していくというソーシャルワーカーとしてのアセスメント力が求められるのです。

　地域アセスメントでは，地域特性や社会資源，生活ニーズ等について把握し，また地域内の人びとの思いや地域内の力学，地域がもっている力も含めて把握することが重要です。

③相談助言・制度活用支援機能

コミュニティソーシャルワークにおける第3の機能は相談助言・制度活用支援機能であり，これも個別支援と地域支援の双方で行われます。私たちはさまざまな生活課題に直面した際，自分や家族の力だけでは対応できない時に相談できる場や解決に利用できる手立てがあることで，未来に希望を抱くことができます。

今日の社会では，さまざまな相談窓口と支援制度がありますが，これまで福祉問題との接点がなかった人にとっては，初めて聞くことばかりでわからないということもあります。制度があっても活用できない人びとがいることを踏まえて，個別支援，地域支援ともに相手の相談に応じ，必要な制度を活用できるようにしていくことが求められます。

この機能の名称として，相談助言と制度活用支援を並べているのは，両者は同一ではないことを強調するためです。特に個別支援ではややもすると制度利用だけで支援を考えてしまいがちになります。しかし，制度活用はニーズ対応の1つの手段であり，その前提として本人や家族が問題解決に向かっていこうという思いをもてることが大切です。現在の置かれている状況を自ら整理することを支え，これからの人生も主体的に送っていこうとする意欲をもてるようにしていくための関わりを相談助言として行っていきます。また，制度の狭間の問題を抱えている場合には，制度活用自体が困難であり，その他の手立てを考えていくことが必要です。

なお，相談や助言はいつでも誰でもよいというわけではありません。本人にとっては，話したいタイミングで話せる相手がいるということが重要です。したがって，この機能は相手との関係性の上に行われる部分があり，この観点から個別支援者，地域支援者ともに頻繁な人事異動は支援における妨げにもなりかねません。そこで，この機能は1人のソーシャルワーカーだけではなく，支援チームとして担うことが大切です。チームであれば，メンバーの誰かが異動や退職でチームから外れても他のメンバーにより継続性が保たれます。

④インフォーマルなサポート関係の維持・回復・開発機能

コミュニティソーシャルワークにおける第4の機能はインフォーマルなサポート関係の維持・回復・開発機能であり，これは個別支援として行われるも

のです。コミュニティソーシャルワークは「コミュニティの人びととともに生活を支える」ことを志向したものであり，そのコミュニティの中には，本人や家族が育んできた人間関係と新たにつながる人間関係が含まれます。

　この「インフォーマルなサポート関係」とは家族，親族，友人，近隣住民等，これまで育んできた人間関係によるサポートのことであり，「インフォーマルなサービス」とは異なるものです。「インフォーマルなサービス」とは，公的機関によるサービスではなく，ボランティアグループやNPO，民間企業等によるサービスの意味で使用します。例えば，友人による支援は，サービスではなくサポートとして捉えられるものです。こうした観点から「インフォーマルなサポート」へのアプローチは個別支援として展開されるものであり，「インフォーマルなサービス」へのアプローチには，連絡・調整等の個別支援と開発等の地域支援があると整理できます。

　インフォーマルなサポートを重視するのは，公的支出を抑制するためではなく，本人や家族の情緒的サポートや生きる喜びに欠かせない存在だからです。これは，愛し愛される関係性の中で感じられる喜びこそ人生を照らす光となる，という価値観に基づきます。そのため，個別支援者に求められる役割は，支援を必要とする本人や家族が育んできた関係性によるサポートに目を向け，まずはそれが「維持」されるにはどうしたらよいかを考え，もし本人や家族の思いに反してこれまでの関係性が弱くなっている場合には「回復」の手立てを考えていくことです。さらには，人間関係を広げるという「開発」という関わりが必要な場合もあります。この「開発」は地域支援として行うこともできますが，例えば，共通の興味関心をもつ人や同郷の人たちとの関係性を個別に生み出すこともあり，これは個別支援として捉えられます。地域支援は，地域内の人びとが主体的に解決に向かって行動することを支援することであり，地域支援の結果として新たな人間関係が広がる場合もありますが，ここでの「開発」は，つながりたい相手に直接働きかけるものであり，地域支援とは区別して捉えます。

⑤地域生活支援計画作成・実施・モニタリング機能

　コミュニティソーシャルワークにおける第5の機能は地域生活支援計画作成・実施・モニタリング機能であり，個別支援としてのものです。この機能で

は「生活支援」でなく「地域生活支援」を重視します。「地域生活」とは，生活が自宅や施設内の限られた人間関係にとどまらず，地域内の多様な人びとや社会資源との関わりの中で暮らすことです。「地域生活」という視点がなければ，コミュニティソーシャルワークとは呼べません。

　また「コミュニティの人びととともに生活を支える」という時，生活の主体は支援を必要とする本人であり，周りの人びとが勝手に支援を行うものではありません。しかし一方で本人や家族が求めることにすべて応えていくことだけが解決策ではなく，支援者側からも今後のよりよい生活に向けてのアイデアがあれば，それを相手に伝え，合意のもとで地域生活を支援する計画を作成し，実施していくことが求められます。このことを大橋は「求めと必要と合意」と表現しています[19]。すなわち本人や家族の「求め」に対して，専門職の視点から判断した支援の「必要性」を照らし合わせ，そこからお互いの「合意」を見いだして，今後の方針を立て支援計画を作成・実行していくことです。そして本人や家族の状況，暮らしている地域の状況は絶えず変化していくことから，個別支援のモニタリングも重要となります。モニタリングは定期的に行うだけでなく，状況が変化した際には速やかに行うことが求められます。適切なタイミングでモニタリングを行うには，変化をキャッチできる体制が必要であり，これは専門職だけでなく，多様な人びとが地域生活に関わり，それぞれの気づきを専門職に伝えられる仕組みが重要となります。このように地域生活支援の実施やモニタリングは，多様な人びととの連携があってこそのものです。

⑥地域組織化機能

　コミュニティソーシャルワークにおける第6の機能は，地域組織化機能です。これは地域支援としてのコミュニティワークの1つであり，当事者組織化と住民活動組織化という2つがあります。

　（1）当事者組織化　　地域生活の支援にあたっては，同じ生活問題を抱える人びとを組織化することで共に解決の方策を探ることも有効な方法です。当事者のグループができることで，当事者同士のピアカウンセリング機能を促進させ，孤立を防ぎ，互いに支え合える場，情緒的サポート源の1つとなっていく可能性をもちます。

　こうした当事者の組織化は，これまでの地域福祉実践においても多くの地域

で取り組まれてきましたが，なかにはグループメンバーが固定化かつ高齢化してきたことによりグループ運営が困難になり，解散に至ってしまうこともあります。そのため地域支援者として当事者を組織化する場合には，その後のグループの運営についてもあらかじめ想定して準備することが必要であり，例えばグループの運営を手伝ってくれるボランティアの発掘や育成をしておくこと等が大切です。このように当事者ではないがその問題に関心をもつ「アライ」（味方・仲間）が近年注目されています。当事者活動は，当事者だけで行うものでなく，多様な人びとの参加によっても活性化されるものです。

こうした観点から全国各地で行われている介護予防教室を考えると，高齢者のみを対象として取り組むだけでなく，広く地域住民を対象とした健康増進活動として行うことにより，活動の継続性や広がりにつなげることもできます。特に近年は，子ども会の解散により子どもたちが参加できるラジオ体操の機会が減っている状況もあることから，PTA とともに世代間交流も兼ねて地域で健康体操の活動を行うことも考えられます。

当事者組織化とは，同じ属性の人びとだけでなく，同じ興味や関心を抱く人びとを組織化することでもあります。ただし，コミュニティソーシャルワークとして行う場合は，支援を必要とする1人ひとりに目を向けて，それぞれのニーズに対応できる当事者組織化が求められます。

(2) 住民活動組織化　　これは個別ニーズに対応することのできる地域活動の創出と主体的運営に向けて，地域住民による活動を組織化していくことです。ここでは「住民活動」という表現をしていますが，必ずしも住民だけで行うものではなく，その地域内で働いている人びとや学びに来ている人びとも含まれます。あえて「住民活動」としたのは，その地域で暮らす住民を抜きにしての組織化ではないからです。その地域内の住民の参加を重視するのは，活動を通して支援を必要とする人びととの関係を築き，それが日常生活において自然な声かけのできる関係性となり，さらに災害時等の緊急時においても大きな力となるからです。

この住民活動組織化については，どのような地理的範囲で行うかも重要となります。例えば，見守り声かけの活動であれば，多くの人びとがそれぞれ暮らしの中で行うことができ，自治会や町内会などの身近な範囲のほうが適していることもあります。また，サロン等の居場所活動についても参加のしやすさを

考えるとやはり小地域のほうがよいこともあります。しかし，困りごとのお手伝い等の生活支援については，自治会や町内会の規模によって活動に伴う連絡調整を担える人材や生活支援活動に協力できる人材を確保することが難しく，自治会連合会や小学校区，地区単位の民生委員協議会等の圏域で組織化することが望ましいこともあります。例えば，公営住宅には支援を必要とする人びとが多く暮らしていますが，ある活動の担い手になれる人が限られる場合，団地の近隣地域も含めて住民活動の組織化を行うことによって，団地内外の個別ニーズへの対応が可能となります。

　この住民活動組織化について，戦後，社会福祉協議会では小学校区を目安に校区福祉委員会や地区社会福祉協議会，地区支え合い協議会等の組織化を図ってきました。現在も活発に活動が行われている地域もありますが，なかには組織化されていても具体的な活動には至らず，話し合いや単発の行事のみが行われている場合があります。こうした地域では組織の主要な構成員が自治会長や民生委員等，肩書きに基づいた限定的メンバーになっていることがあり，具体的な活動を行える体制になっていない場合があります。

　これからの住民活動の組織化では，自治会や町内会，民生委員に加えて，広く地域活動に関心をもつ地域住民，社会福祉事業者や民間企業，NPO等，多様な人びとが協働できる組織としていくことが求められます。これにより個別ニーズへ柔軟に対応できる地域活動の創出が可能となります。

⑦ニーズ共有・福祉教育機能

　コミュニティソーシャルワークにおける第7の機能は，ニーズ共有・福祉教育機能です。これは地域支援としてのものであり，支援を必要とする人が抱えているニーズを周りの人びとが知ること，そして解決や緩和に向けてどうしたらよいのかを学ぶ機会を設けることです。

　地域支援者のみならず地域活動者の中にも，現在地域活動に参加していない人びとの意識を変えていくために福祉教育が必要だと考えている人びとがいます。たしかに福祉教育によって今まで知らなかったことを学び，体験する機会は大切であり，それは学校教育だけでなく大人たちが学ぶ社会教育においても，そして多様な生活の場面の中でも行われることが望まれます。

　しかし意識を変えることで行動を変えようとするだけでなく，相手の意識や

行動との接点を生み出すことで協働につなげることもできます。相手の意識を変えるのではなく，地域支援者の意識を変えて，多様な人びとが参加できる場を設けていくのです。これは「意識啓発型アプローチ」ではなく「協働提案型アプローチ」と言えます。

こうした観点から，この機能に「ニーズ共有」と言葉を加えています。コミュニティソーシャルワークでは，個別ニーズに向き合った地域支援として「この人の生きづらさをどうしたらみんなで共有できるか」を考え，地域内の人びとに働きかけることを重視します。そのためには，個別ニーズを知る機会が欠かせません。ここでの「ニーズ共有」とは，同じニーズをもつという意味ではなく，対応が必要なニーズであるという思いを共有することです。

ただし，個別ニーズを知るとは家庭の状況を細かく知るということでなく，本人や家族の意向とプライバシーに配慮したうえで，必要最小限の情報にとどめるものです。また，個別事例だけでなく同様な個別ニーズがどの程度あるかを既存の統計データや新たな調査で量的に把握し，その結果を地域内の人びとと共有するという方法もあります。

コミュニティソーシャルワークでは，個別ニーズの解決や緩和に向けて誰とニーズを共有したらよいのか，どのように共有できるかを考えたうえで，地域内の人びとの学びや気づきの場を設けていくことが求められます。

⑧ソーシャルサポートネットワーク形成・調整機能

コミュニティソーシャルワークにおける第8の機能は，ソーシャルサポートネットワーク形成・調整機能です。これはコミュニティソーシャルワークにおける中核的な機能であり，個別支援と地域支援の双方に関わるものです。

個別支援においては，例えば高齢者福祉分野ではケアマネジメントとして介護保険サービス事業者をはじめ多様な人びとによる支援が行われており，その媒介者としての役割を介護支援専門員（ケアマネージャー）が担っています。しかし，制度の狭間の問題を抱えている人びとに対しては，関われる公的機関が存在せず，媒介者の役割を担える立場の専門職も存在しないという問題が生じます。

ここでのソーシャルサポートネットワークは，制度による支援の対象者に対して，制度による支援のみを行うというものでなく，地域生活を送るうえで支

援を必要とする人すべてに対して，制度の枠にとらわれずに支援を行うための
ものです。コミュニティソーシャルワークは「コミュニティの人びととともに
地域生活を支える」ものであり，コミュニティの人びとの関わりが求められる
時，この機能によって多様な人びとをつないでいくことになります。

　また，地域支援においては，社会福祉だけでなく防災や防犯，保健，教育，
まちづくり，環境等，さまざまな分野の地域支援者が地域に関わっています。
コミュニティソーシャルワークでは，「コミュニティの人びととともに地域生
活を支える」ために「コミュニティの人びとの地域活動を支える」ことも大切
にし，「地域内の人びとがコミュニティになる」こと，すなわち同じ地域で暮
らす人びとがつながり，自分たちの地域で生じている問題の解決に協力し合っ
ていこうとする思いを育み，豊かな地域活動が行われていくことを目指してい
ます。コミュニティソーシャルワークでは地域内の人びとへの働きかけが重要
ですが，この実践が十分に行われていなかったり，行われていても分野ごとの
地域支援者の連携がとられておらず，その結果，地域の人びとが混乱したり，
一部の人びとの負担だけが増えているという状況も見られます。そのため，地
域支援者同士のネットワークも重要であり，これからの重大な課題であると言
えます。

　そしてさらに，コミュニティソーシャルワークでは，個別支援者と地域支援
者のネットワークが最も重要です。「この人の地域生活を支えるためにはどう
したらよいか」という観点から，個別支援者は相手が暮らしている環境に目を
向けて地域支援者とつながり，地域支援者は自分が担当する地域内においてど
のような生活問題を抱えている人が暮らしているかに目を向けて個別支援者と
つながることが求められます。

　このようにコミュニティソーシャルワークにおけるソーシャルサポートネッ
トワークは個別支援にとどまらず，地域支援そして双方をつなぐものとして位
置づけられます。

⑨ニーズ対応・社会資源開発機能

　コミュニティソーシャルワークにおける第9の機能は，ニーズ対応・社会資
源開発機能です。ニーズ対応は，個別支援と地域支援の双方において行われる
ものであり，社会資源開発は支援を必要とする人の環境に対して行われるもの

Column⑤　ソーシャルサポート

　ソーシャルサポートの内容についてはさまざまな研究者が分類を行っています。表はヴォーによるソーシャルサポートの整理であり[20]，最も基本的な分類は，パティソンによる「手段的（instrumental）サポート」と「情緒的（affective）サポート」です。「手段的サポート」とは「実際的サポート」や「道具的サポート」と訳されることもあり，具体的にはケアや物品の提供，経済的支援等のことであり，「情緒的サポート」とは本人の自尊心や情緒に働きかけることで精神的安定を図り，そのうえで自ら問題解決に取り組めるように支援することです。また，ハウスは，この2つに加えて「環境に関する情報的サポート」（相手にとって有益な情報を提供すること）と，「自己評価に関する情報的サポート」（相手に対して肯定的な声かけをすること）を挙げています。

　ほかにも多様な整理があり，「手段的サポート」については「実体的支援」や「サービス」，「情緒的サポート」については「愛情」や「親密な相互作用」，「情報的サポート」については「助言」や「ガイダンス」，また「評価」や「フィードバック」として整理する研究者もいます。

表　ヴォーの整理による各研究者のソーシャルサポート

研究者	機能					
Lin	手段的				表出的	
Pattison	手段的				情緒的	
Weiss	社会的統合	ガイダンス	愛着	価値の保証	社会的統合	
Cobb			愛情	評価	所属	
House	手段的	情報（環境的）	情緒	情報（自己評価的）		
Wills	手段的	情報	動機づけ	評価	社会的比較	
研究者	行動					
Caplan	具体的な援助	実践的サービス	問題解決の情報	情緒的制御	フィードバック	休息と回復
Foa	品物	サービス	情報	愛情	地位	
Tolsdorf	実体的支援	助言	非実体的サポート	フィードバック		
Hirsch	実体的支援	認知的ガイダンス	情緒的サポート	社会的強化	社会化	
Gottlieb	問題解決		情緒的維持			
Barrera	物質的援助	行動支援	ガイダンス	親密な相互作用	フィードバック	積極的社会交流
Vaux	財政的支援	実践的支援	助言／ガイダンス	情緒的サポート	社会化	

（出所）　Vaux（注20参照）.

であり，地域支援の位置づけになります。

ソーシャルワークとしての実践では，相手に代わって支援者がニーズに対応するのではなく，問題に直面する人自身がニーズに対応できるように支援することを重視します。そしてその人自身ではどうしても対応困難な問題に対しては，さまざまな社会資源を活用してニーズに対応し，活用できる社会資源がなければ新たな社会資源を開発して，ニーズに対応していくことが求められます。

この機能は，支援者が自らの立場や既存の社会資源の枠内だけで支援を考えず，多様なニーズに対応できることを目指すものです。

このニーズ対応や社会資源開発は，支援者が直接行うだけでなく，多様な人びととともに行うことによって，関わる人びと同士の関係性が生まれ，地域内のネットワークが広がっていくこともあります。1人で対応できるニーズであっても，多様な人びとと対応することによって，ニーズ対応だけでなく，地域の力が高まる機会にできるのです。

なお，このニーズ対応・社会資源開発は，支援者個々の意識の問題にせず，この機能を発揮できるシステムを整備することが重要であり，第10の機能であるアドミニストレーションと密接に関わるものです。特に資源開発においては，検討する会議と担当する人材が必要であり，個別支援者が「この人を支えるために，地域にこんな社会資源があったらいい」と思うことがあれば，それを職場内や地域内の多様な人びとと話し合う場と，その開発に向かって動くことができる人が求められます。

こうした社会資源開発を検討する会議は地域ケア会議等，制度上も存在します。しかし，問題意識だけが共有されて，なかなか具現化に至らないということが各地で見られます。これは，社会資源開発を業務として担当する人材がいないからであり，これを担える地域支援者や地域支援チームを明確にできれば開発への動きにつながります。

この機能は，個別支援者と地域支援者が結びついてこそ発揮できるものです。

⑩アドミニストレーション機能

コミュニティソーシャルワークにおける第10の機能は，アドミニストレーション機能です。アドミニストレーションは運営管理とも言われ，コミュニティソーシャルワークを展開できるシステムの構築と運営に関わるものです。

Column⑥　制度の狭間の問題とは

　制度の狭間の問題とは，制度による支援の対象になっていないという問題だけでなく，制度による支援の対象になっていても，支援につながっていない問題も含むものです。日本の社会福祉制度は支援の申請があった場合に支援を行うという申請主義で運用されてきましたが，以下に整理している問題には，申請主義では対応できません。これからの社会福祉においては，支援の必要性がありながら，支援につながっていない人びとに対する取り組みが不可欠であり，そのためには，1人ひとりの現状とその背景に目を向けていくこと，問題を抱えている本人やその家族から見える世界はどうなっているのかを考えながら関わっていくことが必要です。そして相談機関で待つだけでなく，問題に直面している人たちのところへ訪問（アウトリーチ）していくことが不可欠です。以下は，制度の狭間の問題として捉えられるものです。

①制度による支援の対象になっていない

　制度による支援の対象になっていない生活問題は，行政機関が対応できない問題です。行政機関は支援の公平性の観点から，制度によって支援対象者を明確にして支援を行うため，その制度の対象にならない問題には組織構造的に対応できません。だからといって行政機関が門前払いをしてよいということでなく，まずは相談を受け止め，あるいは出向いていって生活問題を把握し，対応できる民間機関につないだり，時には新たな制度を作って対応していく必要があります。

②支援の要請ができない

　例えば，虐待を受けている認知症の高齢者や乳幼児は，制度による支援の対象になっていても，苦しい状況を自ら支援者へ訴えることはできません。また何らかの病気や障害によって，自分の考えをうまく相手に伝えることができない人たちもいます。そのため，相談窓口をたくさん作っても，相談できる力がなければ相談することはできません。相談に行ったり，相談の電話をかけることができない人たちがいることに目を向けることが必要です。

③支援の制度を理解できない

　支援できる制度があっても，その制度を知らなければ本人やその家族は利

用することができません。また，支援の制度があることを知っていたとしても，利用するための手続きが煩雑であったり，複雑な制度の内容を理解することができなければ，適切な利用につながりません。情報入手や判断能力に困難を抱えている人びとにとっては，支援制度の利用自体が難しいのです。そのため，支援を利用するための支援や，支援の制度をわかりやすく伝える力，見た目にもわかりやすい広報やWeb情報を作成する力が支援者に求められます。

④支援の必要性を感じていない

　例えば，働いている親と小学生の子という世帯において，収入はあっても親の浪費が激しく，子どもの食生活等が十分でない場合，周りは心配でも親は支援の必要性を感じていない場合があります。しかし，浪費の原因を探ると，金銭管理能力に困難があったり，アルコールやギャンブル等への依存があったり，その背景に何らかの生きづらさがあったりと，支援の必要性が見えてくる場合もあります。こうした場合，親や子の尊厳を大切にしながら，誰がどのように働きかけるかを関係者で共有し，関わっていくことが重要となります。

⑤支援を受けたくない

　支援を受けたくない理由はさまざまあります。例えば支援の必要性があっても，本人あるいはその家族が行政のお世話になるのは恥だというプライドから拒んでいる場合もあれば，自分や家族は障害者ではないという否認から拒んでいる場合，かつて支援を受けた際に不快な思いをしたことで支援者不信になっている場合，そして自己負担の支払いが生じることに対する拒否がある場合などです。こうした場合，それぞれの思いの背景に目を向けて，まずは相手との関係性を築きながら，背負っている重荷を下ろし，支援者とともにこれからの人生を歩もうと思えるように，支援者側からの働きかけが求められます。

　行政ではさまざまな計画策定を通して，ニーズに対応する取り組みについて財源を確保して事業化し，必要な人員を配置して実施しています。また人材養成やリスク管理等にも努めており，これらは社会福祉協議会や社会福祉施設に

Column⑦　総合相談窓口と総合相談支援窓口の違い

　制度の狭間の問題などの課題を受けて，総合相談支援窓口の設置が求められるようになっていますが，総合相談窓口と総合相談支援窓口は同じではありません。総合相談窓口自体は，これまでもあったものです。例えば社会福祉協議会では従来から，心配ごと相談，よろず相談など住民からの相談を受けとめる活動を行ってきました。困りごとを何でも相談できる総合相談の窓口としてのものです。問題は，これまで相談を受けた後に，どのような対応をしてきたかということです。傾聴するだけでも安心する場合もあれば，話を聴いて問題点を整理して，対応してくれる専門機関を紹介したり，弁護士相談などの専門相談につなぐ場合もあります。

　しかし，対応する専門機関や専門相談の窓口がどこにもない場合は，どうでしょうか。難しいですねということで，そのままにされてしまうことになりかねません。そのため，誰かがその問題の解決に向けて伴走していける体制が必要であり，それが総合相談支援窓口となります。住民から相談があった場合，適切な機関・団体へつなぐとともに，つなぐ先がなければ，自分たちがその問題解決に向けて寄り添っていけるような体制です。相談を受けるだけでなく，必要に応じて支援まで行える仕組みが重要となります。そのため，総合相談支援窓口には，制度の枠に縛られることなく行動することのできる人材が必要であり，民間団体である社会福祉協議会や社会福祉法人の職員がこうした役割を担うことが求められます。

おいても同様に行われるもので，直接的なサービスや支援ではなく，それを可能にする体制整備としてのものです。

　これらに加えて，コミュニティソーシャルワークで重視されるのは，個別支援者と地域支援者の連携を促進するためのアドミニストレーションです。例えば，個別支援者と地域支援者が互いの業務内容を理解しながら関係を築くことのできる事例検討や連携会議の開催，個別支援者の気づきを他の個別支援者や地域支援者に伝えることのできる連携シートの開発と運用等，個別ニーズに即して個別支援と地域支援を行える人材の配置に取り組んでいる地域もあります。

　一方で，地域によってはコミュニティソーシャルワーカーを配置したが，なかなか新たな社会資源開発に至らないという声が聞こえてきます。そうした地

域で原因を探ると，コミュニティソーシャルワーカーが他の業務を兼務しているために十分に動くことができなかったり，担当するエリアが広すぎて地域内の人びとの声を丁寧に聴きながら関係構築することができていないという人員配置の問題や，担当者の個別支援や地域支援の経験が浅いにもかかわらずサポートできる体制が職場の内外になく，個人任せになっているという人材育成や支援者支援の体制に関する問題を抱えていることもあります。また社会資源開発に向けて話し合うことのできる会議体がなかったり，あったとしても開発に向けて動いていけるチームが編成されないという検討体制に問題がある地域もあります。このように社会資源開発の困難さは，担当職員だけの問題でなく，アドミニストレーションの問題であることも多くあります。

コミュニティソーシャルワークは，個別支援と地域支援を結びつけるシステムによって実践化できるものであり，それには個別支援者と地域支援者の力を伸ばし，発揮できるシステムであることが求められます。

4 チームアプローチとしてのコミュニティソーシャルワーク

■ コミュニティソーシャルワーカーだけでできる実践ではない

コミュニティソーシャルワークは，一言で言うならば個別支援と地域支援の統合的実践です。そのためコミュニティソーシャルワークの実践は，個々の生活問題にしっかりと対応していく個別支援が必要であり，さらにその人びとが暮らしている地域社会へ関わる地域支援も必要です。加えて個別支援と地域支援を結びつけて展開できるシステムが必要です。

このようにコミュニティソーシャルワークは1人の福祉専門職や1つの機関でできることではなく，チームアプローチとそれを支えるシステム構築によって可能になるものです。したがって各地でコミュニティソーシャルワーカーや地域福祉コーディネーターと呼ばれる人材の配置が広がっていますが，コミュニティソーシャルワークはコミュニティソーシャルワーカーだけでできる実践ではないということです。優れたコミュニティソーシャルワーカーの中には，個別支援と地域支援の両方をできる力を有しており，実際に両方を担っている人もいます。しかし，誰もができるわけではなく，またできたとしても限られ

た勤務時間の中で，個別支援と地域支援の両方を行うことが業務量的に難しい場合もあります。

　また，コミュニティソーシャルワーカーを配置した初期に見られる混乱の1つに，「複合ニーズ世帯や制度の狭間の問題はすべてコミュニティソーシャルワーカーが担当してくれるんですよね」という考えから，つないだ後は自分に関係のないケースとして関わりを退いてしまおうとする支援者が出ることがあります。しかし，コミュニティソーシャルワーカーがすべての支援を担えるわけではなく，各支援者が担える部分がある場合は，共に支援することが求められます。

　そのため，チームアプローチとしてのコミュニティソーシャルワークを展開する仕組みが必要であり，この仕組みを作る計画が，市区町村行政が策定する地域福祉計画や，市区町村社会福祉協議会が策定する地域福祉活動計画です。これらの計画策定については後ほど詳しく触れますが，複合的な生活問題を抱えた世帯を支える仕組みがあるか，みなさんの地域の計画内容をぜひ調べてみてください。地域福祉に関する計画は，住民の助け合いの大切さを強調するだけの計画ではなく，地域で暮らす人びとを支えるための仕組みを作る計画です。具体的にどのようなチームアプローチが必要なのか，どこの連携を強化する必要があるのかを明らかにする調査を行い，そこで見えてきた問題を解決するための仕組みを作るのが地域福祉計画や地域福祉活動計画です。

　また，自分の担当業務や有している力を活かしながら，誰と結びついたら地域全体としてコミュニティソーシャルワーク実践が展開できるかという視点で考えてみることでも取り組むべき課題が見えてきます。住民1人ひとりのニーズに応えていくために，連携したい相手や連携するために必要な仕組みを考えていくことがコミュニティソーシャルワークの具現化への一歩となります。

■ チームにおけるコミュニティソーシャルワーカーの役割

　チームアプローチにおけるコミュニティソーシャルワーカーの主な役割は何かという疑問を感じる人もいると思います。これについては「コミュニティソーシャルワーカーの役割はチームの中で決める」という考え方が大事です。

　コミュニティソーシャルワーカーは，国の制度で規定された専門職ではないため，その配置基準や役割は各市区町村に委ねられています。制度の狭間の問

題にも対応していける個別支援に軸足を置いている場合と，支え合いの地域づくりを進める地域支援に軸足を置いている場合，さらにはこの両方の役割を期待されている場合があります。こうした配置上の位置づけについて，特に行政が人件費補助に関わっている場合は，その仕様書の内容に基づきます。

　そのうえで，配置されている人員数と担当エリアの地理的範囲，さらに対応すべきニーズの内容，他機関や活用できる社会資源の状況に応じて，支援チームの中でコミュニティソーシャルワーカーがどういう役割を担うことができればよいのかをそれぞれの地域で整理することにより，実際的で有効な役割を果たせるようになります。

　ただし，そうした前提であってもコミュニティソーシャルワーカーの役割として「さまざまな人びとをつなぐコーディネート」は主要な役割となります。これは，個別支援における分野横断的な連携のコーディネートだけでなく，個別支援者と地域支援者をつなぐというコーディネートも含むものです。分野を

超えた支援者間のコーディネートの必要性が生じた場合，誰がそれを担えるのかをチーム内で話し合い，そこからコミュニティソーシャルワーカーの役割をチーム内で合意できれば，より有効な支援チームが形成され，連携を促進させることができます。

■ 連結リング型連携

　そしてコミュニティソーシャルワークにおけるチームアプローチは**連結リング型**であることが重要です。連結リングは，リングとリングをつなぐ際，それぞれが重なり合う部分が生じます。実際の支援者連携においても，互いに重なり合う役割を有している場合があり，この重なり合いがあることで，状況に応じた役割分担や協力が可能となります。支援者の体制においても，常にベテラン職員が配置されているわけではなく，異動や退職によって新任職員が配置されることもあります。このような時には，周りの支援者が支えていることも多く，やはり連結リング型で連携していくことが大切です。

　これに対し，それぞれの役割分担を明確にした連携は**接着型連携**と言えます。それぞれの役割を明確に区分したうえで協力していく方法であり，実際にはこの型の連携体制が多くとられています。しかし，何らかの事情で一部分が十分に機能を発揮できない場合（例えば，人事異動で新任職員が配置された時や後任者の考え方が前任者と異なる時等），周りから批判や非難の対象となり，当然十分に支援を行うことができません。また，接着の方法にも影響を受けます。例えば，行政や関係機関・団体の構成員が明確になっている連携チームもあれば，1人の支援者が周りに呼びかけてチームを編成している場合もあります。接着剤としてのシステム構築や関係性が強固であれば，しっかりとつながりますが，その接着剤が弱い場合は離れてしまい，またそれぞれの役割遂行が難しい場合に他がサポートすることはできません。そのため，接着型連携だけでなく，連結リング型連携の重要性を支援者間で共有し，個々のケースに応じた協力体制を構築することが求められます。コミュニティソーシャルワーカーは，ニーズがあればどんな相手も支援できる立場にいることから，しばしば役割分担が問題となります。基本的には，他の支援者が対応できないニーズに対して動ける支援者としての位置づけが求められ，それは地域内の支援者の状況によって異なってもよいという捉え方が望まれます。コミュニティソーシャルワーカーが

関わる際，常に意識すべきは，「このケースでは他の支援者はどこまで支援できるか」ということです。限られた人員で何でもできるわけではなく，コミュニティソーシャルワーカーしかできない動きは何かを考えていくことを忘れてはなりません。しかし，それぞれの機関や職種が果たすべき役割を踏まえたうえで，必要であれば同じ役割を協力し合うことがあってもよいと捉えたほうが動きやすくなるでしょう。

　コミュニティソーシャルワーカーが有する役割は，他の支援者と重なる部分があるからこそ，互いに協力し，チーム全体として機能し続けることができるようになると言えます。

注―――――――――
1）　和辻哲郎（1934）『人間の学としての倫理学』岩波全書（2007，岩波文庫，28頁）。
2）　Jeffrey E. Young, Janet S. Klosko and Marjorie E. Weishaar（2003）*Schema Therapy: A Practitioner's Guide*, Guilford Press, p.9.（= 2008，伊藤絵美監訳『スキーマ療法――パーソナリティの問題に対する統合的認知行動療法アプローチ』金剛出版，24頁）スキーマ療法は，愛着理論やゲシュタルト理論（過去や未来にとらわれず，今に意識を向けることを重視する），認知行動療法等を基盤とした心理療法であり，自らを苦しめるスキーマを特定し，健全なスキーマを構築できるようにセラピーを重ねていくものです。
3）　伊藤絵美監修（2018）『スキーマ療法――自習ガイド』アスク・ヒューマンケア，16頁。
4）　Daniel Fisher（2016）*Heartbeats of Hope: The Empowerment Way to Recover Your Life*, National Empowerment Center.（= 2019，松田博幸訳『希望の対話的リカバリー――心に生きづらさをもつ人たちの蘇生法』明石書店，xxiii頁）
5）　John Locke（1690）*Two Treatises of Government*.（= 2010，加藤節訳『完訳 統治二論』岩波文庫）
6）　加藤節（2010）「解説――『統治二論』はどのように読まれるべきか」『完訳 統治二論』岩波文庫，607-610頁。
7）　松下圭一（2014）『ロック「市民政府論」を読む』岩波現代文庫。
8）　John Locke（1689）*An Essay Concerning Human Understanding*.（= 1974，大槻春彦訳『人間知性論（2）』岩波書店，185頁）
9）　Aristotelis "Ethica Nicomachea."（= 1971，高田三郎訳『ニコマコス倫理学（上）』岩波文庫，44頁）

10) John Locke (1690) 前掲書 (注 5) (＝ 186 頁)。

11) 団上智也 (2018)「アメリカ独立宣言における『幸福追求権』の意味——日本国憲法第 13 条の原意主義的解釈に向けた試論」『法政治研究』第 4 号：135-155 頁。

12) Thomas Paine (1776) "Common Sense" (＝ 1976，小松春雄訳『コモン・センス 他三篇』岩波文庫)

13) Thomas Paine (1791) "Rights of Man" Pt.I. (＝ 1971，西川正身訳『人間の権利』岩波文庫，70 頁)

14) Oliver Sacks (1985) *The Man Who Mistook His Wife for a Hat*, Gerald Duckworth. (＝ 2009，高見幸郎・金沢泰子訳『妻を帽子とまちがえた男』早川書房，350 頁)

15) 「一般システム理論」は，1968 年にベルタランフィによって提唱されたものであり，システムを「相互に作用し合う要素の集合」として捉え，その相互作用に目を向けていくものです。原著は Ludwig von Bertalanffy (1968) *General System Thery: Foundations, Development, Applications*, George Braziller. (＝ 1973，長野敬・太田邦昌訳『一般システム理論——その基礎・発展・応用』みすず書房)。ソーシャルワークにおいては，1969 年にゴードンが「一般システム論的アプローチ」を提唱し (原著は，William E. Gordon (1969) "Basic Constructs for an Integrative and Generative Conception of Social Work," Gordon Hearn ed., *The General Systems Approach: Contributions Toward an Holistic Conception of Social Work*, Council on Social Work Education, pp.5-11)，それを基盤として 1980 年にジャーメインとギッターマンがエコロジカルソーシャルワークとしての「生活モデル」を打ち出し，「治療モデル」からの転換を図りました (原著は，Carel B. Germain and Alex Gitterman (1980) *The Life Model of Social Work Practice: Advances in Theory and Practice*, Columbia University Press)。

16) Jonathan Bradshaw (1972) "The Concept of Social Need," *New Society*, 30: pp.640-643.

17) 厚生労働省老健局 (2007)『地域包括支援センターの手引き』(https://www.mhlw.go.jp/topics/2007/03/tp0313-1.html，2024.1.22)

18) 菱沼幹男・崔太子 (2008)「福祉専門職のインフォーマルネットワークへの意識及びアプローチに関する研究」日本社会事業大学社会福祉学会『社会事業研究』47：134 頁。

19) 大橋謙策・宮城孝・田中英樹 (2005)『コミュニティソーシャルワークの理論』NPO 法人日本地域福祉研究所，2 頁。

20) Alan Vaux (1988) *Social Support: Theory, Research, and Intervention*, Praeger Publishers, pp.22-23.

第5章

コミュニティソーシャルワーク
としての個別支援

I 個別アセスメント

「アセスメントなくして必要な支援はできない」。これは個別支援だけでなく地域支援においても鉄則であり，アセスメントのない支援は支援者による押しつけにもなりかねません。そしてアセスメントは，それ自体が目的ではなく，支援に活かすためのものです。しかし，支援自体も目的になってはなりません。コミュニティソーシャルワークの目的は，本人や家族が社会との関わりの中で幸せに暮らせることであり，そのために必要な支援は何かを考えていく手段としてアセスメントを行うのです。

本章では，コミュニティソーシャルワークとしての個別支援の基盤となる個別アセスメントの内容と個別支援の留意点を取り上げます。

第4章ではコミュニティソーシャルワークにおける個別支援7原則を挙げました（表5-1）。この支援原則を実践するためには，「全体性」を意識した個別アセスメントが求められます。

表 5-1　コミュニティソーシャルワークの個別支援 7 原則

①支援者の価値観でなく，相手の価値観と主体性を尊重して支援する
②個人だけでなく，周りの人びとにも目を向けて支援する
③問題点だけでなく，有する力にも目を向けて支援する
④身体的側面だけでなく，精神的・社会的側面にも目を向けて支援する
⑤制度の枠にとらわれず，生活ニーズを解決・緩和するために支援する
⑥問題への対処だけでなく，問題発生の予防に向けて支援する
⑦ 1 人で抱え込まず，ニーズに応じたチームを組んで支援する

■ 個別アセスメントにおける 3 つの全体性

　コミュニティソーシャルワークにおける個別アセスメントの特徴は「全体性」ということができ，特に 3 つの観点（①個人だけでなく家族全体も視る，②問題点だけでなく有する力も視る，③身体的側面だけでなく精神的・社会的側面も視る）が重要です（表 5-2）。

　これらはコミュニティソーシャルワークに特有ということではなく，ソーシャルワーク自体が有する観点とも言えますが，「コミュニティの人びととともに地域生活を支える」ことを目指すコミュニティソーシャルワークでは，これらが特に重要となります。なお，「見る」でなく「視る」という言葉を用いるのは，視覚的に見えるものを見るのではなく，深く理解しようとして視ることが大切だからです。

①個人だけでなく家族全体も視る

　1 つ目は，個人だけでなく家族全体を視ていくことです。コミュニティソーシャルワークにおいて，「個人アセスメント」ではなく「個別アセスメント」という言葉を使っているのは，個人だけでなく同居している家族等も丁寧にアセスメントしていくことを重視するからです。そのため家族アセスメントあるいは世帯アセスメントという言い方もできます。しかし，家族や世帯でも離れて暮らしており直接的な関わりがない場合があったり，逆に内縁関係や密接な関係にある人と生活をともにしていることがあるため，コミュニティソーシャルワークとしての個別アセスメントは，家族全体のアセスメントを意図したものですが，本人と同居する人びと全体のアセスメントということができます。

表5-2　コミュニティソーシャルワークにおける個別アセスメントの３つの全体性

①個人だけでなく家族全体も視る
②問題点だけでなく有する力も視る
③身体的側面だけでなく精神的・社会的側面も視る

そして同居者以外の関係性については，地域アセスメントとして視ます。

　なお，支援の現場では「本人」と「家族」という表現をされることが多くありますが，その「本人」の捉え方は支援者の所属する組織の役割によって異なります。多くの場合，自分の所属機関が所管する業務の支援対象者を「本人」とし，その他の人びとを家族あるいは介護者や養育者と呼びます。しかし，その見方を変えれば，介護者や養育者も支援の必要性を有する「本人」です。家族全体に対する支援が必要である時，誰か１人だけが本人というわけではないのです。

　例えば，８０５０問題と言われるような，年金を主たる収入として生活している80代の親と50代の子の２人世帯に対する支援では，支援者が親へ支援を考えていく立場であれば親が本人になり，子への支援を考えていく立場であれば子が本人になります。また，親と子の関係性から一体的に支援を考える必要があれば，親と子の双方が「本人」となります。こうしたことを踏まえて，ここでは家族の中で焦点を当てて支援する相手を「本人」とします。

　また，家族全体を視る際には，現在の関係性だけでなくこれまでの経緯にも目を向けます。どのような生活をどのような思いで送ってきたのか，相手からの信頼を得ることによって生活歴や感情を打ち明けてもらえた時，本当に必要な支援は何かということや今後の方向性を見いだす手がかりを得ることができるのです。

②問題点だけでなく有する力も視る

　２つ目は，問題点だけでなく，有する力も視ていくということです。これは，診断とアセスメントの違いとしても言われることであり，できないことだけに目を向けるのではなく，できることにも目を向け，またできることを見いだしていくことが大切です。

診断という言葉は，対人援助分野では主に医療関係者が使用する言葉であり，福祉分野ではあまり使われていません。その理由の1つとして，診断は治療が必要な部分を明らかにし，治療方法を決定していきますが，アセスメントは本人や家族ができないことだけを把握するわけではありません。有する力にも目を向け，そして生活全体に目を向けて，時には本人や家族を取り巻く環境の力にも目を向けて，どのような支援が必要かを考えていきます。ただ，誤解のないようにしたいのは，医療関係者はアセスメントをしていないということではありません。医療関係者も本人のもつ力を活かそうとする視点を有しています。

　有する力を活かしていく支援をストレングスアプローチと呼びます。このアプローチでは，すでにストレングス（もっている力，強み）としてはっきりしているものだけでなく，埋もれていたり，本人や周りが意識していないストレングスを見つけていく方法としてリフレーミングを活用します。これは，見る側の視点の枠（フレーム）をずらして視るということであり，問題や弱さと思われることでも別の角度から視ることによって強さに置き換えられないだろうかという視点で考えることです。例えば，支援者に対して絶えず電話で苦情を言う相手を，わがままであると捉えるか，自分の思いを電話で相手に伝える力があると捉えるかで，関わり方や支援の方向性も違ってきます。

　一方で，見える範囲での有する力のみに固執しないことも大切です。限られた側面だけに焦点を当ててしまうと，全体が視えなくなってしまいます。一部のストレングスだけを活かそうとして，本人や家族を苦しめてしまうことがないように，全体性への意識を絶えずもつことが求められます。また力には高めていくことができるものもあり，潜在的な力にも目を向けていく必要があります。

③身体的側面だけでなく精神的・社会的側面も視る

　3つ目は，身体的側面だけでなく，精神的側面や社会的側面も視ていくということであり，WHO（World Health Organization：世界保健機関）による健康の定義にもつながるものです。WHO憲章では前文の中で健康を次のように定義しています。

> 健康とは，病気でないとか，弱っていないということではなく，肉体的にも，精神的にも，そして社会的にも，すべてが満たされた状態にあることをいいます。（日本WHO協会訳）

　この定義に沿って考えると，個別アセスメントにおいては，肉体的，精神的，社会的に満たされていること，満たされていないことは何かを把握し，そこから必要な支援を考えていくことになります。

　これは，バイオサイコソーシャルモデルの考えと同じものです[1]。バイオ（bio）とは，生理的・身体的機能状態，サイコ（psycho）とは，精神的・心理的状態，ソーシャル（social）とは，社会環境状態のことであり，この3つの側面から相手の状態を視ていくことが重要です。コミュニティソーシャルワークでは，社会的側面のアセスメントとアプローチを重視しますが，それは身体的側面や精神的側面との関係性にも目を向けたものです。

　しかしながら，実際には身体状況と家族状況のアセスメントにとどまっている場合もあります。精神的側面のアセスメントが不十分だと，支援の方向性を検討する際に，支援者の精神的側面，すなわち支援者の人生観，幸福感，健康観に基づく支援になってしまう危険性があります。社会通念的にみて支援者の価値観が相手にとって必要な場合もありますが，人はそれまで生きてきた人生を通して，さまざまな価値観を形成して生きており，それは他人と重なることばかりではありません。また，精神的に満たされるというのは，肉体的，社会的に満たされているかどうかにも大きく影響を受けます。特に社会とのつながりを通して，周りから肯定的に認められるという承認欲求や，労働などを通して誰かの役に立てるという他者貢献の状況は，精神的な状態に結びつくものです。

　こうした視点を大切にすると，モデルケアプランのような発想は出てきません。1人ひとりの思いや経験には違いがあり，また暮らしている地域の社会資源の有無や人びととの関わりは異なるため，それぞれの状況を踏まえたケアプランが生まれてくるはずです。

「見る」と「視る」,「聞く」と「聴く」の違い

　「見る」… 視覚によって確認できるものを見ること

　「視る」… 深く理解しようとして視ること

　「聞く」… 聴覚によって感じられる音を聞くこと

　「聴く」… 深く理解しようとして聴くこと

■　ジェネラリスト・ソーシャルワークモデルのアセスメント 16 項目

　コミュニティソーシャルワークとしての個別アセスメントは，対象者を限定せずに行うことになります。そこで参考となるのは，アメリカで整理されたジェネラリスト・ソーシャルワークモデルのアセスメント項目です[2]。これは，どんな対象の相手であっても共通して把握することが大切なものとして整理されたものであり，身体的側面・精神的側面・関係的側面への視点が盛り込まれています。日本では，渡部律子がジェネラリスト・ソーシャルワークモデルにおけるアセスメント項目として 16 項目を紹介しており[3]，私が関わる地域では表現を一部修正して，事例検討の際に毎回この 16 項目を読み上げてもらうようにしています（表 5-3）。

　この 16 項目の視点が支援者の中に根づいていれば，アセスメントシートに頼ることなく，相手の主訴や思いに寄り添いながら面接を組み立てて相手の話を聴けるようになり，かつ必要な事項について話の流れを損なわずに相手に尋ねたり，関係者から得る必要性のある情報を判断できるようになります。

　アセスメントを行う者として，どんなにベテランになっても忘れてはならないことは，絶えず相手を理解しようとする気持ちです。支援者は過去に似たような問題を抱えた相手に関わったことがあるとそれを思い出し，その影響を受けながらアセスメントと支援を試みることになります。経験からより適切な関わり方を見いだしていくこともできますが，一方で相手の個別性への視点が薄れ，経験に基づく先入観に意識を支配されてしまう場合もあります。

　人を支援する時，自分は相手をよく知っている，理解していると思った瞬間から，相手の行動を自分の理解の範囲内で理解しようとすることになってしまいかねません。1 人ひとりの個別性に目を向け，これまでの自分の知識や経験だけでは判断できないことがあるかもしれないという思いをもちながら，絶え

表5-3　ジェネラリスト・ソーシャルワークモデルのアセスメント16項目

1. 何が本人や家族の問題なのか？
2. 問題の具体的な状況は？
3. この問題に関する本人や家族の考え，感情および行動は何か？
4. この問題はどのような発達段階や人生周期に起こっているのか？
5. この問題は本人や家族が日常生活を営むのにどれくらい障害となっているのか？
6. この問題を解決するために，活用できる社会資源は何か？
7. この問題を解決するために，これまでどのような方法あるいは計画が考えられたり，行われてきたか？
8. なぜ本人や家族は援助を受けようと思ったのか？　進んで援助を受けようと思っているのか？
9. 問題が起こるのに関係した人や出来事は，問題をより悪くしているか，あるいは良くしているか？
10. 本人や家族のどのようなニーズや欲求が満たされないためにこの問題が起こっているのか？
11. 誰が，どんなシステムがこの問題に関与しているのか？
12. 本人や家族のもつ技術，長所，強さは何か？
13. どのような外部の資源を必要としているか？
14. 本人や家族に関する医療・健康・精神衛生などの情報は？
15. 本人や家族の生育歴は？
16. 本人や家族の価値観，人生のゴール，思考のパターンは？

（出所）　渡部（2011）（注3参照）（一部修正）。

ず相手を理解しようとする姿勢をもって接することが大事です。

■　個別アセスメントにおける留意点

　コミュニティソーシャルワークとしての個別アセスメントを行ううえでの留意点として，次の3点（①アセスメントシートに頼りすぎない，②サービス志向でなくニーズ志向のアセスメント，③多職種チームによるアセスメント）が挙げられます（表5-4）。

①アセスメントシートに頼りすぎない

　個別アセスメントを行う際に，多くの支援者はアセスメントシートを活用しています。これは，支援者によってアセスメントする情報に漏れがないようにするためであり，支援の質を担保する仕組みとして重要です。しかし，支援者がアセスメントシートに頼りすぎると，他の情報に目が行かなくなり，思考停

表5-4　個別アセスメントにおける留意点

①アセスメントシートに頼りすぎない
②サービス志向でなくニーズ志向のアセスメント
③多職種チームによるアセスメント

止に陥る危険性があります。

　本来，望ましい相談支援の面談では，まずは相手の緊張を解きほぐしながら，相手の思いや訴えに耳を傾け，その語りの流れに沿いながら，今後の支援の検討に必要な情報を把握していくことが求められます。しかしながら，アセスメントシートに頼りすぎると，アセスメントシートの項目を上から順に質問していくという面接になってしまいがちです。アセスメントシートは活用するものであって，支援者の視野を制限するものになってはなりません。

　こうした問題を解消するために，より細かいアセスメントシートを活用するという手段もあります。しかし，そうすると逆に支援に必要のない情報まで細かくアセスメントすることになって面接時間も増え，相手の負担も増えてしまいかねません。

　そこで，その人や家族の生活に即したアセスメントを行うために，24時間の過ごし方を教えてもらうという24時間アセスメントシートの活用も有効です[4]。これは，朝起きてから，日中どのように過ごして眠りにつき，そしてどのように朝を迎えるのか，その人の生活の流れを把握していくものです。24時間だけでなく1週間や1カ月等の単位で生活の流れを視ていくこともあります。

　これらを通して，自分が行っていることや家族に行ってもらっていることは何か，自分ではできないことは何か，それを代わりにしてほしい相手は誰か（家族か，外部の支援者か），あるいは自分でできるようになりたいことは何か，を把握することができれば，支援の必要性や方向性を探ることができます。ここで探るという表現を使っているのは，相手が語る思いや生活を聴くことで見えてきたニーズや支援方法にとどまらず，表面化されていないニーズや，また相手や支援者が把握していない支援の手立てを考える場合もあるからです。

Column⑨　クライエント，利用者という言葉

　ソーシャルワークにおいて，支援対象者をクライエントや利用者と呼ぶことがしばしばあります。しかし，私はいずれの言葉も慎重に使用するようにしており，通常は「支援を必要とする人」や「生きづらさを抱えた人」という言葉を用いています。

　その大きな理由は，相手の気持ちが支援を受け止める段階に至っていない場合があるからです。Client は英和事典を見ると，依頼人や福祉サービスを受ける人という意味になっています。しかし，例えば家屋にゴミがたまっていたり，家に閉じこもっていても，本人から放っておいてほしいと言われた時はどうでしょうか。本人から依頼がきているのでもなく，福祉サービスを受けているのでもありませんが，このままでよいというわけにはいきません。本人がそう言っているのだから，関わらなくてもよいのではないかという声がしばしば支援者からも聞こえてきます。しかし，これはセルフ・ネグレクト（自己放任）の状態であり，もともと本人が望んでいたことでなく，さまざまな生きづらさからこのような状態に追い込まれてしまったのかもしれません。本人がもう一度，生きる意欲を取り戻していけるための関わりを必要とする場合もあるのです。こうした時には，相手をクライエントと呼ぶことはできません。クライエントと呼べるのは，本人からの依頼があり，支援者との支援関係について了解が得られている場合です。また，利用者と呼べるのは，相手が何らかのサービスを主体的に利用している場合です。

　支援者が関わる相手をどう呼ぶか。そこには支援者が相手をどう捉えているかが表れます。逆に本人から支援者はどう映っているのか，本人の目線から自分の立場を客観的に捉え，相手の主体性を損なうことのないように関わっていくことを大事にしたいと思います。

②サービス志向でなくニーズ志向のアセスメント

　支援者は支援を考える際に，自分が担当している業務の枠の中でアセスメントを行い，業務としてできる支援のみを考えてしまう場合があります。もちろん，業務において必要なアセスメントを行うことは大切であり，これ自体は否定されるものではありません。重要な違いは，アセスメントを行う中で，自分が担当している業務では対応できない問題が見えてきた時に，その問題をその

ままにして自分ができるところだけを行うのか，あるいは必要な社会資源につないだり，社会資源を作る動きに結びつけていくかどうかということです。サービスの枠の中だけでアセスメントを行い，サービスの枠の中だけで支援を考えていくことを「サービス志向」と言います。この場合，サービスだけでは対応できない問題が置き去りになってしまう場合があり，サービスの枠に縛られない支援が必要となります。生活ニーズに向き合い，サービスの活用に限らず，必要な支援を考えていくことを「ニーズ志向」と言います。地域生活支援においては，ニーズ志向で支援を考えていくことが求められます。

③多職種チームによるアセスメント

　コミュニティソーシャルワークとしての個別アセスメントでは，身体的・精神的・社会的側面の全体を視ることを大切にするため，1人のソーシャルワーカーだけで行わず，身体的・精神的・社会的側面のそれぞれを的確にアセスメントできる専門職がチームとなって行うことが求められます。

　特に心身に何らかのニーズを抱えている場合，社会福祉領域の専門職だけでなく，医療・看護領域の専門職が加わることにより，その後の医療や看護との連携がスムーズになることもあります。多職種がチームに加わることは多角的にアセスメントできるようになるだけでなく，それぞれの領域の専門職との連携による支援を強化することにもつながります。

　なお，多職種によるチームアセスメントを行うにあたっては，共通で使用できるアセスメントシートの整備も必要です。何の情報をどんな様式に記録していくかを明確にすることが，チームアセスメントの効果を高めていきます。

2 ┃ 個別支援で活用される主なソーシャルワーク理論・アプローチ

　個別アセスメントは，アセスメント自体が目的ではなく，個別支援を行うために必要な情報を把握・分析していくものです。個別支援の方法は，これまでさまざまなソーシャルワークの理論・アプローチとして整理されてきました。理論と聞くと，何か難しいものというイメージを抱くかもしれませんが，実際の現場で活用されている方法や考え方を整理したものであり，言わば，実践方

法の特徴を整理したものです。しばしば理論と実践の乖離が問題とされますが、これにはすべてが理論で整理されているようにはうまくいかないという実践側からの思いがあります。既存の理論にあてはまらない難しさに直面しているということであり、それならば、それに対応できる実践を整理して、新たな理論としていくことで、他の支援者を支える力になるかもしれません。理論は、支援を必要とする人びとに対して、支援者がどのように関わっていくことが求められるかを整理したものであり、実践の道を照らすものとなります。これは理論から実践を導くものであり、一方では、既存の理論にあてはめるだけでなく、必要な支援を考えてそれが新たな理論になっていくという、実践から理論を導く双方向の関係性が重要となります。

　ソーシャルワークの理論やアプローチを解説した文献は数多くありますので、ここではコミュニティソーシャルワークの観点から、ケアマネジメント・アプローチ、認知行動理論アプローチ、危機介入アプローチ（グリーフサポート）に限定して取り上げ、留意点を中心に述べておきたいと思います。

■　ケアマネジメント・アプローチ

　ケアマネジメントは、さまざまな社会資源を活用して生活していくに際して、本人やその家族が知らなかった社会資源を紹介したり、利用方法を提案したり、利用にあたっての手続きや調整が難しい場合にその支援をしていく方法として重要なものです。

　「コミュニティの人びととともに地域生活を支える」というコミュニティソーシャルワークでは、公的サービスだけでなく、地域内の多様な人びととの関わりをケアマネジメントとして調整していくことになります。それは公的サービスの限界を地域住民に担ってもらうという安易な考え方からではなく、まずは本人やその家族が地域で育んできた人間関係の関わりを大切にするからであり、また孤独や孤立、差別や排除のない生活を送ることができることを目指すからです。もちろん、それらは本人やその家族の意向を踏まえて合意のもとで行われるものです。

　留意点として、ケアマネジメントを支援者が行う場合に、関わり方次第では本人やその家族の生活を「管理」したり、穏やかな「強制」につながる危険性があることを忘れてはなりません。ケアプランは「支援計画」という訳語を当

てることができますが，ケアマネジメントはどうでしょうか。英和辞典を見ると マネジメントは「管理，経営」であり，そうするとケアマネジメントは「支援管理」という言葉に置き換えられてしまいます。しかし，これは支援者側の意向が強く感じられる言葉であり，抵抗感を抱く人もいるでしょう。「支援管理」ではないという思いがケアマネジメントという用語を使用する意図に含まれているとも言えます。

　言葉に気をつけたとしても，やはりケアマネジメントに潜む「管理的」「強制的」な側面には目を向けなければなりません。実際の現場では，このことを意識している支援者も多くいますが，その一方で公的な制度による支援の限界から，本人やその家族の望む生活を諦めてもらうように，穏やかに接しながらも支援者側が思い描く生活を「強要」している場合があります。合意による納得よりも支援の限界による説得が強くなってしまい，支援者が公的支出抑制の尖兵になりかねないことは，国内外のソーシャルワークにおいて昔から批判されてきたことです。

　かつて障害者支援におけるケアマネジメント導入時に，長年にわたって脳性麻痺のある青年の介助をされてきた酒井弘道は強く異議を唱えました。その訴えは，「介助」をつけて生活する「障害者」に対する「監視」「管理」「介入」「強制」がじわじわと強まってくるだろうという重要な指摘でした[5]。利用者の自己決定権の保障や，説明と同意に基づいたサービス計画の作成など，制度の理念として大事な点が掲げられても，そのプロセスにおいて支援者側からの「穏やかな強要」が行われる危険性があることを支援者側が意識し続けることが求められます。

■ 認知行動理論アプローチ

　これは認知行動療法に基づいたアプローチです。認知行動療法とは，私たちの感情は目の前の出来事をどう認知するかによって異なるという考えに基づき，ネガティブな感情が生じやすい場合には，ポジティブに捉えられるように支援するものです[6]。認知行動療法は，不安な気持ちに対処していく力を高めるためのアプローチであり，どんな時にどんな感情を抱いたか，それは冷静に考えてみるとどうなのかをノートに書いたり，支援者に話すことで，自分の感情を客観的に認識し，ストレスを感じた際に自分で対処していく力をつけることで

す。そのため認知行動療法では，ネガティブな感情である「自動思考」に対して，冷静に考えていく「合理的思考」をノートに書き留めたり，面談で話すことで，ストレスに対処したり，ストレスの発生を弱めていこうとします。

コミュニティソーシャルワークは，多様な専門職やコミュニティの人びとの関わりによって地域生活を支えるための方法であり，もし他人との関係自体が苦しいと感じるのであれば，その関係性の捉え方や保ち方に関する力を高めたり，回復していくための支援が必要となります。

認知行動療法は，そうした支援方法の1つですが十分に活用されているわけではありません。実際の現場では，精神的に不安定な人が頻繁に事務所へ電話をしてきたり，相談が長時間になることが繰り返されると「精神科を受診して服薬したほうがよいのではないか」という声がしばしば聞こえてきます。支援者は相手が精神疾患を抱えていたり，その可能性がある場合，受診，服薬ということを考えがちですが，服薬の必要性の判断と処方は医療関係者の役割であり，福祉関係者としては，それ以外の手立てとして，本人が不安へ対処できる力をつけること，社会資源を活用して本人が落ち着いて過ごせる環境を整えること等を考えることが求められます。もちろんそれは医療関係者とチームになったうえでの支援であり，看護職や心理職の人びとと協働して行うものです。また，その支援方針は必要に応じて，かつプライバシーに配慮したうえでコミュニティの人びとと共有されることが望まれるものであり，本人の意向やペースを踏まえる必要があります。

■ 危機介入アプローチ（グリーフサポート）

私たちは人生において，思いがけない苦しみや悲しみに直面することがあります。例えば，愛する人との死別や離別のような人との別れ，病気や障害による心身機能の低下，失業や望まない転勤のような働く機会の喪失，志望校の不合格や志望会社からの不採用のような社会からの拒絶等，ある日突然，こうした現実へ向き合うことになった時，私たちは大きな悲しみや苦しみに直面することになります。なぜ，こうした思いをしなければならないのか，あの時こうすればよかったのか，現実であってほしくない，あの人は許せない等，さまざまな思いが頭の中を駆けめぐることになります。精神的なつらさは身体的な症状にもつながり，食欲がなくなったり，眠れなくなったり，疲れやすくなった

Column⑩　ドストエフスキー『賭博者』（1866年，原卓也訳，新潮文庫）

　『罪と罰』や『カラマーゾフの兄弟』の著者としてドストエフスキーを知っている人も多いと思いますが，彼の人生は穏やかなものでなく，多くの困難の中で後世に残る作品を書き上げました。その中で『賭博者』という小説に注目したい箇所があります。

　その前に，この小説に至るまでの彼の人生に少しだけ触れておきましょう。彼が生まれたのは1821年，日本では江戸幕府第11代将軍徳川家斉の時代です。ドストエフスキーは父が軍医を務める貧民のための病院で次男として誕生し，読み書きは母から「新旧約聖書」の物語を通して学びました。16歳の時に母を病気で亡くし，17歳で陸軍工兵学校に入学しましたが，19歳の時に父が所有していた領地の農奴から恨みを買って殺されるという出来事があります。両親の亡き後に支えとなったのは兄であり，初めての小説『貧しき人びと』を出したのは24歳でした。文学界から大きく注目されたもののその後の評価は厳しく，28歳の時には当時関わりのあったグループが反社会的組織とされ，その一員として逮捕され，銃殺刑が下されますが，処刑台での執行直前に特赦で救われるという劇的な経験をしています。懲役4年の刑期を終え，36歳の時に子を持つ女性と結婚し，40歳の時に監獄で過ごした日々をもとに『死の家の記録』を書き上げ，再び彼の評価は高まります。しかし，43歳の時に妻と兄が亡くなって，大きな悲しみと負債を抱えることとなり，こうした中で『罪と罰』の連載が始まりますが，経済的な困窮から短期間で別の原稿をまとめなくてはなりません。

　そこで速記者を雇い，口述によって仕上げた小説が『賭博者』です。場所は架空の都市ルーレテンブルクのカジノであり，主人公のアレクセイは，将軍の娘ポリーナの家庭教師で彼女に恋をしていました。ルーレットの才能に長けており，将軍や娘からも財を増やす者として認められていましたが，ポリーナは彼の愛に応えようとしません。それどころか彼女は将軍の叔母が病気で亡くなれば遺産が入り，また将軍にお金を貸している男性が結婚を申し込んでくると期待しています。その一方で将軍は年若い女性に恋をしており，その女性は将軍の財産を目当てにしています。さまざまな人びとから遺産を

ねらわれる叔母ですが，危篤状態から回復して突如車椅子に乗って彼らの前に現れます。そしてアレクセイを連れてカジノへ出かけて大金を手に入れると，周りの人びととやホテルの従業員にも金貨を配り，通りかかったぼろ服姿の男にもお金を渡します。その男は狐につままれたような顔をしながらも黙ってお金を受け取りますが，その後のことです。叔母は「乞食だよ，乞食，また乞食がいるよ！」と叫び，次に通りかかった男にも金を配ろうとしますが，その男は「畜生め，これは何の真似だ！」と怒鳴り，罵言を加えて断ります。その男は，裾の長い青のフロック・コートを着て長いステッキを手にしており，片足が義足の白髪の老人でした。叔母は「ふん，ばかが！」と叫び，再びカジノへ出かけていきますが，最後には全財産を失い，人びとは思惑が外れて途方に暮れてしまいます。

　小説ではその後も描かれていますが，注目したいのは，なぜドストエフスキーは叔母に金を配らせる描写で，対照的な2人の男性を登場させたかということです。ここでドストエフスキーは，施しは時に相手を侮辱する行為であることを鋭く訴えているように思います。『カラマーゾフの兄弟』でも施しを拒む人びととの姿が度々描かれており，そこに人としてのプライドを描こうとするドストエフスキーの強い意思が感じられます。

　ドストエフスキー自身，ギャンブル好きでさまざまな人びととからお金を借りていたようですが，借りることと施されることは意味合いが大きく異なると捉えていたのでしょう。

　この物語の叔母は，大金を手にした喜び以上に，それを配り，受け取った者が喜ぶことに喜びを見いだすがゆえに，それを相手が拒むと自分の気持ちが満たされないために相手を罵るという行為に至ったと言えます。

　これは社会福祉に携わる者にとって，とても示唆的であると感じます。私たちは相手を支援したいという気持ちを満たすためだけに支援をしていないか，支援をした際に相手が感謝する行為を無意識的に求めていないか，自省することの大切さに気づかされます。

　なお，『賭博者』の執筆を手伝った速記者アンナ・スニートキナは当時25歳であり，この出会いをきっかけにドストエフスキーと結婚し，生涯にわたって彼の著作活動や生活を支えました。

りして，外出したり，人と会おうという意欲がもてなくなることもあります。

　このような突然訪れた人生の危機に際して，寄り添い，その人自身の精神的な回復を支えていくことが，危機介入アプローチです[7]。具体的には悲しみなどの感情を安心して語れる場を設け，その感情を表出する「悲嘆作業」を本人が行います。その聴き手は，専門職に限らず，同じ経験を有する人びとや自分に向き合ってくれる友人やボランティア等，さまざまです。語りたいタイミングで，語りたい相手がいるということが大切であり，いつでも誰にでも話せればよいというものではありません。

　この危機介入アプローチは悲しみの初期段階において意識されるものですが，それによって悲しみの感情を消せるわけではありません。その感情を心に有しながら生きていくには，継続的なサポートが必要なこともあり，それはグリーフサポート（グリーフケア）として行われるものです。グリーフとは悲嘆という意味であり，私たちが暮らす社会の中に悲しみや苦しみを安心して語れる場を設けていくことが求められます[8]。

　以前，津波で被災した地域を訪れ，現地の方に話を伺っていた際，多量のアルコールを呑み続けている男性の話を聴いたことが今も忘れられません。その男性は，津波で愛する妻と子どもを亡くし，自分だけが生き残り，そのつらさからお酒を呑まずにいられないということでした。そうした状況を見て「とてもお酒を呑むなとは言えなかった」と周りの人びとも心配しながら思っていたという話を聴き，胸がつまる思いでした。

　つらい状況にある人が，その気持ちを落ち着かせるためにアルコールや薬物に頼り，それが依存につながることもあります。「そっとしておいたほうがよいだろう」という考えから周りの人びとが声かけを控えることにより，誰にもその感情を話すことができず，悲しみや苦しみの感情に心を覆われた日々が続きかねません。

　そのため，被災した人同士が自分の気持ちを打ち明けられる機会を設けている活動を行っている人もいます。そのほか，人のグリーフはさまざまであり，多様なグリーフサポートが生まれています。1人ひとりの感情に向き合い，コミュニティの中にグリーフサポートの場を広げていくこともコミュニティソーシャルワークの大切な役割です。

3 | 個別支援者が困難を感じるケースへの対応

　個別支援の現場では，支援者がさまざまな困難を感じることがあります。ここでは現場からの悩みとしてよく挙げられるものを1つ取り上げておきます。なお，これは私自身の個別支援の実践から導き出したものではなく，私が関わる地域の個別支援者の実践からポイントを整理したものです。

Q. 相手が支援者の関わりを拒んでいて会ってもらえません。どうしたらよいでしょうか？

　これはアウトリーチの実践が広がるとともに増えてきた声です。申請主義で窓口に相談に来た人だけに対応しているのであれば，こうした悩み自体が生じることはありません。関わりを拒む人だからこそ相談窓口で待つだけでなく，訪問することが求められるのであり，支援者側から関わろうとすること自体に重要性があります。

　そのうえで，こうした人に関わる際には，①拒む理由を探る，②相手を心配する気持ちを伝え続ける，③支援関係にこだわらない，④変化をキャッチできる体制をつくる，がポイントになります。

①拒む理由を探る

　なぜ相手が関わりを拒もうとするのか，その理由はさまざまです。そのためアプローチ方法も1人ひとり異なるものとなり，誰にでもこうすればよいというようなものはありません。したがって会うことができない人に対しては，何が本人の心の扉を開く鍵となるか，常に考え続け，そして試み続けることが大切であり，時には時間を要する場合もあることを覚悟する必要があります。

　これは金庫の扉を開ける試みにも似たものです。あるテレビ番組では古い金庫を開けるために，音と感触で糸口を探り，その後は1つひとつの組み合わせを試していました。試みた番号では開かなかったから失敗ではなく，その情報は次の試みを考えるヒントを与えてくれます。

　同じように，本人を訪問した時にどのような様子だったかを丁寧に分析して積み重ねていくことは，次の手立てを考えていくうえで大切な情報となります。

ただし，相手に対して不快な思いを与え続けては逆効果であり，どのような関わり方がよいのかを探るためには**間接情報の収集**が欠かせません。これは本人からの**直接情報の収集**が困難な場合に，地域内の人びとやこれまで関わりのあった人びとから情報を得て，できるだけ本人を多角的に知ることができるようにするためです。

　精神科医の藤本修は『精神科医はどのようにこころを読むのか』の巻末に「こころを上手に読むための10箇条」[9]を挙げており，その一番最初は「人間のこころを読むことは簡単なことではない，ということを知る」としています。相手の表情や仕草，行動の観察，周囲からの情報の整理を経て，こころを読むという作業ができ，丹念にそれを続けていく覚悟が第1に要求されると述べています。

　情報の把握・分析においては，これまでの人間関係に注目することが大事です。支援者との関係を拒んでいる場合，喪失体験や排除体験など何かしら心が傷つけられる出来事があったり，あるいは過去に専門職との間で不快な経験をしたことがあったかもしれません。

　喪失体験には，①愛する人との離別や死別等による「人間関係の喪失」，②病気や怪我等によって今までできていたことができなくなる「身体機能の喪失」，③仕事や家庭等で担っていたことができなくなる「役割の喪失」，④環境の変化によって自分の時間がもてなくなる「自己実現の喪失」等があります。

　また，排除体験には，①家庭，学校，職場，地域社会，SNS等，自分が有する人間関係から精神的に攻撃される「人間関係からの排除」，②受験での不合格や就職活動での不採用，職場からのリストラ等，所属できる組織がもてないという「組織からの排除」があります。

　専門職との関係性では，かつて相談に行った際に対応してもらえなかったという「支援からの排除」や冷たい対応や侮辱的な態度をとられたという「専門職からの被虐」，自分の意思に反して周りから支援を強制されて苦痛だったという「支援の強制」などがあったかもしれません。

　こうした体験は心に深く大きなダメージを与え，生きる意欲を奪い，セルフ・ネグレクトにつながる要因ともなります。なぜ拒むのか，その行動の背景にある経験や感情を理解しようとすることが重要です。

　この点に関して『ソーシャルワークの社会的構築』を著したレスリー・マー

ゴリンは，相手からの拒否が強いということは，それだけ支援を必要としている人びとであると捉えて次のように重要な指摘をしています[10]。

　　「クライエントのソーシャルワーカーに対する拒絶が強ければ強いほど，かれらは本当はよりいっそうソーシャルワーカーを必要としているということになる。ソーシャルワークへの敵意が大きければ大きいほど，その必要性は高いのである。」

　相手が会ってくれなかったり，拒否的な態度をとられる時，支援者として焦るのは当然の感情です。時には虐待の疑い等，緊急性の高い場合もあり，速やかな安否確認と継続的な関係形成に向けて，難しい判断を迫られることもあります。しかし，どのような時であっても必要な情報を収集して効果的なアウトリーチを考えることを忘れてはなりません。

②相手を心配する気持ちを伝え続ける

　これまでの経験から人との関わりを拒んでいる場合，急に訪れた支援者に何でもすぐに話せるわけではありません。時には「この人だったら自分のことを理解してくれるかもしれない」と相手が思ってくれるまで訪問を続ける必要があるかもしれません。こうした**関係形成志向型アウトリーチ**では，相手に対する権威的・高圧的な態度は逆効果であり，支持的・受容的な態度で接することが重要です。相手に会えない場合でも相手を心配するメッセージを名刺に書いてドアに貼ったり，ポストへ入れ続けている実践者も多くいます。

　レスリー・マーゴリンは，このことに関して次のように述べています[11]。

　　「ソーシャルワークによれば，政府の職員は，時間を構わず押しかけて，脅えさせたり気後れさせたりして家に入りこむ警官のようなやり方をする必要はない。友好的な態度と誠実さと熱意のほうがより効果的なのであり，信頼を築くこと，アポイントメントを求めて手紙を書くこと，クライエントに敬意をもって話しかけ思慮深く耳を傾けること，子どもたちと遊ぶこと，そして相手が望むことをしてあげることによって家に入ることができるというのが，ソーシャルワークのメッセージなのである。」

　これは相手がどんな状況であったとしても，関わろうとする意思を奪われず

Column⑪　声かけによる支援

　人は支援を行う時，言語的コミュニケーションによって相手と関わります。相手の状況に応じて多様な声かけが行われますが，同じ言葉でも相手への影響がそれぞれに異なります。どのような声かけが相手の心に最も届くか，相手が置かれている環境や相手から発せられる非言語的サインを注意深く観察しながら言葉を選択していくことになります。

　また同じ言葉でも言い方次第では相手を傷つけたり，反対に支えたりすることがあります。相手の状況によっても受け止め方は異なるため，接客マニュアルのような声かけすべき言葉を決めても，相談支援の現場ではうまくいきません。言葉のもつ意味合いと言い方に留意しながら支援を行うことが大切です。例えば，相手に提案をする際にさまざまな表現が考えられ，以下のような例が挙げられます。

- ●「こうすべきだ」　　　　　　　　強い指導
- ●「こうしなければならない」　　　強い指導
- ●「こうしてはいけない」　　　　　強い指導
- ●「こうしてみたらどうか」　　　　提案
- ●「こうしたらよいのではないか」　提案，促し，弱い指導
- ●「こうしてあげよう」　　　　　　代替，処方
- ●「こう考えられないか」　　　　　視点の提示
- ●「こうしよう」　　　　　　　　　共同作業の提案
- ●「こうしてきたのはよかった」　　肯定的評価
- ●「こうしてきたのはよくなかった」否定的評価
- ●「こうしてもよいか」　　　　　　確認
- ●「どうしたいか」　　　　　　　　意向の尊重・確認

　また，相手の言動はどのような関わりへの応答であったのかを視ることも大切です。しばしば支援者の記録に「暴言がある」等の記述が残され，事例検討でも報告されますが，もしかすると周りからの不適切な声かけへの反応だったかもしれません。どのような声かけに対しての言葉だったのかを検討せず，相手の言葉だけを捉えて「暴言がある」としてしまっては相手の心の訴えに気づくことはできせん。暴言や暴力という記述をする場合は，どのよ

うな場面で応答があったのかも記述することが不可欠であり，暴力や暴言という表現が適切なのかもよく考える必要があります。支援者が相手をアセスメントする以上に，相手は敏感な感覚で支援者の表情，仕草，声かけ等から信頼できる人物かどうかアセスメントしていることを忘れてはなりません。支援者は客観的に相談支援の場を視ることが求められ，それによって冷静に相手を受け止められるようにもなります。

　また，声かけは個別支援，地域支援ともに求められることですが，対面に限らず電話，メール，SNS等のツールを活用することもあります。特にメールやSNSでは文字や記号だけのやりとりになるため，より慎重な言葉の選択が求められます。どのような声かけがよいのか，絶えず考え続ける力が相談支援者の要と言えます。

に関わり続けることの大切さを述べたものであり，支援者を支える言葉にもなるものです。

③支援関係にこだわらない

　相手が支援者の関わりを拒むには，それなりの理由があり，その気持ちを変えようとするのは，関係性をつくる以上に困難なこともあります。そうした場合は，支援者と被支援者という関係性でなく，相手にとって抵抗感を抱くことのないきっかけを通して，他者との関係をもてるようにしていくことも考えられます。支援関係ではなく人間関係を築くにはどうすればよいかという観点から考えてみるとどうでしょうか。

　例えば，地域での防災活動は誰にでも関係するものであり，こうした活動をきっかけとして参加や協力を呼びかけたり，参加が難しい場合でも訪問のきっかけとなれば，大事な声かけの機会にできます。また廃品回収や自治体の集団健診等の機会を活用することもできます。これらは地域住民との関係性がこじれていない段階であれば，支援者からでなく地域住民から案内してもらうこともできますが，すでに近隣トラブルに至ってしまっている場合には，誰が声かけをするか慎重に検討する必要があります。

　いずれにしても支援者の関わりを拒んでいる場合には，多様な人びととの協力

を得ながら支援関係とは別の関係からアプローチしていくことも大切です。

④変化をキャッチできる体制をつくる

日々の体調は変化するものであり，また不慮の出来事によって生活上の困難が増す場合もあります。支援を拒んでいる人の生活も何かしらの変化が起きることは十分に予想されるため，その変化をキャッチできる体制を構築しておくことも大切です。

本人の意向を尊重するという立場から「相手が関わらないでほしいというなら放っておけばよい」という声は専門職のみならず地域住民からも出てくることがあります。しかし，何らかの支援の必要性が見いだせるのであれば，完全に放ってしまうのではなく，気にかけ続けることが大切です。それでも，専門職が毎日訪問できるわけではなく，それは地域内の人びとも同じことです。そのため，その人に関わる支援チームを明確にし，また戸別訪問の機会を有しているライフライン関係者，新聞配達業者，郵便局等が気になることを誰に伝えればよいのかを，行政との協定などにより明確にしておくことが求められます。これは「情報集約先の明確化」であり，さらに誰がどれくらいの頻度で関わりがあるのかが見えれば，そのタイミングを調整することもできます。

このような体制をつくっておくことで体調の悪化等に気づくことができ，より支援を必要とするタイミングで事態が深刻化する前に声かけができるようになります。

4 ┃ 個別支援における留意点

社会福祉において個別支援者が留意すべき点は多岐にわたり，多くの文献もあります。ここでは長年多くの組織に対してコンサルティングを行っているエドガー・シャインの指摘を紹介しておきます。

エドガー・シャインは，支援者が陥りやすい罠として，次の6つを提示しており，社会福祉従事者にとって示唆に富むものです[12]。この6つについて私なりに解説しておきます。

エドガー・シャイン（2009）による支援者が陥りやすい罠
　①時期尚早に知恵を与える
　②防衛的な態度にさらに圧力をかけて対応する
　③問題を受け入れ，（相手が）依存してくることに過剰反応する
　④支援と安心感を与える
　⑤距離をおいて支援者の役割を果たしたがらない
　⑥ステレオタイプ化，事前の期待，逆転移，投影

①時期尚早に知恵を与える

　支援者は経験を積むほど，相談者の困難さの原因を素早く見抜き，必要な支援方策を見いだせるようになります。しかし，個別支援においては「結論の提示を急がない」ことが大切であり，それは相談者本人がその結論に至るプロセスを支えることが相談者自身の力につながるからです。早すぎる助言や支援方策の提示は，相談者が問題に対処し解決に向かう力を奪うことになりかねません。

②防衛的な態度にさらに圧力をかけて対応する

　自分の行動や現状が世の中の人びとと比べて不十分さがあると本人自身が自覚している場合や人間関係で傷ついた経験を重ねてきた場合，自己防衛として支援者に心を開こうとしないこともあります。支援者は何とかしたいという思いで，相手の考えや行動を変えようと説得しがちであり，特に支援者自身が正しいと思って話すことは相手にとって強い圧力を感じさせるものとなってしまうことがあります。

③問題を受け入れ，（相手が）依存してくることに過剰反応する

　支援者は，支援を行う立場になろうとする思いが強すぎると，自分が相手にとって必要な支援を行えるかをよく考えずに相手の生活問題の解決に関わろうとしたり，さらには相手が自分に依存する関係性をつくり出してしまうことがあります。相手から支援を求められることに慣れすぎてしまうと，依存によって本人の力が奪われることに気づけなくなってしまいます。

④支援と安心感を与える

　個別支援において，具体的な支援を行い，相手に安心感を与えることは大切です。しかし，本人自身が問題に対処し解決に向かう力を尊重して，これまでを振り返り，これからを考えていけるように寄り添うことも大切です。相手の問題を支援者がすべて解決し，安心感を与えるのではなく，本人が自らの力を回復し，高めていくプロセスに寄り添うことで安心感を抱いてもらえるようにする関わりが求められます。

⑤距離をおいて支援者の役割を果たしたがらない

　多くの人は支援者の役割を果たそうとしていることでしょう。しかし，例えば支援者へ頻繁に電話をしてきたり，さらにその話が毎回長時間に及ぶ人がいた時はどうでしょうか。居留守をして同僚に対応してもらったり，なるべく早く話を切り上げようとしているという話は各地で聞こえてきます。相手の訴えは，それだけ支援を必要としている表れであり，それは丁寧に話を聴き続けるだけでなく，他の支援方法を考える必要性のサインかもしれません。相手に対する偏見や先入観をなくし，時間を要することを厭わないという態度が相手の心に届き，自ら解決に向かう力の支えとなることもあり，かつ新たな支援方策を考える機会となります。

⑥ステレオタイプ化，事前の期待，逆転移，投影

　人は過去の経験に基づいて，自らの価値観を形成し行動していくように，支援者も過去の経験の影響を受けながら支援を行っています。同じニーズを抱えていても，相手が暮らしている環境やこれまでの経緯はさまざまであることから，支援者の限られた経験や思い込みに基づく支援に陥らないように多様な観点からのアセスメントが重要となります。また，支援者は相手に抱く感情を自覚したうえで相手にとって望ましい関わりを意図的に行うことや，うまくいかないことを相手のせいにしていないか，絶えず自己を省みることが求められます。

　これらは，支援者が自らを優位な立場に置いて相手を従わせようとしたり，自らの経験に基づく価値観や感情の影響を受けやすい傾向があることを鋭く指

摘したものと言えます。支援は支援者の支援欲求を満たすために行うものでなく，相手にとって必要な関わりを行うことです。

　また，この6つに加えて相手から言われるままに行動することも支援者が陥りやすい罠として挙げておきます。利用者本位という考え方から，本人や家族の意向を大切にするという価値観は現代の支援者に共有されたものです。しかし，このことから相手から言われたことをそのまま行うことも多くなり，結果として相手の依存心や要求を強めたり，相手の対処力を奪うことにもなりかねません。また本人と家族の訴えが異なる時には，板挟みとなり，どうしたらよいかわからなくなってしまうということもあります。そのため，相手の訴えを聴きつつも，どういう行動をとったほうがよいかを冷静に考え，そして相手の意向を尊重しながら，よりよい方向に向かう手立てを提案することも大切です。

　さらにコミュニティソーシャルワークとしての個別支援における留意点を挙げると，「地域内の人びととの関わりを強要しない」「地域住民や地域支援者に過剰な期待を抱かない」という2点が重要だと考えます。

　「地域内の人びととの関わりを強要しない」とは，孤独や孤立のない生活を送れることが大事だという思いが強すぎると，相手の状況やこれまでの経緯を無視して，とにかく人との関わりをもたせようとしてしまうため，相手の思いを無視して人びととの関わりを強要しないということです。人間関係を拒んでいるのであれば，それには理由があり，どうしたら人との関わりに安らぎを感じられるようになるだろうか，それぞれの事情を考慮して考えることが求められます。相手の思いを無視した関わりは逆に相手の心をさらに閉ざしてしまうかもしれません。

　これまでも述べてきたように，人は人との関係性の中で幸福や生きがいを見いだすことができますが，困難な状況下では人と関わること自体に苦しさを感じたり，関わろうとする意欲をもてない場合があります。本人の思いや状態を無視して地域へつなごうとしてもよい結果にはつながりません。社会との関係や人間関係が弱くなっている場合には，まず本人が人との関わりをもとうと思えるようになるための支援が求められ，人びととの関わりを強要するようなことはあってはなりません。

「地域住民や地域支援者に過剰な期待を抱かない」とは，制度の枠内だけで支援を考えずニーズに向き合おうとする支援者に生じる期待には注意が必要だということです。たしかに既存の制度やサービスを活用しながら，多様な地域活動とつながることによって支援の幅が広がります。しかし，個別支援者が地域活動の状況をよく知らないと，公的サービスでは対応できないことを地域住民に担ってほしいという気持ちから地域住民への期待が強くなり，またそれを支える地域支援者への要望も強くなるということがあります。過剰な期待は相手だけでなく自分も苦しめることとなり，良好な関係性から離れてしまうものです。

　コミュニティソーシャルワークでは，個別支援者と地域支援者の連携が重要であり，そのためには地域住民や地域支援者の思いや状況をよく知ったうえでつながることが求められます。また個別支援者の気づきを地域支援者に伝えるだけにとどまらず，個別支援者の立場であっても自分の担当する方が暮らす地域に目を向けて，地域支援者とともに地域の状況に即した地域支援方策について意見を述べ合うことができれば，より個別ニーズに即した地域支援が展開できるようになります。

注————

1）　バイオサイコソーシャルモデルの創始者は精神科医のジョージ・エンゲルであり，1977 年の論文で提唱されました。学習のためには，渡辺俊之・小森康永（2014）『バイオサイコソーシャルアプローチ——生物・心理・社会的医療とは何か？』金剛出版，が参考になります。

2）　例えば，ヘプワースらは「問題のアセスメントの際に問われる質問」として，以下の 21 項目を挙げています。

　　①この状況に現在関連する，あるいは近く関連する法的権限はあるか？　②注意が必要な重大な健康上あるいは安全上の問題はあるか？　③その問題に関する特定の兆候は何か？　どのような形で現れるか？　④どの人やシステムが問題に関わっているか？　⑤関係者やシステムがどのような形で相互作用し，その問題を発生・維持させているか？　⑥どのような満たされないニーズや欲求が問題に関わっているか？　⑦どのような発達段階や人生の移行が問題に関わっているか？　⑧問題の深刻度はどの程度か，関係者にどのような影響を与えているか？　⑨クライエントがその問題のせいにしている背景にはどのようなわけがありそうか？　⑩どこで問題行動は発生するか？　⑪いつ問題行動は発生するか？　⑫ど

のくらいの頻度で問題行動が発生するか？　⑬その問題はどの程度継続している
のか？　なぜ今，クライエントは援助を求めたのか？　⑭その問題がもたらす結
果はどんなものか？　⑮その他の問題（例：アルコールまたは薬物の乱用，身体
的あるいは性的虐待）がクライエントやその家族の機能に影響を与えているか？
⑯その問題に対するクライエントの情緒反応はどのようなものか？　⑰クライエ
ントはその問題にどのように対処しようとしてきたのか？　そしてその問題を解
決するために必要な技術は何か？　⑱クライエントの技術，ストレングス，資源
として，どのようなものがあるか？　⑲民族文化的要因，社会的要因，社会階級
的要因がその問題にどのような影響を与えているか？　⑳どのようなサポート・
システムがクライエントのために現在存在しているか？　あるいは創り出される
必要があるか？　㉑クライエントが必要としている外部資源は何か？（D.H.
Hepworth（2006）*Direct Social Work Practice: Theory and Skills*, 8th ed., Brooks/
Cole, p.185.〔＝ 2015，武田信子監修／北島英治・澁谷昌史・平野直巳・藤林慶
子・山野則子監訳『ダイレクト・ソーシャルワークハンドブック』明石書店，
322-323 頁〕）

3）　渡部律子（2011）『高齢者援助における相談面接の理論と実際〔第 2 版〕』医
歯薬出版，62-69 頁。

4）　24 時間アセスメントシートは主に施設ケアの分野で開発されてきましたが，
その視点は在宅ケアでも重要であり，以下の本が参考になります。秋葉都子
（2018）『24H シートの作り方・使い方──個別ケアのためのアセスメント・記録
ツール〔第 2 版〕』中央法規。

5）　酒井弘道（1998）「『ケアプラン』なんていらない！『介助者』として本人の
生活を支え共につくりながら考えること」『福祉労働』No.79：30-37 頁。

6）　認知行動療法に関する本は多く出版されています。入門書としては，伊藤絵
美（2011）『認知行動療法入門 BOOK1』・『認知行動療法入門 BOOK2』医学書
院。認知行動療法を含めた精神療法の概要を学びたい人には，堀越勝・野村俊明
（2012）『精神療法の基本──支持から認知行動療法まで』医学書院。より詳細に
認知行動療法を学びたい人には，Judith S. Beck（2011）*Cognitive Behaviour
Therapy: Basics and Beyond*, 2nd ed., Guilford Press.（＝ 2015，伊藤絵美・神村栄
一・藤澤大介訳『認知行動療法実践ガイド──基礎から応用まで〔第 2 版〕』星
和書店）をお薦めします。

7）　危機介入アプローチの起源は，1942 年 11 月 28 日に起きたボストンのココ
ナッツ・グローブの大火直後にエーリッヒ・リンデマンたちが行った研究に遡り，
アギュララは危機介入アプローチを体系的にまとめています。Donna C. Aguilera
（1994）*Crisis Intervention: Theory and Methodology*, 7th ed., C.V.Mosby Company.
（＝ 1997，小松源助・荒川義子訳『危機介入の理論と実際──医療・看護・福祉

のために』川島書店)

8) グリーフケアに関する書籍も多く出版されていますが，『死ぬ瞬間』の著者であるキューブラー・ロスが晩年に著した『永遠の別れ──悲しみを癒やす智恵の書』（＝2007，上野圭一訳，日本教文社）は大事にしたい一冊です。また広瀬寛子（2011）『悲嘆とグリーフケア』医学書院や，入江杏編（2020）『悲しみとともにどう生きるか』集英社新書をお薦めします。

9) 藤本修（2013）『精神科医はどのようにこころを読むのか』平凡社，198-207頁。

10) Leslie Margolin（1997）*Under the Cover of Kindness: The Invention of Social Work*, The University of Virginia Press, p.95.（＝2003，中河伸俊・上野加代子・足立佳美訳『ソーシャルワークの社会的構築──優しさの名のもとに』明石書店，215頁）。

11) 前掲書，p.89（＝202頁）。

12) Edgar H. Schein（2009）*Helping: How to Offer, Give, and Receive Help*, Berrett-Koehler Publishers, p. 40.

第6章

コミュニティソーシャルワーク
としての地域支援

I　地域アセスメント

　第4章で挙げたコミュニティソーシャルワークにおける地域支援7原則について，再度ここで確認します（表6-1）。コミュニティソーシャルワークとしての地域支援とは，個別ニーズに対応するための地域支援であり，そのためには地域アセスメントが不可欠です。

　本章では，コミュニティソーシャルワークとしての地域支援の基盤となる地域アセスメントの内容と地域支援の方法そして留意点を取り上げます。

■ 地域アセスメントの目的

　地域アセスメントの目的は，支援に必要な地域の情報を把握・分析することであり，この支援には地域支援だけでなく個別支援も含まれます。コミュニティソーシャルワークにおける地域アセスメントは，地域支援と個別支援の双方に必要なものです。

　例えば，コミュニティソーシャルワークでは，個別ニーズへの対応を見据えた地域アセスメントが求められ，個別支援として活用できる社会資源の把握が不可欠です。こうした点から社会資源リスト作成を考えると，漠然と一覧表を

表6-1　コミュニティソーシャルワークの地域支援7原則

①地域で行われている活動を学び尊重する
②地域で活動する人びとの悩みを聞きともに解決へ向けて努力する
③地域内の人びとの生活の流れに即して協働を探る
④活動意欲をもっている人びとへの支援を通して実践の波及を目指す
⑤地域内の人びとが活動しやすい地理的範囲を踏まえて参加できる場をつくる
⑥地域へ関わる機関・団体とチームを組んで支援する
⑦活用する資源は地域内だけで考えない

作成するのではなく，個々のニーズに対応できる社会資源は何かという視点でまとめていくことが重要です。

　また，解決したい個別ニーズが明確であれば，既存の社会資源では対応困難な場合に新たな社会資源開発の必要性を訴える根拠としてのリストになります。この社会資源開発は，地域支援として取り組むものであり，個別ニーズに即した地域支援の展開へとつながっていくように，地域アセスメントは個別支援と地域支援の双方に活かされます。

　しかし実際には，地域アセスメントとして地域内の社会資源リストを作った後，なかなか活用されていない場合もあります。多大な労力をかけて社会資源の把握を行っても，何のために把握するのかが明確でなければ，その作業は住民のニーズを置き去りにしたものとなり，支援者の徒労を慰める自己満足にとどまりかねません。

　コミュニティソーシャルワークとしての地域アセスメントは，漠然と地域全体を捉えようとするものではありません。単に地域の状況を把握するのではなく，支援を必要とする1人ひとりの生活問題に向き合ったうえで，地域社会とのつながりに目を向け，「地域社会生活課題」として個別支援と地域支援を考えていくものです。この地域支援とは単に住民同士の助け合い活動の促進という意味でなく，地域社会生活を可能とする環境を整えることであり，新たな公的サービスの開発も視野に入れて地域アセスメントをしていくことが求められます。

　コミュニティソーシャルワークにおける地域アセスメントは，誰を支えるためのものであるかをしっかりと意識したうえで行うことが重要であり，個別

表6-2　地域アセスメント項目と地域アセスメントに基づく支援

地域アセスメント項目	地域アセスメントに基づく支援
①地域内の人びとの生活状況	地域への関わり方の検討・実施 潜在的ニーズの検討 ニーズの将来予測
②地域内の人びとの生活ニーズ	必要な支援の実施 関係者間でのニーズ共有 新たな社会資源開発
③地域内の人びとの生活を支える社会資源	ニーズと社会資源のマッチング 関係者間での社会資源共有 社会資源のネットワークづくり
④地域内の人びとの意識	関係形成 学習・交流機会の活用・創出 エンパワメント

ニーズを見失った地域アセスメントでは，コミュニティソーシャルワークとして展開することはできません。

■ 地域アセスメントの内容

　では，具体的にどのような情報を地域アセスメントとして把握・分析すればよいでしょうか。地域の状況によって異なりますが，基本的な内容としては，①地域内の人びとの生活状況，②地域内の人びとの生活ニーズ，③地域内の人びとの生活を支える社会資源，④地域内の人びとの意識，が挙げられます。

　これらは，個別支援や地域支援の方針や方策を検討していくうえで重要な情報です。地域アセスメントは，今後の支援に活かすためのものであり，今後の支援に活かせる地域アセスメントでなければ行う必要はありません。

　地域アセスメントに基づく支援はさまざまありますが，内容別に挙げると例えば表6-2のような支援があります。こうした支援に必要な情報の把握・分析が地域アセスメントであり，何のために地域アセスメントを行うのかを明確にしておく必要があります。

①地域内の人びとの生活状況

　これは，その地域の状況を人びとの生活に即して把握することです。人びと

表 6-3　地域アセスメント項目①「地域内の人びとの生活状況」

A. 人口状況	総人口	5 歳階級人口，人口動態	
		3 区分年齢別人口・比率 　15 歳未満 　15 歳以上 64 歳未満 　65 歳以上	
		後期高齢者人口・比率	
		昼夜間人口	
	総世帯	世帯類型別世帯数 　高齢者世帯 　母子世帯 　父子世帯	世帯構造別世帯数 　単独世帯 　核家族世帯 　三世代世帯
B. 住宅状況	戸建て		持ち家，賃貸
	集合住宅	公営住宅 マンション アパート	分譲，賃貸
C. 地勢状況	道路	道幅，歩道，勾配，横断歩道，陸橋，車専用道路	
	鉄道	駅，ふみきり	
	河川	橋，河川敷	
	山，海		
D. 文化状況	地域行事	寺社の祭礼，伝統芸能 地方自治体主催のイベント 自治会や住民団体主催のイベント	
E. 就労状況	主要産業		
	産業別従事者	第 1 次産業，第 2 次産業，第 3 次産業	

　の生活を知ることによって，その地域へどのような関わりをすればよいのかを考えていくことが目的であり，そのためにアセスメントする内容は主に，A. 人口状況，B. 住宅状況，C. 地勢状況，D. 文化状況，E. 就労状況が重要となります（表 6-3）。

　A. 人口状況　　人口状況は，人口や世帯数のことですが，総合計だけでなく，より細かく把握することで今後の支援を考えることができるようになります。特に人口は 5 歳階級ごとの分布を見ることによって現在だけでなく将来の地域

像をイメージすることが可能となります。

　例えば，近年は70代の高齢者も現役で働いていたり，地域活動等の担い手になっていたりすることも多く，その後80代になって生活に支障が出始めてくるというようなことがあります。そのため，65歳以上の高齢者人口による高齢化率だけでなく，75歳以上あるいは80歳以上の高齢者の割合や推移に注目することが大切です。

　また，昼夜間人口を主な産業や就労状況とあわせて見ることによって，地域住民が日中どのように暮らしているのか，地域内にとどまっているのか，地域外へ出かけているのか，また地域外からどれくらい人びとが来ているかを大枠としてつかみ，ここから地域内の人びとへどのようなタイミングでアプローチすればよいかを考えることができるようになります。

　B. 住宅状況　　住宅状況については，人口状況や自治会・町内会の状況等とあわせて把握することで，現在の地域内の人びとのつながりを把握したり，またそこに潜むニーズを考えることができます。

　例えば，一戸建ての多い地域で高齢化や単身化が進んでいる場合は，家や庭木の手入れ，ペットの世話等の困りごとが集合住宅の地域と比べて多くなる場合もあります。

　また，単身世帯用のアパートが多い地域では，自治会未加入世帯が多かったり，自治会に加入していたとしても地域内の人びとの関係性が弱い場合があります。こうした人びとに対する情報提供や地域内の人びととの接点をどうつくるかが重要となり，住宅状況のデータを防災避難訓練や一斉清掃活動，廃品回収等の地域活動の現状と結びつけて考えていくことが大切です。

　C. 地勢状況　　地勢状況は，土地の高低や河川，道路の状況等，土地の概況のことであり，人びとの行動範囲に影響を与えるものです。人びとが普段生活する範囲は移動のしやすさや困難さによって大きく変わるものであり，地勢状況を捉えることによってその土地で暮らす人びとの生活ニーズが見えてきます。

　また，地勢状況によって人びとが協力しやすい範囲を見いだすこともできます。例えば地域内の人びとが協力して活動へ取り組む際に，現在の自治会・町内会の圏域を基盤としながらも，単独の自治会・町内会の範囲では対応困難な問題が見られる場合には，広く人びとが協力しやすい範囲を見いだし，その中での関係づくりに取り組むことが必要です。この場合，どの程度の範囲だった

ら協働しやすいかを住民に聴き，一緒にその範囲を考えていくことも協力活動
への動機づけとなります。

　D. 文化状況　　文化状況も人びとのつながりを可視化するうえで重要な情報
となります。神社や寺院等での伝統的な祭りや伝統芸能，地区での納涼祭など
の季節行事が昔から行われている場合，次世代への継承を図りながら多世代交
流の機会となっていることがあります。

　また，こうした催しや行事がない地域でも，地方自治体や地域住民等が開催
するイベントを通して人びとのつながりが生まれていることもあります。

　文化活動の内容や人びとのつながりがわかると，そこで育まれた力を活かす
方策を考えることができるようになり，新たな協働を生み出したり，何らかの
生活問題を抱えた人びとの支援と結びつけることもできます。

　E. 就労状況　　就労状況では，まずその地域の主な産業を把握することによ
り，勤務時間や繁忙期を避けて地域での取り組みを人びとと話し合う場を考え
られるようになります。

　例えば，農業を営む人が多い地域では農繁期を避けたり，観光地があれば土
日や祝日，観光シーズンを避ける必要があります。また地域外で働いている人
びとが多い地域では，平日の昼間に住民が集まる機会をもっても参加しにくく，
逆に地域内に働きに来ている人びとが多い地域では，地域への社会貢献を仕事
の一環に位置づけてもらえれば，勤務時間内のほうが都合がよい時もあるで
しょう。どの時期に何曜日の何時頃だったらよいのか，答えは1つではないの
でこうしたことに配慮できるかは重要であり，人びとの生活状況をどれだけ把
握できるかにかかっています。

　また，その地域で営まれている産業を活かして，多世代交流や中間的就労，
職業体験等の機会を生み出すための検討を具体的に行うことも可能になります。
それは農業と福祉を結びつけた農福連携だけでなく，商業との商福連携，工業
との工福連携，水産業との水福連携など，多様な可能性があり，生活問題の解
決と地域活性化を結びつけていくことにもなります。

②地域内の人びとの生活ニーズ

　地域アセスメントにおいて最も重要なことは，地域内の人びとの生活ニーズ
を把握・分析することです。これが明確でなければ本当に必要な支援につなが

表 6-4　地域アセスメント項目②「地域内の人びとの生活ニーズ」

F. 制度利用者の状況	要介護認定者	要介護度別人数・認定率
		認知症高齢者数・発症率
	障害者手帳保持者	等級別人数，年齢別人数
	精神障害者保健福祉手帳保持者	等級別人数，年齢別人数
	療育手帳保持者	等級・区分別人数，年齢別人数
	生活保護受給世帯	世帯類型別世帯数
	修学援助制度利用世帯	地区別世帯数
G. 社会調査	既存調査	国勢調査
		避難行動要支援者調査
		高齢者実態調査
		地域福祉計画
		介護保険事業計画
		障害福祉計画・障害児福祉計画
		子ども・子育て支援事業計画
	新規調査	アンケート調査（全数・サンプル）
		ヒアリング調査（個別・グループ）
		住民座談会
		地域踏査
H. 人びとの声	支援を必要とする人びとの声	
	地域で支援活動を行う人びとの声	
	専門職が把握している人びとの声	

らず，さまざまな取り組みも支援者の自己満足に終わってしまいかねません。生活ニーズに近づくためには，制度利用者の状況や既存調査内容の把握，そして地域内の人びとの声を丁寧に聴いていくことが大切です（表6-4）。

　この生活ニーズの把握・分析において留意しなければならないことは，支援を必要とする人びとの声と，支援活動を行っている住民の声や意識を区別して捉えることです。

　例えば，地域福祉計画や地域福祉活動計画を策定する際に，住民ニーズの把握と称して地域住民対象の郵送自記式アンケート調査を行う地域も多くありま

すが，そのほとんどは全戸対象でなく予算と時間に応じたサンプル調査となっています。こうした調査では抽出された対象者全員が回答するわけでなく，限られた人びとの声しか収集することができません。また回答者はアンケート調査に回答できる力がある人に限られ，結果として自記式アンケート調査は一部の人びとの声にすぎず，本当に支援を必要としている人びとの声を漏れなく把握できるわけではありません。

　また，社会福祉協議会（以下，社協）は住民による福祉活動を支援する立場であるがゆえに，地域内で活動している人びとの声はよく聴いていても，その地域内で支援を必要とする人びとと接する機会が少ないという場合もあります。

　例えば，ある地域の社協職員に，この地域の人びとの困りごとは何かを尋ねると，サロン活動の担い手が高齢化しているということでした。これは支援者のニーズであり，住民の生活ニーズとは区別して捉えなければなりません。このように地域支援に携わる支援者は，個別支援を担当していないことから個別ニーズがわからないという状態になりがちです。このことを十分に意識して多様な方法で担当地区内の人びとの生活ニーズを把握する必要があります。

　F. 制度利用者の状況　　そこで地域内の人びとの生活ニーズを把握するためには，まず社会福祉制度等による支援を利用している人びとがどれくらいいるのかを調べることが大切です。その際，より細かく状況を分析していくことが求められ，例えば要介護度別の要介護認定者の数だけでなく，5歳階級別の人数や割合の推移と掛け合わせていくことによって，将来的に支援の必要性がどれくらい生じるかを推測できるようになります。障害者手帳についても18歳以上64歳未満がひとくくりにされますが，これも年齢を細かく分けて実態を把握することで，必要な対応を考えやすくなります。

　G. 社会調査　　既存調査の中には，支援を必要とする人びとの生活ニーズを把握しているものもあります。そのため，まずはこれまでの調査結果の分析を行ったり，国や他地域との比較検討を行うことも有益な作業です。また既存の調査項目を見ることで，これまでの調査で漏れている項目を検討することも可能となり，新規調査の必要性や方法が見えてきます。

　特に国勢調査は，自分が担当する地域の経年変化を捉えるだけでなく，他地域と比較することによって客観的に担当地域を捉えられるようになります。そのうえで，行政や社協が行ってきた調査内容とあわせて分析することで，生活

ニーズの現状から潜在的ニーズを探ることもできます。

　H. 人びとの声　　その地域で暮らしている人びとの声とともに，個々の生活
支援を行っている専門職や地域住民の声から地域内の人びとの生活ニーズを把
握することもできます。生きづらさを抱えていたり，意思表示が困難な人びと
の声は，誰かが代弁していかなければなりません。そのため，支援に関わって
いる人びとが本人の思いを代弁したり，支援の中で感じている現在の問題や今
後の課題について話せる機会をつくることが大切です。そこから地域で必要と
されている取り組みを見いだし，地域内の人びとと共有して支援に活かすこと
ができます。

③地域内の人びとの生活を支える社会資源
　これは地域内の人びとの生活ニーズを解決するために活用できる社会資源を
把握するものです。ケアマネジメントによって公的な社会資源，民間の社会資
源を活用した生活支援が行われていますが，それらは支援者が把握している社
会資源の範囲内に限られてしまいます。そのため，地域内のさまざまな民間社
会資源を知らないと，極端な例では要介護高齢者のケアプランを作成する際に
介護保険制度内だけで支援を考えようとしてしまいます。生活支援においては，
いかに多くの社会資源を把握し，活用できるかが支援者の力として問われます。
　そこで「地域内の人びとの生活を支える社会資源」の主な項目としては，
I. 社会福祉分野の相談支援機関，J. 入所施設・住宅，K. 福祉・介護サービス事
業者，L. 医療機関，M. 専門職団体，N. 会議体，O. 広域を所管する公的機関，
P. 社会福祉分野以外の公的機関，Q. 教育機関，R. 民間活動，S. 企業，T. 経済
的支援，が挙げられます（表6-5）。

　I. 社会福祉分野の相談支援機関　　社会福祉分野では，高齢者や障害者，子ど
も家庭，低所得者，長期不就労者等，対象者別の相談支援機関があります。こ
れは市区町村が直営または委託して設置しているもの，社会福祉分野のNPO
が行っているものに加えて，近年は社会福祉法人が公益的事業として取り組ん
でいるものがあり，これらを把握することは，個別支援，地域支援ともに重要
です。

　J. 入所施設・住宅　　入所施設・住宅は，社会福祉施設だけでなく民間の住
宅も含め，居住に関する社会資源のことです。高齢者福祉施設，障害者福祉施

表 6-5　地域アセスメント項目③「地域内の人びとの生活を支える社会資源」例

I. 社会福祉分野の相談支援機関	福祉事務所	各部署の所管内容・担当者
	地域包括支援センター	担当圏域，事業状況，担当者
	指定相談支援事業所	事業状況，担当者
	子育て支援拠点	事業状況，担当者
	生活困窮者自立支援事業者	事業状況，担当者
J. 入所施設・住宅	高齢者福祉施設	社会貢献事業内容・担当者
	障害者福祉施設	
	児童福祉施設	
	救護施設	
	有料老人ホーム	
	サービス付き高齢者住宅	
K. 福祉・介護サービス事業者	グループホーム	
	介護保険事業	
	障害者福祉	
	児童福祉	
	低所得者	
L. 医療機関	病院	地域連携体制
	診療所	
	訪問看護ステーション	
M. 専門職団体	職能団体	種別，活動状況
	自主的研究会	
N. 会議体	地域ケア会議	構成メンバー，活動状況
	障害者自立支援協議会	
	要保護児童対策地域協議会	
	社会福祉施設連絡会	
O. 広域を所管する公的機関	都道府県福祉事務所	
	保健所	
	児童相談所	
	精神保健福祉センター	
	地域若者サポートステーション	

P. 社会福祉分野以外の公的機関	保健センター	
	警察署，派出所	
	消防署	
Q. 教育機関	専門学校・大学・大学院	地域活動・福祉教育内容，担当者
	高等学校・PTA	
	中学校・PTA	
	小学校・PTA	
	幼稚園・PTA	
	教育委員会	スクールソーシャルワーカー
	公立公民館	福祉関連事業内容，担当者
	生涯学習関連施設	
R. 民間活動	自治会・町内会	活動内容，加入率 （婦人会・子ども会）
	民生委員・児童委員	担当地域，活動内容
	主任児童委員	活動内容
	保護司	活動内容
	NPO・ボランティアグループ	活動内容
	当事者団体	活動内容
	公的機関が設置する住民組織 　福祉分野 　保健分野 　教育分野 　防災分野 　まちづくり分野	活動内容 　地区福祉委員会等 　保健推進員等 　地域教育コーディネーター等 　消防団，自主防災組織等 　コミュニティ協議会等
S. 企業	交通関連企業	バス，タクシー
	生活支援関連企業	便利屋，宅配，理美容
	ライフライン関連企業	電気，ガス，水道
	飲食店	宅配
	小売店	新聞，生活用品
	社会貢献活動を行う企業	
	商店街振興組合	
	商工会議所・商工会	
T. 経済的支援	助成制度	補助金，助成金，給付金

設，児童福祉施設，救護施設，有料老人ホーム，サービス付き高齢者住宅，グループホーム等，非常に多様になっており，どのエリアにどのような入所施設・住宅があるか，さらにはそこで暮らしている人びと，働いている人びとはどのような日々を送っているのかを把握することで，その施設や住宅の人びととの協働を模索していくことが可能になります。

K. 福祉・介護サービス事業者　　在宅での生活を支えている福祉・介護サービス事業者を把握し，関係をつくることは，個別支援において不可欠ですが，それだけでなく各事業者が生活支援を行う際に専門職だけで支援を考えず，利用者が暮らす地域の人びとと一緒に生活を支えていく視点をより豊かにもってもらうことにもつながります。特に誰もが孤独や孤立，差別や排除を感じることなく生活できるためには，利用者が暮らす地域において多様な人びととの関わりが重要であるという視点を各事業者がもつことにより，個別支援から地域支援へとつながります。そのため，事業者の把握は生活支援に活用するためだけでなく，各事業者の視点と支援がより豊かなものとなるようにするにはどうしたらよいかを考えられるように，各事業者で働く人びとの思いや考えを聞くことが大切です。

L. 医療機関　　医療機関の把握は，健康という観点から関係者と連携していくうえで大切であり，また専門医や往診医を把握していることで，生活支援に必要な医療機関と速やかにつながることができるようになります。また，それぞれの医療機関において，社会福祉関係者との連絡窓口となるのは，どの部署の誰なのか，連絡方法はどうしたらよいかを把握することも大切です。

M. 専門職団体　　専門職団体には，地域によって社会福祉士会や介護支援専門員協議会等の職能団体や，自主的な研究会があります。地域内で起きている問題を専門職に知ってもらう機会として，専門職団体へ投げかけたり，地域内の人びとの学習会に協力してもらうなど，多様な連携が考えられます。

N. 会議体　　社会資源というと施設や機関，団体をイメージしがちですが，会議体や人的ネットワーク，支援制度なども生活支援において重要な社会資源であり，生活支援に活用できるものは，すべて社会資源と捉えられます。その中でも高齢福祉分野の地域ケア会議，障害福祉分野の障害者自立支援協議会，児童分野の要保護児童対策地域協議会等，法的根拠をもつ会議体は，情報や問題意識の共有だけでなく，現状の公的サービス等の改善や新たな社会資源の開

発，連携を生み出す機会として有効な仕組みであり，こうした会議体が有する役割を把握することで，的確な問題提起を行い，改善に向けた推進力にしていくことができます。

O. 広域を所管する公的機関　　社会資源の把握は，市区町村の範囲で行われることが多くありますが，公的機関の中には都道府県が所管する児童相談所，精神保健福祉センター，保健所など広域を所管する機関を含める必要があります。これは公的機関に限らず，広域で活動する NPO や民間企業においても同じことであり，地域若者サポートステーションやひきこもり相談支援センターなど，広域の市町村を担当している機関についても把握と活用が大切です。地域アセスメントとしての社会資源把握は，市区町村内や担当地域内の社会資源を把握すればよいのではなく，担当地域内で生活する人びとの生活範囲や活用できる社会資源として把握することが求められます。

P. 社会福祉分野以外の公的機関　　地域内には保健センター，警察署，派出所，消防署等，社会福祉分野以外の公的機関があります。こうした機関とつながるには，漠然とではなく，具体的な事例を想定して連携を考えていくことが大切です。

Q. 教育機関　　大学，大学院，専門学校，高等学校，中学校，小学校，幼稚園，またそれらの PTA では，すでに多様な地域活動や福祉教育を行っていることがあります。新たな活動へ協力してもらうことは負担が増えるので難しいという場合もあるため，現在行われている活動を把握し，それと社会福祉問題をどう結びつけることができるかを考えたうえで，先方の事業との協働を提案していくことが求められます。

また，教育委員会が配置しているスクールソーシャルワーカーやスクールカウンセラーは，地域によって多様な形で活動しており，子どもたちと地域との関わりを考えるうえで，こうした人びととつながることも大切です。

そして学校教育だけでなく，社会教育として生涯学習関連施設や公立公民館で行われている事業を把握することも，活用できる社会資源の把握になり，さらに新たな協働プログラムを検討できるようになります。

R. 民間活動　　地域内には，多様な住民活動が行われており，それぞれがどんな思いで，どんな活動を行っているかを把握することは，既存の活動を尊重しながら，協働を考えていくうえで，とても大切です。

把握する活動としては，自治会・町内会，民生委員・児童委員，主任児童委員，保護司，NPO・ボランティアグループ，当事者団体，公的機関が設置する住民組織（福祉分野，保健分野，教育分野，防災分野，まちづくり分野）等が挙げられます。地域によってさまざまであり，こうした地域内の活動を丁寧に把握し，そのプロセスを通して関係を築いていくことが求められます。

　S.企業　　地域に存在する企業の把握は，本業としての協働だけでなく，社会貢献活動として協力してもらえる可能性を探るうえで重要な情報となります。

　例えば，交通関連企業，生活支援関連企業，ライフライン関連企業，飲食店，小売店，社会貢献活動を行う企業，商店街振興組合，商工会議所・商工会などであり，その把握においては，個々に把握するだけでなく，業界を取りまとめている団体とつながることも有効です。

　T.経済的支援　　地域内の人びとの活動を立ち上げたり，継続していくために財源が必要な場合，経済的に支えることが必要となります。そのため，日頃から公的機関や民間団体による助成情報を調べておくことが大切です。

　また，行政に対し，新たな補助事業や委託事業を提言することで，安定的な経済的支援につなげていくことが必要な場合もあります。

　地域アセスメントとしてこれらの社会資源を把握する際には，先方の連絡窓口となる担当者や連絡方法の把握が欠かせません。個別支援，地域支援のいずれにおいても連携の必要性があるから社会資源把握を行うのであり，社会資源の数だけでなく，それぞれの担当者の把握が重要となります。そのうえで活動・事業内容の把握や担当者の思いを聴くことにより，双方にとって利点を生み出せる方策を考えられるようになります。

　特に，各社会資源の人びとの声は，次の地域アセスメント項目④「地域内の人びとの意識」に関連しますが，この人びとの思いを聴くことによって連携の道が見えてきます。なかでも相手が現在困っていることや今後取り組んでいきたいことが何かがわかれば，その解決に向けての方策をともに考えることによって，協力を求めるだけでなくWin-Winの関係での連携が生まれていくのです。このように社会資源の把握では，それぞれの顔，名前，活動，思いが大切です。

表6-6　社会資源把握の留意点

○何のために把握するか，目的を明確にする
○担当者の顔，名前，活動，思いを把握する
○最初から網羅的に把握しようとせず，必要な情報を1つずつ積み上げていく
○社会資源把握のプロセス自体を地域づくりにつなげる

　これらの社会資源の把握については，最初から漏れなくすべてを網羅的に把握しようとすると多大な労力を要するため，地域アセスメントの焦点化が必要です（表6-6）。網羅的な社会資源リスト作成に取り組み，把握した情報をすべて活用できればよいのですが，そうでなければ作成すること自体が目的化してしまいます。そのため最初から完全な把握を目指すのではなく，人びとの生活ニーズ1つひとつに対して活用できる社会資源を探し，それを記録し積み重ねていくことも有効な方法です。支援者は自分が把握している範囲内でしかケアマネジメントを行えませんが，個々のニーズから対応できる社会資源を探すことにより，その支援方策は広がっていきます。そして，その情報を他の支援者と共有することにより，地域全体の対応力も高まっていきます。このように現状把握だけでなく，探索的な地域アセスメントも大切です。

　また，社会資源を探索的にアセスメントしていくことは，その過程において新たな社会資源を生み出す可能性を秘めています。

　例えば，地域内で食事の支援を必要としている人を例に挙げると，配食サービスや訪問介護サービスによる家事援助の利用など，公的支援の活用が考えられますが，なかには本人の嗜好と配食弁当が合わなかったり，訪問介護サービスの利用条件を満たしていなかったり，またサービスを利用しても地域内で孤立し，周りの人びととの接点がないという場合もあります。こうした時に，例えば近隣に飲食店があれば，宅配や持ち帰り弁当の提供ができないか相談したり，配達についてはそのお店だけでなく地域内で協力してくれる住民有志を募るという実践をしている地域もあります。さらには近隣住民に相談し，住民が交代で食事を届けてくれるようになった地域もあります。

　このように既存の社会資源では対応できないニーズがはっきりと見えてきた時，人びとに協力を呼びかけることによって，新たな社会資源が生まれてくるのです。ラップとゴスチャ（2006）が「地域は社会資源のオアシス」と述べて

いるように[1]，地域に潜む力を引き出していくことによって多様な社会資源化が行われます。オアシスとは，豊かな水が得られる場所のことですが，地域アセスメントにおいては，現在地域にある社会資源を把握して活用するという視点だけでなく，地域内の多様な力を把握し，それらを結びつけて新たな社会資源としていく視点も求められます。それは地域内において人と人とのつながりが生まれることであり，地域の問題対応力が高まっていくことでもあります。

④地域内の人びとの意識

これは，今まで取り上げてきたように，生活ニーズを抱えた人びと，生活支援を行う人びと，地域内で生活する人びとなど，多様な人びとの声を聴くことです。これらは上記①～③のそれぞれに関連するものであり，すでに述べてきたとおりです。

人びとの意識は目に見えるものではありません。しかし，日々の生活における各自の行動や周りの人びととの協力活動の背景には，それぞれの思いや地域内で共有される価値観が存在します。

この人びとの意識の把握が十分でなければ，一部の支援者の思いだけで個別支援や地域支援が展開されることになってしまいます。一見，活発な取り組みが行われているように見えても，生活や活動に困難さを抱えている人びとが置き去りにされていたら，それは限られた人だけが感じられる満足感しかもたらしません。本当に耳を傾けて声を聴くべき相手は誰か，このことを絶えず忘れずに地域アセスメントを行う必要があります。

■ 地域アセスメントシート

これらの地域アセスメント情報は，把握した個人だけでなく，必要な人びとと共有することが大切であり，アセスメントシート様式の整備も求められます。地域アセスメントシートは，1枚のシートで完結させようとせず，目的別にシートを分けて考えたほうがよいでしょう。特に，地域内の人びとが自分たちの地域の状況を知り今後を考えるためのシートと，地域支援者が地域へのアプローチを考えるためのシートを区別する必要があります。地域内の人びととともに作成する地域アセスメントシートとしては，①基礎情報シート，②社会資源リスト，③自治会カルテ，④地域活動マトリックス等があり，地域支援者が

表6-7　地域活動マトリックス（例）

団体名	見守り・声かけ	交　流	生活支援	調査・学習
団体A				
団体B				
団体C				
団体D				

地域へのアプローチを考えるためのシートとして，⑤地域活動者ヒアリングシート，⑥地域支援検討シート（地域支援計画書），⑦地域支援記録シート等があります。

①基礎情報シート

　基礎情報の内容としては，地域アセスメント項目の「A. 人口状況」と「F. 制度利用者の状況」は必須であり，そのほか「B. 住宅状況」「C. 地勢状況」「D. 文化状況」「E. 就労状況」を含めることもあります。

②社会資源リスト

　社会資源リストの内容としては，表6-5で挙げた地域アセスメント項目が中心になります。これらは連携のために把握するものであることから，地域アセスメントシートに記載する際には，各社会資源の総数や名称だけでなく，それぞれの連絡担当者名等も記載できるようにすることが大切です。

③自治会カルテ（地域アセスメントをきっかけとした関係づくり）

　地域支援において自治会への関わり方はとても重要であり，関係構築ができているかどうかが大きく影響します。そのため，各自治会ごとに年間行事としてどんなことをしているか，自治会の役員体制や任期はどうか等の把握をきっかけとした関係形成を図るため，自治会カルテの作成が求められます。これは各自治会の方々だけに書いてもらうのではなく，地域支援者が聞き取りながら一緒に書いていくものであり，1自治会1シートでまとめていける様式が望まれます。

④地域活動マトリックス

地域活動マトリックスとは，どの団体がどんな活動を行っているかをマトリックスにまとめていく方法であり，各団体の活動内容の比較や偏り等を視覚化できる方法です。例えば，表6-7のような表で各団体の活動を整理していきます。こうしたマトリックスの作成は地域内の人びとが参加するワークショップで模造紙にまとめていく方法もあります。

⑤地域活動者ヒアリングシート

地域アセスメントにおいて最も重要なことは，その地域内の人びとの声を聴くことです。地域活動者ヒアリングシートは，地域内で活動している人びとの声を個々に聴いたり，団体の集まりで聴いたりした内容を記録していくためのものであり，ヒアリングの内容としては，現在の活動内容や負担感，今後取り組みたいこと等があります。また地域内でどんな役職を担っているかを個々に把握したうえで「役職マトリックス」を作成すると，活動に伴う負担や人びととのつながりを把握することができます。

⑥地域支援検討シート（地域支援計画書）

地域支援検討シートとは，地域支援者が把握している情報をもとに，今後どのように地域へアプローチをしていくかを検討したものであり，地域支援計画書として位置づけることもできます。例えば，現在まだつながることができていない人びとに対するアプローチ方法やアセスメントしたい内容等を整理することで，今後の地域支援の手立てを考えていくものです。

⑦地域支援記録シート

地域支援では，地域内のさまざまな会議へ参加したり，多様な人びとと話すことになり，それを通して今後の地域支援を考えていくことも重要です。地域支援記録は，地域支援を通して把握・分析した内容を整理していくためのシートです。これは細かく書こうとすると膨大な時間と労力を要するため，ポイントを絞ることが求められ，特に自分の後任者となる人へ残しておきたい内容として記録していくことも大切です。

2 │ 地域支援の視点と方法

■ 地域支援の視点

　地域支援といってもその内容は多様であり，また人によってその言葉から想像する内容も異なります。地域支援は，従来コミュニティワークとして行われてきた実践を基盤として，支援を必要とする人びとの環境に働きかけるものとして捉えます。

　トゥエルブトゥリーズ（2002）は，コミュニティワークについて「人びとが集団的な活動によって自分自身が属するコミュニティを改善しようとするのを援助するプロセス」と定義しています[2]。

　こうしたコミュニティワークの定義を踏まえ，本書では地域支援について次のように定義します。

> 　地域支援とは，一定の地理的な範囲で生活する人びとが，地域で起きている生活問題を知り，解決に向けて話し合い，行動していくための支援である。

　「一定の地理的な範囲で生活する人びと」とは，その地理的範囲に住民登録をしている人びとだけでなく，働きに来ている人びとや学びに来ている人びとも含めたものとします。その人びとが自分の生活だけでなく，同じ地域で生活する人びとの生活ニーズの解決に向かうことを支援するものであり，その活動主体は地域住民だけでなく，社会福祉の専門職も含めることができます。したがって地域支援では，地域住民による支え合い活動の支援や創出にとどまらず，公的サービスの改善や開発をも含むものとして捉えます。

　コミュニティソーシャルワークの目的は，「誰もが社会との関わりを通して幸せに暮らせること」であり，社会との関わりを通して幸せに暮らすことができていない人は誰か，その原因は何かに目を向けることが求められます。そして，その原因が個人や家族だけの問題でなく，例えば制度や社会資源等の不備や周りの人びととの関係性による問題であれば，その環境に対する働きかけを行うことが求められ，これが地域支援となります。

地域支援の目標は，「地域内の人びと（その土地で暮らし，学び，働く人びと）が抱えている問題（悩み，悲しみ，苦しみ，生きづらさ等）を他の人びとが知り，その問題の原因を理解することで，問題の解決に向かう気持ちが育まれ，地域内の人びとが個人としてあるいは他者と協力して行動していく力が高まり，問題に対応する手段が生み出されていくこと」として捉えます。

目的と目標の違い
　　目的：最終的に目指す到達点
　　目標：目的を達成するための手段

　地域支援は，地域内の人びとが直面している問題に対して，地域内の人びと自身が専門職や多様な人びとと協力して対応していく力を高めるための支援であり，地域内の問題を地域支援に携わる専門職が代わりに解決していくことではありません。

　そのため，地域支援を行うにあたっては，その地域内の人びとがどのような思いを抱きながら，どのような暮らしをしているかを把握することが不可欠であり，地域アセスメントなしに地域支援を行うことは，支援者の価値観や職業的使命を住民に押しつけようとする傲慢さだと言われても仕方ありません。

　しばしば地域活動に参加していない人びとに対して，地域への意識が低い人びとという捉え方が地域支援者や地域活動者にも見られますが，これは地域アセスメントが不十分である証とも言えます。もし，こうした捉え方で考えると，例えば仕事や家庭のことで忙しく，あまり地元の地域活動に参加できていない地域支援者は，地域に対して関心の低い住民であると周りから思われるということになります。しかし，本人はできることがあれば担いたいという気持ちがないわけではなく，地域活動が行われる時間と自分が活動できる時間が合わないだけかもしれません。

　そのため，意識が低いから地域活動に参加していないのでなく，機会がもてないから地域活動に参加できない人びともいるという捉え方が重要です。この視点に立てば，現在地域活動に参加していないのは，どのような人びとなのかを把握し，さらにどのような機会を創出すれば活動に参加しやすくなるかを考えることが地域支援として求められることです。

　また，すでに地域活動を行っていて新たな支え合い活動の開始にためらって

表6-8　地域支援の方法

①地域内の人びとの学習支援	情報の発行・発信，講座開催，地域行事での説明
②地域内の人びとの連携支援	会合の招集・コーディネート，連携組織の立ち上げ
③既存活動の継続支援	担い手の発掘・紹介，運営費の助成，運営方法の助言
④新規活動の開始支援	担い手の発掘・紹介，初期費用の助成，開始方法の助言
⑤社会資源の改善・開発支援	現状の問題点整理，他地域の情報提供

いる人びとについては，意識が低いから新たな活動を始めないのではなく，現在の活動で精一杯であり，これ以上活動ができないという状況かもしれません。こうした場合は，無理に新たな活動を始めてもらうよりも，現在の活動に対する負担感は，どのようなところから生じているのかを把握し，作業の効率化や新たな担い手の確保等により，その負担を分散・軽減する手立てを一緒に考えていくことが大切です。熱心な人びとだけを疲弊させるような関わりは，適切な地域支援とは言えません。

　また地域支援は，問題解決をすべて地域住民に押しつけるものではありません。どうしても地域住民だけでは対応できない場合には，公的機関の専門職等が担う役割も生じてきます。こうした専門職の必要な関わり方を見いだすためにも，地域の状況を明らかにする地域アセスメントは欠かせません。

　地域支援を展開していくプロセスは個別支援と同じであり，まず地域アセスメントを行い，地域住民等の意向を踏まえて地域支援方針を明確にして，地域支援計画を立てたうえで，地域支援を行っていくということになります。この地域支援についても，1人の支援者や1つの機関で完結できるものではなく，チームで行うことが必要であるため，その地域に関わる支援者を結びつけた地域支援チームを組むことも重要です。個別支援において分野横断的に連携する「包括的相談支援」が求められるのと同様に，地域支援においても社会福祉に限らず多様な分野の地域支援者が連携して地域に関わる**包括的地域支援**が求められます。

■　地域支援の方法

　こうした視点を基盤として，主な地域支援の方法を挙げると，①地域内の人びとの学習支援，②地域内の人びとの連携支援，③既存活動の継続支援，④新

規活動の開始支援，⑤社会資源の改善・開発支援，があります（表6-8）。

　これらは，地域支援者が主に行う場合と，地域内の人びとと一緒に行う場合があります。地域支援の主旨からすると，地域内の人びとと一緒に行うことが望ましいものですが，実際には，その地域内のどのような人びとに働きかけるかが重要です。そのため，地域内の人びとと話し合う前に，地域支援の専門職間，また時には地域活動のリーダー役を含めて，今後の進め方についてよく検討しておくことが大切です。

①地域内の人びとの学習支援

　学習支援という言葉は，近年，学校以外に学びの場を必要とする子どもたちの学習を支援するものとして使われていますが，それだけに限定されるものではありません。

　ここで取り上げる学習支援とは，学校に限らず公民館等の社会教育施設，そして地域内のさまざまな場面において行われる福祉教育やボランティア学習を意味します。これは，多様な学びの場において，地域内の人びとの生活問題を取り上げ，その現状を知り，問題解決に向けた方策を考え，そして実践していく力を身につけていくという過程における学習を支援することです。

　これはコミュニティソーシャルワークの第7機能「ニーズ共有・福祉教育」（表4-3）によるものであり，地域支援において最も重要なものです。コミュニティソーシャルワークとしての学習支援では，何を学ぶ機会を設けるかが重要であり，その学びの内容は企画者側の思いだけでなく，その地域の人びとの生活ニーズに即したものであることが求められます。その学びは，誰の生きづらさを理解し，解決に向かう力となるのかを考えたうえで内容を決めていかなければ，コミュニティソーシャルワークとしての地域支援にはなりません。もちろん，あらかじめさまざまな生活問題やその対応方法について知識を身につけること自体は大切です。しかし今日，各地で行われている研修の機会は，必ずしもその地域で暮らす人びとの生きづらさを見据えた内容になっていない場合があります。せっかくの学習の機会が学びだけにとどまり，依然として生きづらさを抱えている人びとが見過ごされることがないように，コミュニティソーシャルワークとしての学習支援が重要です。

　例えば，学校教育では車椅子体験やアイマスク体験，高齢者疑似体験等がよ

く行われますが，気をつけないと単なる介護技術講習にとどまったり，憐れみの感情を抱かせて施し的な「上から目線」を子どもたちに植えつける経験になりかねません。その一方，学校には子どもたちの同級生に知的障害や発達障害等のある子もいますが，こうした見た目にわかりにくい障害や生きづらさを学ぶための福祉教育は十分に行われているとは言い難く，一部の地域に限られています。

　ある学校の先生は，「クラスの中にそうした障害のある子がいるとそれを取り上げることは難しい」とおっしゃっていました。それがきっかけでその子が傷つかないようにしたいという理由でしたが，一方で，周りの子たちが障害を知らないことで，その子が傷つくことも避けなければなりません。どのような場面で，障害について学ぶことができるかを考えていくことは，学習支援に関わる支援者にとって重要な課題です。

　例えば，人は1人ひとり有する力が異なることを学び考える機会は，自分の得意なことや苦手なことを見つめ，他の子の得意なことや苦手なことを考える機会にもなります。学校での福祉教育は，健常な子が障害のある子のことを学ぶということでなく，障害の有無に関係なく1人ひとりが苦手なことに対して必要な配慮を考え，得意なことを生かす方法を考えていけるようにすることが求められます。人は誰でも苦手なものがあり，その克服を自助努力だけで考えず，必要な配慮を不平等な扱いだと捉えず，協力し合うことで互いにカバーしていくという視点は，多様性を認める社会において大きな力になるはずです。1人ひとりの違いの延長に障害を捉えることで，福祉教育は特定の人びとだけを対象としたものでなく，自分も含めたものとなっていきます。

　この学習支援において留意すべき点は，受講した人びとを支援者の思うように動かそうとしないことです。生きづらさを抱えた人びとの状況を多くの人びとに理解してもらうことは大切であり，できれば解決に向けて協力してほしいという支援者側の気持ち自体は否定されるものではありません。気をつけなければならないのは，学びの場に参加した人びとをすべて自分が期待する活動の担い手にしようとしないことです。むしろ，受講者の顔ぶれによって，どのようなプログラムを行えばよいかを考えていく姿勢が求められます。また，学習の場は自ら選択できるものと選択できないものがあります。地域の中で年齢を問わず多様な人びとが学べる社会教育の場は，受講者が選択して参加できるも

のです。自ら関心をもって学びの場に参加している人びとに対しては，その学習ニーズに応えられるプログラムが必要となります。

　一方で学校教育の場合は，授業の一環として行われるものであり，欠席しない限り受講しなければなりません。実際に，子どもたちは社会の要請に応えられる人材となることを期待され，道徳教育，人権教育，平和教育等，数多くの「○○教育」を受けている状態にあります。その中において福祉教育では，特定の価値規範を押しつけるのでなく，周りの人びとの生きづらさを知ることで，自分の生きづらさ，そして1人ひとりの生きづらさの違いに目を向けて何が大切なのかを考えていける機会とすることが大切です。その際，自分が相手を不快に思うことがあったり，差別的な感情を抱いた場合には，それを抑圧的に否定するのではなく，自らの感情に向き合ったうえで，どう生きていけばよいのかを考えていく機会にすることが求められます。

　また，学習とは座学だけではありません。私たちは実際にさまざまな人びととの関わりの中で学び，思考が成長していきます。そのため，さまざまな生きづらさを抱えた人びととの接点，交流の機会をつくることも大切であり，これは新たにつくるだけでなく，既存の地域活動を活用することもできます。例えば，災害時の避難訓練に多様な人びとが参加できるようにすることで，それぞれに必要な配慮を考える必要性が生じ，それが生きづらさへの理解にもつながっていくでしょう。

　そして学習支援においては，教えるだけでなく，学びの過程に寄り添うことが大切です。すぐに答えを提示するのではなく，答えにたどり着く学びのプロセスにこそ，真の学びがあります。それは山頂にロープウェイで行く人と自分の足で歩いて行く人の違いに喩えられます。前者はロープウェイが動いていなければ山頂に行けませんが，後者はロープウェイが動いていなくても自分の力で行くことができ，それは他の山を登る力にもなります。学習支援の支援者は，登山者のガイドとして，山を登るためにどのようなサポートをすればよいかを考え，ともに歩んでいく同行者とも言えます。そのため支援者には，相手の力をよく視る力が必要です。これから行く登山道の状況を踏まえて，登山者にとってまったく初めての道なのか，他の経験があるのか等，相手に応じて必要なアドバイスを行います。

　しかしながら地域支援者が行う学習支援では，ときおり「相手に応じた学習

支援」という視点が弱く，地域支援者の意向だけが強くなっている場合があります。次の事例をご覧ください。

CASE　ある地域の生活支援コーディネーターは，行政から住民の助け合い活動を立ち上げるように指示され，地域住民を対象とした研修会を開催することとしました。その地域ではサロン等の交流活動は行われていましたが，有償の助け合い活動が行われていなかったため，先駆的に行っている地域の方を招いて話をしてもらい，住民にやる気をもってもらおうという意図によるものでした。

　ところがその研修会の終了後，参加した住民からは「この活動を自分たちにもやれと言うのか」という反発の声が上がってしまいました。講演で紹介された地域では買い物，ゴミ出し，草取り，そして障害のある児童の登校支援等，多様な活動をしており，さらには行政や社協からの助成金をもとにして有給のコーディネーターを配置し，自分たちの活動拠点となる事務所ももっていました。ところが研修会を開催した地域では，まだそうした活動が行われておらず，助成金の仕組みも整っていない中であまりにも進みすぎている実践を聞かされて戸惑ってしまったのです。

　これは地域支援者として地域で生活する人びとの声を丁寧に聴くことなく，学習支援をしてしまった事例の1つです。まずはその地域で活動している人びとがどんな思いで活動しているのかを知り，そしてその地域で暮らす人びとの生活の困りごとの把握を行ったうえで，地域内の人びとがどんなことをしていきたいかを踏まえて，人びとが一歩進むために必要な学びの場を設定することができれば，住民の方々の反応は違ったものになったでしょう。なお，他地域の実践を学習する際には，地域内の人口等のデータや地理的特性も考慮する必要があり，それを怠ると「自分たちの地域とは違うので同じことはできない」という感覚を参加者に抱かせてしまう場合があります。

　地域支援者は，地域内の人びとをひとまとまりとして見てしまいがちですが，実は思っていること，考えていることは人それぞれです。そうした人びとが集まって，自分の気持ちに折り合いをつけて現在の地域活動が行われているのです。そのため，地域支援者が行う学習支援では，地域活動の状況を知るとともに地域内の1人ひとりの声を聴くことが欠かせません。

Column⑫　チャールズ・ディケンズ『クリスマス・キャロル』（1843年，村岡花子訳，新潮文庫）

　イギリスの文豪，チャールズ・ディケンズは少年時代から職工等，さまざまな仕事に携わっており，そうした経験を通して磨かれた観察眼から『オリバー・ツイスト』等，社会の下層に生きる人びとを鮮やかに描いた作品を世に送り出してきました。

　『クリスマス・キャロル』は金貸しを営むスクルージが主人公であり，クリスマスは無意味だと考えていた彼は，クリスマス・イブに事務所を訪れた慈善団体の人びとを追い返したり，事務所員のクリスマス休暇にも渋い態度をとる人物でした。しかし，その晩，友人マーレイの亡霊に導かれて3人の幽霊に出会って改心し，その後誰からも愛される慈愛に満ちた人となったという話です。

　なぜスクルージは変わることができたのでしょうか。誰かから説教されたわけでもなく，3人の幽霊は，スクルージの過去，現在，未来のクリスマスの出来事を客観的に見せただけです。スクルージは自分の人生だけでなく，周りの人びとの人生も見ることで，自分の中に埋もれていた感情に気づき，本当の幸せとは何かを見つけていきます。クリスマスの祝いは，自分の幸せだけでなく，みんなの幸せを願うことであり，最後の「神よ，私たちをおめぐみください，みんな一人一人を！」という言葉に作者のメッセージが表れています。

　地域福祉の観点からこの物語を読んでみると，興味深いのは募金を拒んでいたスクルージが進んで慈善活動に協力するまでの経緯です。ディケンズはスクルージ自身がかつて抱いていた思いや，貧しさの中にも懸命に生きようとする人びとの暮らしを目の当たりにした際の感情と今の自分の生き方を照らし合わせながら，巧みにスクルージの心の揺らぎを描いています。

　実際に地域活動に対する寄付を求めたり，活動への参加を呼びかける際，幽霊に導かれるスクルージと同じようにすることはできません。しかし，この物語を通して，それぞれの人びとがこれまでにどのように生きてきたのか，何に喜びを見いだしてきたのかを知り，またどんな暮らしをしている人びとがいるのかを知ってもらう機会をどのように設けることができるかを考える大切さを投げかけられているように感じます。地域活動に協力してもらいたいのであれば，相手がどのように他者の生きづらさに触れ，そして自分の思

いとのつながりを見いだせるかを考えることが必要です。コミュニティソー
シャルワークでは，こうした実践を幽霊ではなく，地域内の多様な人びとと
一緒に取り組んでいくことになります。
　作者の主題とは外れるかもしれませんが，どんな小説もどんな出来事も人
によって時によって多様な受け止め方ができます。皆さんはこの物語から何
を感じるでしょうか。

　また，学習支援は同じ地域内で暮らしている人びとの生きづらさを知る機会
にもなります。今の世の中は，たとえ隣に住んでいても，その家庭内の困りご
とは見えにくい社会であり，同じ地域で暮らしているからといって，近隣でど
のような生活ニーズがあるのかを知っているわけではありません。何らかの生
活支援に携わっている者であれば，その活動を通して家庭内の困りごとを知る
ことができますが，そうでなければ，よほど親密な関係でないと知ることはで
きず，相手も語ろうとしません。
　そのため，住民座談会等で地域内で人びとが集まった際に「私の地域では
困っている人はいない」という発言が出てくることもあります。それが自治会
長さんだったりすると，支援者側から「あの人はわかっていない」という声が
上がり，困った人として扱われてしまう場合もあります。しかし自治会長をし
ていても家庭内の困りごとがわからないというのは今の社会では仕方ないこと
です。「困っている人はいない」というような声が聞こえてきた場合は，その
人びとのプライドを傷つけることなく地域の実態を知ってもらうにはどうした
らよいかを考えることが地域支援として求められます。例えば，困りごとを把
握するための訪問アンケート調査を地域内の人と一緒に企画して実施したり，
あるいは個人情報やプライバシーに配慮したうえで参加者を限定して個別支援
者から事例を紹介してもらい，地域でできることを考えていく場を設けていく
こと等があります。

　また，苦しい状況にある人びと自身が自らの状況の改善に向けて学習してい
ける場をつくることも大切です。例えば，長期間にわたって他者とのコミュニ

ケーションをとることができなかった若者や，そうした子をもつ親を対象とした学びの場をつくる実践が各地で行われています。そこから当事者会や親の会の立ち上げにつなげる等，その後の展開を意図した学習支援をしている地域もあります。こうした実践で大切なことは，苦しい状況にある人びと自身のエンパワメントとしての学習支援です。

　地域支援者の中には，関わる対象者として活動者だけをイメージしてしまう人もいますが，生きづらさを抱えている人びとを対象とした学習支援も忘れてはなりません。学習の大切さは1985年の第4回ユネスコ国際成人教育会議で採択された「学習権宣言」3) に記されたとおりです。

　コミュニティソーシャルワークは，生きづらさを抱えた1人ひとりに対する支援とその人びとが暮らす地域社会に対する支援を結びつけていく実践であり，この双方の観点からの学習支援が求められます。誰の生きづらさに向き合った学習支援なのか，誰のエンパワメントを目指した学習支援なのかを絶えず考えていくことが重要であり，それは支援対象者を一方的に支援を受け続ける立場に追い込まないためにも欠かせないものです。

②地域内の人びとの連携支援

　これは，ネットワーク形成や地域組織化と呼ばれるものであり，コミュニティソーシャルワークの第6機能「地域組織化」（表4-3）にあたります。ネットワーク形成は，地域内で活動している人びとがつながるための支援であり，これによって支援の漏れや偏りをなくしたり，自分たちだけでは困難なことを協力して行っていくことが可能となります。地域組織化には，同じ生活問題を抱えた人びとを組織化する当事者組織化と，小学校区などの小地域で協力して活動を行う小地域組織化があり，いずれも自分たちが問題解決の主体となって取り組む組織を立ち上げることです。コミュニティソーシャルワークとしての連携支援では，誰のための連携なのか，個別ニーズに向き合った連携であるかを絶えず考えることが重要です。

　そのうえで，連携支援において留意すべき点は，①互いを知る，②協力して活動を行う，を区別することです。

　例えば現在，生活支援体制整備事業によって，各地に生活支援コーディネーターが配置され，協議体の設置が進められていますが，この協議体の位置づけ

を①と②のどちらかにするかによって進め方が異なります。このことが意識されていないと，住民の困惑を招き，生活支援コーディネーターもどうしたらよいかわからなくなってしまいます。生活支援体制整備事業とは，介護保険制度の改正に伴って創出された事業であり，要介護度が要支援1と要支援2の人に対する予防給付のうち，訪問介護と通所介護について，これまで全国一律の基準で行ってきたものを市区町村が定めることとし，さらにサービスの提供者を介護保険事業者に限らず住民など多様な人びとが行えるようにするものです。この事業の背景には，増大する介護保険制度の支出を抑制するために軽度者の支援は住民に担ってもらおうとする「安上がり福祉」への志向があります。しかし，従来から地域福祉において住民同士の支え合いを大切にしてきたのは，公的支出の抑制だけでなく，その関わりを通して孤独や孤立，差別や排除のない社会を築くためであり，この点を見失ってはなりません。

　生活支援体制整備事業では，市区町村圏域を第1層，おおむね中学校区圏域を第2層とし，それぞれの圏域に，地域住民による活動を支える「生活支援コーディネーター」を配置し，さらに関係者が集まって話し合う「協議体」を設置することとしています。この「協議体」の設置は，まさに連携支援と言えますが，その進め方は地域によってさまざまです。広く支え合い活動に参加したいという住民有志を募って第1層協議体を設置しているところでは，活動主体としての協議体となることを参加者は期待しています。しかし，第1層協議体は市区町村全域を範囲としており，活動主体となるには圏域が広すぎる場合があります。もちろん，第1層協議体自体の活動は否定されるものではありませんが，地理的に広域な場合は第1層協議体が活動主体になるだけでなく，第2層の圏域やさらに小さい小学校区等を圏域として，それぞれの地域に活動主体となるグループを立ち上げるための支援が必要な場合もあります。

　また第1層協議体メンバーである住民が，他の地域住民の活動立ち上げを支援するという位置づけにしている地域もありますが，この場合，地元住民にとっては他地区の住民にやらされているという感覚が生じてしまうこともあり，結果として協議体メンバーと地域住民の双方が戸惑ってしまうこともあります。

　こうした事態は，地域支援を担う支援者の無計画さがもたらしたものであり，熱意ある住民の力を浪費させるものです。協議体の位置づけについて，地域内の活動者が集まって協議を行う場にするか，協議体自体が活動主体となること

を目指すかによって進め方は大きく異なり，それによって参加を募る地理的範囲やメンバーを考える必要があります。この生活支援体制整備事業による協議体だけでなく，地域ケア会議や障害者自立支援協議会，要保護児童対策地域協議会等の法的根拠をもつ会議がいくつも設置され，さらには地域内で多様な連絡会議が行われています。そこでは同じような顔ぶれで会議が開催されていることも少なくありません。連携支援は，人びととのつながりをつくればよいというものではなく，地域内のどのような生活問題に対して，誰とどのように解決していこうとするのかを十分に考えたうえで行う必要があります。

連携支援は，人びとがつながることによって互いを知り，協力し，相乗的に高めあっていくための方法ですが，進め方を誤ると地域内の人びとを疲弊させてしまいます。地域の現状と今後を見据えての取り組みが求められ，連携支援は支援者だけで考えるものでなく，地域内の人びとの声を聴きながら一緒に考えて進めていくことが重要です。

③既存活動の継続支援

これは，すでに活動している組織が抱えている運営上の問題等の解決に向けて支援することであり，コミュニティソーシャルワーク（表4-3）の第3機能「相談助言・制度活用支援」や第9機能「ニーズ対応・社会資源開発」が関係します。

地域内には，これまで行われてきた地域活動が継続困難になっている場合があります。その原因はさまざまですが，担い手の高齢化や減少，活動資金の不足，活動場所の確保困難等は各地で共通する問題となっています。

コミュニティソーシャルワークにおける既存活動の継続支援では，その活動が個々の生活ニーズに即したものとなるように留意しながら，その組織が抱える問題の解決に向けた支援を行います。

担い手の高齢化や減少に対して，新たな担い手の募集方法として担い手養成講座を開催したり，チラシや広報誌，SNSで呼びかけたり，ボランティアセンター登録者や講座の修了者に連絡して協力を依頼する等が行われています。こうした取り組みによって新たな担い手の参加につながることもありますが，実際には現在活動している人びとが繰り返し参加するにとどまり，新たな担い手の確保につながらない場合も少なくありません。

この問題に対してそれぞれの地域や組織の状況は異なるため，これをすれば
よいという万能薬としての方法はありませんが，担い手を確保するための基本
原則は，何の担い手が必要なのかを明確にし，かつ直接声をかけることです。

　地域内には協力できることがあれば参加したいと思っている人がいても，い
つ，どんな活動を，どれくらいの頻度で行うのかがわからなければ，活動につ
ながりません。この活動内容の明示の必要性は，アルバイトの募集広告と同じ
ように考えるとイメージしやすいと思います。さらに直接声をかけて活動の目
的や現状を伝えることの大切さは，自分が声をかけられる立場になって考えて
みると，その重要性がわかると思います。これは，学校や企業，社会福祉施設，
他団体へ協力を呼びかけるうえでも必須のことであり，具体的に何が必要か教
えてもらえれば検討できるという施設や企業の人たちもいます。

　しかし，自分たちが直接声をかけられる相手は把握できる範囲に限られてし
まいます。そこで次に考えられる方法は，住民を対象とした全世帯アンケート
調査です。アンケート調査は回答できる力がなければ回答できないため，ニー
ズ把握としては工夫が必要ですが，協力したいと思っている人の把握としては
十分に活用できる方法です。実際に，私が関わる地域でも全世帯対象の住民ア
ンケート調査によって新たな担い手が掘り起こされています。

CASE　全世帯対象住民アンケートの取り組み例

　ある地域では地域内の人びとによる支え合い活動を立ち上げることを目
標として，協力者の掘り起こしも意図した全世帯対象の住民アンケート調
査を行うことにしました。まず，全世帯対象の住民アンケート調査を実施
する前に，住民が無理なく協力し合える地理的範囲を地域支援者で検討し，
自治会や民生委員など地域で活動している人びとの声も確認していったと
ころ，小学校区域がまとまりやすいだろうという見解が関係者の間で共有
されました。

　そのため，小学校区の中からモデル地区を選定し，その地域の人びとと
実施に向けての調整を行いました。モデル地区の選定にあたっては，支え
合い活動に取り組みたいという思いをもっている人びとがいる地域，既存
の活動では生活ニーズに十分対応ができない地域であることが考慮されま
した。

アンケート調査票の作成については，①活動組織が立ち上がる前に地域支援者が作成する，②活動組織が立ち上がった後に住民が作成する，という2つの進め方がありますが，この地域では活動組織が立ち上がっていない段階であったため，行政と社協の職員が話し合って調査票の案を作成し，それを地域内の自治会や民生委員に見てもらって作成する方法をとりました。

　そして，アンケート調査票の配布方法についても自治会や民生委員の人びとと相談し，自治会の回覧で配布することとなりました。各世帯1部でなく，中学生以上の1人ずつに回答してもらうように，世帯人数分の調査票を取ってから回覧してもらうようにし，自治会未加入世帯等に対しては，ポスティングによって配布を行いました。

　調査票の設問項目は，現在の困りごとの把握に加えて，地域活動への協力の意向（どんな活動を，どれくらいの頻度で，どれくらいの時間できるか）を含めました。

　アンケート調査票の回収は，匿名性を担保するため各自が無記名の封筒に入れて封をし，各自治会の役員や自治会事務所へ届けてもらうようにしました。無記名を原則とした調査ですが，協力できる人，すぐに手助けしてほしい人には同意のもとで連絡先を記入してもらい，それぞれの人と直接連絡ができるようにしました。

　この調査の結果，その地域で暮らす人びとの困りごととともに活動意欲をもっている人びとの存在が見えてきたのです。調査結果は行政と社協で集計，グラフ化し，各自治会への報告を兼ねて，支え合い活動について話し合う機会が設けられました。その際にはアンケート調査票に連絡先を書いてくれた人や現在その地域内で活動している人へ直接電話をして協力を呼びかけ，新たな人びととともに話し合いが進められていきました。こうしたプロセスを経て，この地域では有償の助け合い活動を行う組織が立ち上がり，活動が始まっています。

　この全世帯対象のアンケート調査は，行政や社協から依頼して実施するよりも，その地域の人びとが必要性を感じて自分たちで実施することが大切であり，それは回収率や結果の活用に大きく影響します。ただし，調査項目の設計に

よっては，せっかく調査をしても次の手立てに活かしにくいデータしか集まらないということもあるため，自分たちの活動目的に応じて適切な調査票を作成できるように，地域支援者も必要に応じた支援をすることが大切です。特に行政が行っている既存の調査や他地域の調査票など，検討に必要な資料を集めて提供することも地域支援者の重要な役割です。

また，既存活動の継続支援として，現在の活動にかかる負担の軽減を図る際に，ニーズとニーズを結びつけるという観点をもつことによって，解決に向けた推進力を得られることもあります。

たとえば，パソコンでの事務作業が困難だった団体での活動を，人とのコミュニケーションが苦手で家に引きこもっていた若者に手伝ってもらっているところがあります。若者にとって自分が得意なことで地域に貢献でき，感謝されることの喜びを通して，社会とのつながりを取り戻していく機会となっています。また，会計等の業務について収支管理や書類作成ができる人びとに部分的に関わってもらっている地域もあります。有償か無償かは地域の状況によりますが，地域活動を支えていくうえで，地域の人びとができることを増やしていく観点と，できないことをできる人に頼める仕組みをつくるという観点の両方が，継続支援の手立てを増やすことになります。

④新規活動の開始支援

これもコミュニティソーシャルワークの第3機能「相談助言・制度活用支援」と第9機能「ニーズ対応・社会資源開発」に関するものであり（表4-3），これまで活動をしてきた組織が新たな活動を始めようとしたり，あるいはこれまで活動していなかった人びとが新たに組織を立ち上げて活動を始めたいという時に，そのプロセスを支援することです。

どちらの活動でも，開始するにあたって重要なことは地域アセスメントによってニーズを明確にすることです。コミュニティソーシャルワークとして個別ニーズにしっかりと向き合った新規活動となるように，コミュニティソーシャルワークの第1機能「ニーズ把握」と第7機能「ニーズ共有・福祉教育」の機会をプロセスの中に位置づけていくことが大切です。

新規活動の開始にあたって，活動者の思いが原動力になることは間違いありません。しかし，個別ニーズが的確に把握できていないとそのニーズに十分対

応できる活動とならず，自分たちの気持ちを満たすためだけの活動になりかね
ません。

　例えば，ある地域では子ども食堂を立ち上げたが子どもたちが来ないという
状況になっていました。今後の工夫次第で子どもたちが訪れるようになること
も考えられますが，立ち上げるプロセスの中で，その地域の子どもたちの状況
を学校や児童福祉関係の支援者から聴く機会をもつことができていれば，違っ
た形での立ち上げになったかもしれません。新規活動の開始支援では，地域内
のニーズの状況を知ることができるような支援が何より大切です。

　また，活動を開始するにあたっては，A.資金，B.活動拠点，C.協力者，
D.運営体制の整備が必要であり，それぞれの状況に応じた支援を行うことに
なります。

　A.資金については，行政や社協が助成金を出すという支援だけでなく，自
分たちで資金を集められるようにする支援が大切です。そのため，助成金情報
を提供するだけでなく，各種助成金情報を調べる方法や，申請書類の作成方法
を知ってもらうことも重要です。また，商店や企業へ働きかけて寄付付き商品
をつくってもらったり，クラウドファンディングによって，広く賛同者を募る
実践も各地で見られるようになってきました。

　こうした資金集めで重要なことは，何のために，どれくらいの費用がかかる
かを明確にしておくことです。特に助成金申請において予算書の作成は不可欠
であり，寄付を募る際にもこの点を明示しなければ賛同を得ることが難しくな
ります。これは会費や利用料の設定においても重要なことです。

　B.活動拠点については，事務所と活動場所という2つがあります。どれく
らいの頻度で，どれくらいのスペースを必要とするかがはっきりすれば，具体
的な協力を呼びかけられるようになります。例えば，公民館等の社会教育施設
だけでなく，地域内にある社会福祉施設や学校，企業などの一室を借りて活動
している組織もあります。また，ある地域では認知症カフェを行うにあたり，
地域内にある大手チェーン店のカフェと交渉して，時間を限定して一角を貸し
切りにしてもらっています。他の地域ではサロンを行う場所がなかったことか
ら地域内にある自動車販売店の店長に相談したところ，会社の社会貢献活動と
して販売店のラウンジを平日に限って提供してもらえるようになりました。

　このようにニーズが明確であれば，活動拠点として協力を打診することがで

き，かつ依頼されたほうも可能かを判断できるようになります。こうした交渉を地域支援者が担うこともあれば，地域活動者による直接的な交渉を地域支援者が支援することも大事な関わり方となります。

C. 協力者については，これまで触れてきたように，何の活動を，どこで，どれくらいの頻度で行ってほしいかを明確にすることが何よりも重要です。取り組むニーズと活動内容がはっきりしていれば，さまざまな手段で協力者を募ることができます。その方法については，③既存活動の継続支援でも述べたように，広報誌やSNSでの情報発信，電話やメールあるいは訪問による依頼，住民アンケート調査を活用した人材の掘り起こしなどがあります。

これら多様な手段の中で，やはり直接声をかけることは何よりも大切なことです。なぜあなたに協力してほしいと思っているかを，協力を求める内容とともに相手へ伝え，活動の意義と自分の思いを理解してもらえるように努めることが重要です。これは，活動提案型のアプローチであり，意識啓発型のアプローチとは異なります。相手の生活や仕事の状況を踏まえて，どういう形であれば相手も無理なく，やりがいを感じながら活動に参加してもらえるかを考えることが大切です。

D. 運営体制については，特に事務局体制の整備に向けた支援が重要です。組織を立ち上げる際には，会長，副会長，会計だけでなく，事務局長を置くことがポイントになります。組織運営にかかる事務作業を担える体制として事務局は不可欠であり，これが十分でないと地域支援者が組織運営を手伝わざるをえなくなります。組織の立ち上げ当初には，事務的作業を支援者側が行うこともありますが，可能な限り一緒に作業できる人びととともに行うことが重要です。地域内の人びとができないことを支援者が補うことは大切ですが，支援者がいなければ活動ができない状況をつくってしまうことは地域の力を奪うことにもなるため，地域内の人びとが自分たちでできるようになるための支援も重要です。

⑤社会資源の改善・開発支援

これは，コミュニティソーシャルワークの第9機能「ニーズ対応・社会資源開発」であり（表4-3），生活支援に関連する社会資源が十分にニーズへ対応できていない時に，既存の社会資源を改善したり，新たな社会資源を開発してい

くものです。

社会資源には「ヒト」「モノ」「カネ」「情報」など多様なものがあり，生活支援においては「制度」「サービス」「支援システム」なども含めて捉えます。

社会資源の改善・開発の必要性については，多くの支援者が認識するところですが，なかなかそれができないのは，社会資源を改善・開発する仕組みが不十分だからと言えます。特にそれを担う人と場がなければ具体的に進めることはできません。

現在の社会福祉専門職の多くは，何らかの制度や事業に基づいた仕事を行っており，担当業務外の活動はできません。そのため担当業務だけでは対応できない問題が見えた時，それを組織として改善したり，新たに開発していく仕組みがなければ，担当者ではどうすることもできず，問題に気づいた者だけが不全感を抱くことになります。

そのため，社会資源の改善・開発は，個人の意識の問題にせず，生活ニーズに応えるシステムの問題として捉える必要があります。個別支援者や地域支援者が日常業務を通してこんなものがあったらいいなと感じた時，そこから一歩進んで具体的に検討していく場が必要であり，そういった場を各組織内や地域内に設置することが求められます。

こうした社会資源の改善・開発に向けた検討を行う会議体がまったくないわけではありません。これまで挙げてきたように法的根拠をもつ会議体もありますが，それでも社会資源の改善・開発につながっていかない原因は，構成メンバーと権限の問題にあります。例えば，構成メンバーとして関係機関・団体の代表者が主になっていると，情報の伝達や共有，また組織間の合意形成の場としては有効ですが，社会資源の改善・開発に向けて実質的に議論できるメンバーとしては不十分な場合があります。そのため社会資源の改善・開発の必要性が生じた場合，それを検討する委員会やプロジェクトチームを別途立ち上げ，必要なメンバーを入れることが求められます。また，社会資源の改善・開発に向けて話し合っても最終的に具現化する権限をもっていなければ実現できません。そこで権限を付託するか，権限を有するメンバーを加えることも重要です。

また，社会資源の改善・開発に向けて行動していく人材の配置も欠かせません。その人材の役割は，これまで述べたような会議メンバーの選定と招集に加えて，関連する生活問題や社会資源の把握と検討資料の作成，また活発な議論

の場となるような会議の進行管理，財源確保に向けた交渉等が求められます。もちろん，これらを1人ですべて行うわけではなく，必要な人員体制は，検討する問題の状況や支援機関の体制によって異なるものです。

　残念ながら，こうした社会資源の改善・開発を業務とする社会福祉専門職はなかなか配置されておらず，各会議体の担当者の役割は，会議招集と運営のみになっています。今の日本の社会福祉において，社会資源を改善・開発するシステムは部分的に整備されていても十分に機能しておらず，またその議論に不可欠な生活ニーズや生活実態の把握も不十分な段階であると言えます。特にコミュニティソーシャルワークでは，個々の生活ニーズを起点として，その世帯をどう支えるかを考えていく延長線に地域支援としての社会資源の改善・開発が行われるのであり，その際には同様なニーズの把握も不可欠です。

　地域支援としての社会資源の改善・開発は，その重要性を人びとに訴えて意識変革を求めるだけでは不十分であり，それが可能になる仕組みが不可欠です。

3 ｜ 地域支援会議と地域支援計画の重要性

　これまで述べてきた地域支援は，地区担当者だけが考えて行うのではなく，その地区の地域支援に関わる人びとが集まって検討し，精査したうえで行うことが大切です。そうでないと，地区担当者の思いつきで人びとを振り回したり，また関わる頻度が多すぎたり，少なすぎたりしかねません。

　そのため，その地区に対してどのような地域支援を行えばよいのかを話し合う「地域支援会議」を行い，そして「地域支援計画」を立てることが重要です。

　この「地域支援計画」は，市区町村社協が策定している地域福祉活動計画や，小地域ごとに住民が主体となって策定している地域福祉行動計画のようなものではありません。「地域支援計画」とは，社会福祉分野だけでなく，まちづくり，防災，教育，地域振興，農業，観光など他分野の地域支援者も含めた「地域支援チーム」が話し合い，地域支援方針について合意を図り，それぞれの地域支援内容を理解したうえで，それぞれが役割を果たしていくための計画です[4]。

　これは介護支援専門員が作成する個別支援計画（ケアプラン）と比較してみるとイメージしやすくなります。個別支援計画作成では，まず相手との信頼関

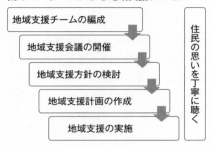

図6-1　チームによる地域支援プロセス

地域支援チームの編成

地域支援会議の開催

地域支援方針の検討

地域支援計画の作成

地域支援の実施

住民の思いを丁寧に聴く

係を築き，そのうえで現在の状態をアセスメントによって把握・分析し，そして本人や家族の意向を踏まえて支援計画を作成します。その支援は介護支援専門員が行うものでなく，計画に基づいてさまざまな人びとが行い，チームとして支援ができるようにサービス担当者会議という仕組みが設けられています。

　これを地域支援に置き換えてみると，まず地域内の人びとと関係を築きながら地域アセスメントを行い，地域の状況を把握・分析したうえで地域支援計画を作成することになり，当然それは1人の地域支援者が勝手に決めるものでなく，地域支援会議を通して地域内の人びとと地域支援チームのメンバーと一緒に行うものです（図6-1）。

　しかし，現状ではこうした「地域支援会議」や「地域支援計画」の重要性はあまり意識されておらず，その結果，各分野の地域支援者がそれぞれに関わることとなり，整合性のない取り組みによって住民が振り回されている地域も見られます。分野横断的な「地域支援チーム」もほとんど設けられていません。重層的支援体制整備事業において横断的連携による支援を「包括的相談支援」と呼ぶように，多分野の地域支援者が連携していくことを「包括的地域支援」として推進していくことが求められます。今後の地域支援において「地域支援チーム」「地域支援会議」「地域支援計画」は最も重要な課題と言えます。

　「地域支援計画」は，地域内の人びとの活動を支援するものであるため，その人びとの意向を踏まえたものでなければ必要な支援にならず，さらにはやらされ感が生じて反発が強くなることもあります。そのため，地域支援計画を立てる際に地域支援者は，1人ひとりの話を聴くことはもちろん，さらに地域内の人びとが自分たちの思いを話し，それを互いに聴きながら，どうするかを話

し合い，合意を見いだしていく過程に寄り添い，そこから必要な地域支援を考えていくことが求められます。特に地域においてリーダー的な役割を担っている人びとと一緒に地域支援計画をまとめていくことは，計画倒れにならないためにも大切な過程です。

　また，「地域支援計画」は地域支援者がどの程度その地域へ関わるかを組織として精査する機会にもなります。例えば，ある地域では地区担当者が休日など勤務時間外にもその地域へ出かけ，人びととの関係を築いていましたが，人事異動により後任として子育て中の職員が担当となりました。家庭のこともあり前任者のように休日も足繁く出かけることが難しくなったところ，住民から「前の担当者はもっと来てくれた」という声が出てくるようになってしまったのです。この状況で後任者が責められてしまうのは気の毒であり，組織として地域へ出る必要があるならば，職員体制を工夫して，誰かが地域へ出かけられるようにすべきです。また，前任者の熱意任せになっていたことが反省点として捉えられるならば，組織として参加すべき会議や行事等を整理し，かつ地区担当者任せにしないことを組織マネジメントとして考えなければなりません。

　一方で組織として「地域支援計画」を立てる際に，地域支援に消極的な上司が地区担当者の行動を阻むことがあってはなりません。例えば過去に地域住民から突き上げられた経験をもつ職員が管理職となっており，批判されることを避けたいという気持ちから地域へ出かけること自体を組織として控えようとしていたり，管理職の指示により他の業務が優先されて地域へ出かける時間がとりにくくなっている組織もあります。

　「地域支援計画」は，地域支援者側の都合でなく，地域の状況やニーズに応じて考えるものです。感情でなくニーズに基づいた地域支援計画の作成が可能となるには，しっかりとした地域アセスメントに加えて冷静に熟議ができる組織環境が求められます。

4 　地域支援者が困難を感じるケースへの対応

　地域支援者の中には，これまで個別支援しか行っておらず初めて地域支援に携わるようになった人もいれば，個別支援も地域支援も初めてという人もいます。また，地域活動を行ってきた人が地域支援者になるという場合もあります。

表6-9 地域活動に参加していない理由

①すでに別の活動を行っており，これ以上の活動はできない
②協力したいが，普段の仕事や家庭のことで忙しく，時間がとれない
③協力したいが，自分が中心になるには不安がある
④協力したいが，何をしたらよいかわからない
⑤団体としてやりたいが，自分の役員任期が終わるので仕事を増やして引き継げない
⑥困りごとはわかるが，事故が起きた時の責任がとれない
⑦困りごとはわかるが，自分にはできない
⑧困っている人は，この地域にはいないのではないか
⑨家族が助けるべきではないか
⑩行政が助けるべきではないか
⑪自業自得なのだから助ける必要はない

地域支援の困難さをどう感じるかは人によって異なるものですが，ここでは私が各地の地域支援者から相談を受けることが多いものを取り上げ，それに対する私の考え方を述べていきます。その視点や対応方法について，これが唯一の答えというものでなく，1つの見解にすぎません。これらを参考に，皆さんの地域の実情に応じた対応を考えてもらえればと思います。

Q1. 地域住民に支え合い活動の必要性を伝えても，なかなか行動につながりません。支え合い活動の大切さを理解してもらうには，どうしたらよいでしょうか？

　まず，あなたが話をしている相手は誰かが重要であり，その人の状況や気持ちを理解することが必要です。支え合いの大切さ自体は，多くの人びとが感じています。しかし，さまざまな理由によって支え合い活動に関わることができない状況の人もいます。支え合い活動になかなかつながらないというのは，住民の意識の低さの問題ではなく，地域アセスメントとして人びとの思いを聴くことの不十分さによるとも言えます。

　では，支え合い活動に参加していない人びとは，どのような思いを抱いているでしょうか。あなた自身や周りの人びとの思いをはじめ，多くの人びとに聴いてみることで，参加していない人びとの思いを考えられるようになります。例えば，表6-9のような理由が挙げられます。以下でそれぞれの対応方法も例示しておきます。

①すでに別の活動を行っており，これ以上の活動はできない

　地域の会合や学習会に参加される方は，すでに何らかの活動をしている場合が多く，今の活動で手一杯になっており，時間や気持ちの余裕がないこともあります。こうした人たちの支え合い活動に対する意識は決して低いものではなく，むしろ意識が高い人たちであり，その思いと行動への感謝とねぎらいこそ伝えるべきです。

　相手が活動への負担感を話した時には，まずはそこまで一生懸命活動してくださっていることに感謝の気持ちを伝え，そのうえで現在どんな活動を行い，どんなことが負担や課題となっているかを，その場やあるいは別の機会を設けて聴くことが大切です。そうすることで，相手が無理なく活動に参加できたり，負担や負担感を軽減していくための方策を考えられるようになります。

②協力したいが，普段の仕事や家庭のことで忙しく，時間がとれない

　私たちは日々の限られた時間を自分や家族の生活のために費やしており，それを削ってまで支え合い活動に参加するというのは難しいことです。できることがあれば支え合い活動に参加したいが，時間がとれないという人に対しては，日々どのように暮らしているのかを聴き，その生活の流れを踏まえて，無理なく協力してもらえる可能性のある活動を考えることが大切です。

　例えば，働いている人は仕事や勤務先の社会資源を活かした社会貢献活動として，学生であれば授業や部活動，サークル活動の一環として，また福祉以外の領域で活動している人は，その専門分野との共同の取り組みとしてなど，日々の暮らしの流れの中で無理なくできることがあれば参加しやすくなります。

　こうした人びとに対しては，意識啓発型でなく活動提案型のアプローチが大切です。

③協力したいが，自分が中心になるには不安がある

　困っている人びとのために活動したいと思っていても，自分が中心となって活動を立ち上げることまではできないという人がいます。誰もがリーダー的な役割を担えるわけでなく，それぞれに得意なことや苦手なことがあります。こうした人に対しては，既存の活動をされている人との接点，例えば地域活動の実践報告会などを開催して，どんな人が，どんな活動をしているかを知っても

らう機会を設けて，両者が出会えるようにしたり，また学習会や検討会を開催
して，その問題に関心のある人が集まれるようにして，そこから互いの力を活
かせる組織づくりに進めることも方法の1つです。

　また，不安を訴えている人に対して立ち上げの中心を担っていける可能性を
感じるならば，どのような点に不安があるかを聴いたうえで，その不安を取り
除いていくためのサポートとして，活用できる社会資源を紹介したり，地域支
援者も一緒に進め方を考えていくことを伝えるなどの支援も考えられます。

④協力したいが，何をしたらよいかわからない

　支え合い活動と言っても多様であり，いつ，どこで，どんな活動が求められ
ているのかがわからなければ，協力できるかの判断ができません。こうした場
合は，地域の中でどんな困りごとが起きているのか，どんな活動が必要とされ
ているのかを学べる機会を設けていきます。

　例えば，地域内の人びとが集まる場で専門職が把握している困りごとの情報
をプライバシーに配慮しながら個別事例あるいは抽象化した事例で紹介したり，
関連する統計データを提供したり，あるいは地域内の人びととともにニーズ把
握の調査を行うなどの方法があります。また，具体的な実践のイメージがもて
るように，先行して実践している地域へ視察に行ったり，他地域の実践者を学
習会の講師として招くことも方法の1つです。ただし，他地域の実践を学ぶ場
合，地域特性が近いかどうかにも留意する必要があります。この点を無視して
しまうと，自分たちの地域とは事情が違うので参考にならないと感じてしまう
場合もあり，自分たちの地域が一歩踏み出していけるためには，どのような情
報が必要かを考えることが大切です。

⑤団体としてやりたいが，自分の役員任期が終わるので仕事を増やして引き継げない

　自治会やPTAの役員の中には，自分たちの組織として支え合い活動に取り
組めたらと感じている人びともいます。しかし，役員任期が1年間という短い
期間であることも多く，次年度の役員に対して仕事を増やして引き継ぐことは
できないと思われていることもあります。

　こうした場合は，新たに仕事を増やすのではなく，既存の活動と結びつける

観点が大切です。組織として行っている行事や事業にはどのようなものがあるか，年間予定を確認し，その取り組みと地域の課題を結びつける方策を考えることが有効です。災害時に備えた避難訓練や世代間交流等の機会を活かして，支援を必要とする人びととの出会いの場をつくり，必要な配慮を学ぶことは，その行事以外でも活かされる地域の力となります。

　また，役員の交代に関係なく，活動意欲のある人が組織として参加できる仕組みづくりを行う方法もあります。例えば，組織内に福祉委員会を設けて，関心のある人は誰でも参加できるようにすることです。PTA活動の場合，子どもが学校を卒業すると関わりが終わりますが，地域内でPTA活動に協力できる人がいれば，現役PTAの人びとの主体性を尊重しながらサポートする役割を担ってもらうこともできます。

　あるいは組織内に福祉委員会を設置することが難しい場合は，別組織を立ち上げて，既存組織と連携しながら活動していくということも考えられます。こうした多様な方法があることを伝え，どのような仕組みがあったら自分たちが活動しやすくなるか話し合える機会を設けることも重要な地域支援です。

⑥困りごとはわかるが，事故が起きた時の責任がとれない

　このように思っている人は，活動に熱心な人びとからすると消極的な人びとと捉えられがちですが，将来のリスクを考えられる人であり，活動を始めていくうえで大切な存在と見ることもできます。どのような心配があるか，どのような事故が想定されるか，意見を出してもらい，そのうえで事故が起きた際の対応方法や事故が起きないようにするための対策を検討していくことは，活動が有償か無償かを問わず必要です。

　地域によっては，すでに支え合い活動を実施している団体が経験した出来事からリスク対応を冊子にまとめて，あらかじめ必要な手立てを講じているところもあります。こうした冊子を配布したり，あるいは先行地域の実践を視察したり，実践者に来てもらって講演や情報交換の機会を設けることも方法の1つです。

⑦困りごとはわかるが，自分にはできない

　支え合い活動の担い手は，自由に動ける時間があって心身とも元気な人に限

られるわけではありません。仕事や学校，家庭の事情などで新たな時間をとりにくくても，何らかの病気や障害があっても，それぞれの生活の中で無理なくできることをしてもらえれば，支え合い活動の大切な担い手となります。できないことを無理にしてもらうのではなく，できることを活かせる機会や，できることがあるということを知ってもらう機会を設けることで，多様な人びとがカバーし合いながら支え合い活動を進めることができます。

　相手がどんな暮らしを送っている人なのか，相手を知ることにより，協働できる活動を探していくことが大切です。

⑧困っている人は，この地域にはいないのではないか

　こうした思いを抱いている人びとは，これまで支え合い活動に関わることなく，普段の生活の中で困りごとを抱えている人びととの接点がなかった人だけではありません。これまで熱心に地域活動を行い，自分の目が届く範囲ではできる限りのことをされてきた人も感じていることがあります。

　こうした人は，地域の実情を知らない無理解な人びとと捉えられがちですが，現代社会は同じ地域で暮らしていても他の家庭内のことまで知る機会はほとんどありません。会えば挨拶程度はするが，互いに立ち入りすぎないという関係性に価値を置いて暮らしている人びとが多い社会では，困っている人がどれくらいいるか，自治会の役員であっても把握することは困難です。生活支援に関する専門職や民生委員・児童委員は，業務を通して知る機会を得ているのであり，1人の住民としての立場で知りうることは限られています。そのため，困っている人はいないのではないか，という疑問が出された場合は，行政の統計データや専門職が把握している情報を提供したり，ニーズ把握に向けた取り組みについて考える機会を設けていくことが考えられます。その際，すでに地域活動を熱心に担っている人たちのプライドを傷つけることなく，誰でも他の家庭の困りごとは把握しにくいものであると関係者で確認し合うことも大切な配慮です。

⑨家族が助けるべきではないか

　家族が同居している場合，困りごとがあるならその家族が面倒をみるべきだという考えは，家族愛は美徳であるという価値観をもつ人ほど強く感じるもの

です。

　しかし，家族が同居していても何らかの事情で，家族が支えることができなかったり，関係性が良好でない場合もあります。家族内で対応できないからこそ，周りからの支援を必要とするのであり，その事情を理解することができれば，地域内の人びとも支援の必要性を感じられるようになります。ただし，そうした事情を知られたくないという人もいるため，プライバシーに十分配慮する必要があります。

　こうした意見が出された場合は，家族内で支えることが難しい場合もあり，それは見た目にはわからないこともあるという説明や学習が大切になります。

⑩行政が助けるべきではないか

　こうした考え方をもつ人びとの中には，近隣関係に煩わされることなく自由に暮らしたいという人もいますが，一方で今の生活で精一杯であり，助け合い活動への参加を呼びかけられてもできないという人や，すでに地域活動を行っており，これ以上の活動はできないという人もいます。また，行政がやるべきことをしていないのではないかという問題意識から行政責任を強く求める人もいます。

　行政が助けるべきではないかと考える人びとは，支え合い活動に無理解であり，かつ行政依存になっていると捉えられてしまう場合もありますが，そうとは言い切れないことを認識する必要があります。公的サービスによる対応や改善の努力をせずに，安易に地域の支え合いに頼ろうとする地域支援者の姿勢への批判としての訴えという場合もあります。地域での支え合い活動を話し合う場で行政が助けるべきではないかという意見があった場合，その声を周りが抑えてしまうのではなく，なぜそう思うのかを聴くことが大切です。そのうえで今暮らしているこの地域で安心して暮らしていけるには何が必要か，どんな人たちが生きづらさを感じているのか，そして孤独や孤立，差別や排除のない地域社会に向かうためにはどうしたらよいか等の観点から，自分たちで無理なくできそうなことや，できないと思うことを自由に語り合える場を設けていきます。そしてその問題を地域内の人びとで話し合い，できないと思うことでも誰かに協力してもらったり，支え合いの仕組みをつくることによって対応できないかを模索していきます。このような場は地域支援者だからこそ設けることが

Column⑬　政治的イデオロギーと援助行動

　人の援助行動に影響を与える要因はさまざまですが，その中でも政治的イ
デオロギーの影響に注目する人びともいます

　例えば心理学者のスキトカは，自由主義者と保守主義者の援助行動は異な
り，自由主義者は社会的なプログラムへの投資の増加を好み，保守主義者は
それを好まないとしています[5]。この分析をもとに社会心理学者のワイナー
は，自由主義的イデオロギーと保守主義的イデオロギーの援助行動をさらに
精緻化し，自由主義的イデオロギーは，問題に対して被援助者が統制不可能
な原因を認め，そこから問題へ対処する責任が本人にはないと同情して援助
の拡大を志向するのに対し，保守主義的イデオロギーでは問題に対して被援
助者が統制可能な原因を認め，そこから問題へ対処する責任があるという怒
りの感情を抱き，援助を否定することになるとしています[6]。またワイナー
は，問題が行動的起源による場合は非難の対象となり，生物学的起源の場合
は非難されないということもククラとの共同研究によって明らかにしていま
す[7]。

　こうした研究を踏まえると，支え合いの大切さを訴えるだけでは援助行動
につながらず，むしろ批判の対象となる場合があると言えます。そのため，
感情に訴えるのではなく，問題に直面している人びとの生きづらさが本人の
行動的要因によるものではなく，どのような環境要因によって生じているの
かを具体的に示すことが重要になります。

でき，地域内の人びとがどうしても自分たちでは対応できないという問題があ
れば実態を把握し，公的機関としてのニーズ対応を検討していく会議体への提
言を地域内の人びととともに行うことが大切です。

⑪自業自得なのだから助ける必要はない

　見た目にわかりにくい病気や障害のある人に対して，支援をすることは本人
を甘やかすことになるから必要はないと考える人びとがいます。今まで努力し
て困難なことを乗り越えて生きてきた人ほど抱きやすい感情であり，自助努力
や自己責任の重視によるものです。こうした時には，なぜそう思うのかを聴い
たうえで，病気や障害そしてさまざまな生きづらさについて説明することが必

要です。その機会は，その場だけでなく，改めて学習の機会を設けて専門家や当事者に話してもらい，より多くの人びとが学べるようにすることも考えられます。

　このように支え合い活動に取り組んでいない人びとは，支え合い活動の大切さを理解してない人びと，意識が低い人びとではなく，思いはあっても何らかの事情で参加できない人びともいることを忘れてはなりません。
　また，支え合い活動に否定的な考えをもっていたとしても，その背景にある思いを丁寧に聴くことが大切です。人は自分の価値観に基づく意見を否定されると，自分の人格も否定されたように感じ，相手の意見を受け止めることが難しくなり，時には相手を嫌悪するようになることもあります。自分の発言が周りから否定され，批判されていると感じるようになると，その人びとは話し合いの場から離れ，ますます距離をとっていきかねません。そもそも人はそれぞれに多様な価値観・考え方をもっているということを前提とし，それを互いに尊重したうえで，どのようにすべきか話し合う場面をもつことが大切です。地域支援の専門職が求める意見だけを尊重するのではなく，多様な意見を安心して話せる場づくり，「厚い議論」ができる地域を目指していくことが地域支援の重要な柱です。

Q.2　話し合いの場を設けてもなかなか参加してもらえません。どうしたらよいでしょうか？

　どうしたら相手に参加してもらえるかを考える前に，自分だったらどういう話し合いの場にどのような動機で参加してみるかを考えてみることが大切です。
　ある地域の地域支援者の人びとに，どのような時に会合へ参加するか挙げてもらったところ，次のような意見がありました。

---

①自分の興味関心にあった内容の時

②楽しそうな内容の時

③参加者と関係を築きたい時

④役職で行かなければならない時

⑤自主的には行こうと思っていなかったが，知り合いに誘われた時

---

⑥協力を頼まれた時

　このうち，①自分の興味関心にあった内容の時，②楽しそうな内容の時，③参加者と関係を築きたい時は，自ら参加しようとする動機があり，内容を工夫することで参加者を広げられる可能性があります。④役職で行かなければならない時については，参加してほしい機関・団体に対して出席依頼をすることで参加してもらえる場合があります。そして重要なのは，⑤自主的には行こうと思っていなかったが，知り合いに誘われた時，⑥協力を頼まれた時であり，これらは一声かけることの大切さを示すものです。ただし，④⑤⑥の場合，なぜ参加してほしいのか，その理由を相手へ明確に伝える必要があり，その必要性を相手が認識してくれた時に出席につながります。

　したがって，広報誌やチラシで案内を出すだけでは不十分であり，1人ひとりに声をかけることが大切です。時間的にも労力的にも地域内の人びと全員に声をかけることはできません。しかし，把握している範囲でぜひ参加してほしいという人びとに対しては，丁寧に声をかけていきましょう。

Q3.　地域活動や社会福祉に無関心な人びとに関心をもってもらうには，どうすればよいでしょうか？

　これまで地域内の人びとにいろいろ工夫して働きかけたけれどもうまくいかない経験をしたり，自分の身近な人びとが地域活動に距離をとって生活している様子を見ると，どうしたらよいかわからないと感じる地域支援者も多くいます。

　状況によりアプローチは異なりますが，ここで考えてもらいたい点は，こうした悩みを抱いている支援者は，地域活動に参加していない人びとは意識が低い人びとであるという視点から相手を見ていないだろうかということです。この視点から相手を見てしまうと，相手の意識を変えるにはどうしたらよいかという**意識啓発型アプローチ**を模索しがちであり，そこから福祉教育が必要だという考えに至ります。しかし学習会を開いても参加してもらえず，手詰まり感から強制的な学びの機会として学校教育で取り上げるべきだという福祉教育への期待を抱いて，この問題に対する思考を止めてしまっていることも決して珍しくありません。

そもそも人はどのように日々の生活を送っているのかを考えると，それぞれが自分の興味・関心に基づいてさまざまな情報を選択し，時間の過ごし方を決めています。それは人によって異なるものであり，また生活のために仕事や家庭のことを優先せざるをえない状況かもしれません。地域活動や支え合い活動に参加していなくても，その大切さを理解している人びとが地域の中で暮らしているのです。

　こうした点から地域内の人びとへのアプローチを考えると，意識を変えようとする意識啓発型でなく，**アセスメントに基づく「協働提案型アプローチ」**も重要な手立ての1つとなります。これは，これまで繰り返し述べてきたように，地域内の人びとが普段どのような生活を送っているのかを把握したうえで，相手の生活の流れの中で無理なく協力してもらえそうな活動を提案していくことです。活動提案型と言うこともできますが，相手だけが活動して，それを提案している側が何もしないというのは，相手からすれば納得しがたい場合があります。そのため「自分たちはこうした活動を行っており，あなたにはこの活動を手伝ってほしい」という協働提案型がより望ましいと考えます。その提案は，相手の生活の中で無理なく取り組めるものであることが大切であり，地域アセスメントとして地域内の人びとの生活や思いを知ることが不可欠です。また，相手の暮らしや思いをよく知らないままでの提案は相手に「やらされ感」を抱かせてしまう場合もあり，特に気をつける必要があります。

　協働提案型アプローチは，相手の関心事にこちらの関心事を結びつけるということであり，こちらの関心事へ相手に関心をもってもらうというアプローチではありません。最初のきっかけは，ちょっとしたものであってよく，とにかく相手との接点をもつことができれば，その関係性が今後のさまざまな活動につながる可能性が生まれます。これは**関係発展型アプローチ**と言うことができます。これらのように，相手の意識を変えるのではなく，相手の思いに即して対応を考えていく地域支援を**支持的地域支援**（→ **Column⑭**）と呼びたいと思います。

　かつてアダム・スミスは『道徳感情論』において「人びとは，生まれつき同感的であるのに，かれらがなにも特別なつながりをもたない他人については，自分たち自身について感じるのにくらべると，きわめてわずかしか感じない」と述べました[8]。地域の支え合いは大切だと認識していても，つながりのない

Column⑭ 支持的地域支援

　支持的地域支援とは，地域内の人びとの暮らしや思いを丁寧に聴いたうえ
で，地域内の人びととともに生活や活動を支えることであり，住民の意識を
啓発して地域活動に参加してもらおうとする意識啓発型でなく，相手の暮ら
しや思いに即して無理なく参加できる機会を提示していく協働提案型として
の地域支援です。これは精神保健分野における支持的精神療法にならって私
が名づけたものであり，医師と患者が話し合って解決に向かっていこうとす
るアプローチに重なるものです。

　戦後創設された社会福祉協議会では，住民が主体的に地域福祉活動の担い
手となる「住民主体」を基本原則として位置づけ，そこから福祉教育やボラ
ンティア学習が重視されてきました。たしかに地域住民が自分が暮らしてい
る地域の福祉問題等を学び，そこから主体的に地域活動に参加できる場づく
りはとても大切です。

　しかし，学びの場や意見交換の場を設けても関心がある人や参加できる環
境にいる人しか参加せず，これまで地域活動に関わっていない人びとに参加
してもらうにはどうしたらよいだろうかという悩みを抱えている地域支援者
も多くいます。

　こうした場合，地域活動に参加していない人びとの意識を変えようとする
意識啓発型の発想から抜け出す必要があり，そもそも私たちは新たな活動に
参加する際に，どうしているかを振り返ることが大切です。自分が強く興
味・関心を抱くことには進んで参加し，そのための情報収集も行いますが，
なんとなく興味・関心を抱いていたり，興味・関心がない場合は行動にまで
つながりません。しかし，そんな時でも自分の知り合いから誘われたり，頼
まれた際に自分の興味・関心とつながる部分を見いだせれば，参加してみよ
うと思う人びともいます。これは相手の意識を変えて参加してもらおうとす
るのではなく，相手の思いに即した声かけにより主体的に参加してもらおう
とするものです。

　各地で地域活動やボランティア活動への関心に関するアンケート調査が行
われており，関心は高いが実際の活動にはつながっていないという調査結果
が多く出ています。そうした地域では，活動に参加してもらうには，情報発
信が大事だと考えて SNS 等を活用した広報活動に力を入れている社協もあ
ります。たしかに広報活動も大事ですが，より重要なことは相手の思いに即

して一声かけることであり，これには普段からの関係性が重要となります。これまで関わりのなかった人から急に提案されても，やらされ感を抱いてしまうでしょう。また相手を知らずに提案してしまうと，相手に無理を強いるような声かけになってしまいかねません。地域支援者があまり広域な地域を担当すべきではないのは，地域内の多様な人びととの関係性を育み，相手を理解するためでもあります。

　また，地域内で多様な人びとを巻き込んで活動を展開されている人の話を聴いてみると，意識啓発型で募っているわけではなく，まさに協働提案型でつながってることがよくわかります。相手の暮らしや思いを踏まえて，この人はこういうことだったら一緒に活動してもらえるのではないだろうかと考えたうえで声かけをしているのです。「巻き込む」という言葉に抵抗感を抱く人もいますが，大事なことは巻き込まれることが嬉しいと思えるような場をつくることです。相手の思いを考慮せずに巻き込むことは強要であり，相手を知ったうえで巻き込むことが真の協働です。

　地域支援者の意向を優先することなく，地域内の人びとの思いを大切にした地域支援こそ，支持的地域支援の目指すところです。そしてコミュニティソーシャルワークとして個別ニーズの解決につながる支持的地域支援となるように，個別支援者と地域支援者の連携が求められます。

人びとに対しては行動しようという動機が弱くなるということです。ならば，いかに地域内で人のつながりを生み出せるかを考えることが重要であり，そのつながりが新たな活動の源となっていく可能性があります。

Q.4　若い世代に地域活動へ参加してもらうには，どうしたらよいでしょうか？

　こうした相談は，現在の地域活動の担い手が高齢化しており，なかなか次の世代に参加してもらえないという悩みであり，地域支援者のみならず地域活動者自身が強く感じていることでもあります。

　この問題への対応策としてよく挙がるのは，広報と福祉教育です。若い世代が使っている SNS で情報発信したほうがよいのではないか，若い世代の人たちに対する福祉教育を充実させたほうがよいのではないか，というアイデアです。これらはたしかに大事ですが，これだけで若い世代が地域活動に参加する

ようになるわけではない，という実態に向き合うことも大切です。

　若い世代といっても多様であり，自分たちから比べて若い世代と捉えると10代から70代くらいまで含まれることになりますが，その中で例えば大学で学ぶ学生たちにどうしたら自分が暮らす地域の活動に参加しようと思うか尋ねてみると，広報やSNSで情報を見たからといって参加するわけではないし，自分たちは福祉を学んでいるが，だからといって何でも地域活動に参加できるわけではないという声が多くあります。そこで，新たな活動に参加するのはどんな時かを尋ねてみると，その多くは友達や先輩，後輩，そして大学の先生に声をかけられた時ということでした。ここに大切なヒントがあります。私たちは，何か新たな行動をする時，基本的には自分の興味・関心で選択をしているのであり，行動につながらないことも多くあります。しかし，知り合いから誘われることで興味・関心が高まったり，この人と一緒だったら楽しそうと思えた時に行動へとつながることがあるのです。

　一声かけること，これは大学生に限らず，すべての世代において大切なことです。ある地域では，地域活動者へのアンケートで，自分が活動に参加したきっかけを尋ねたところ，圧倒的に多かったのは「友人に誘われて」という理由でした。また，地域活動者で仲間を見つけている人びとの話を聴いてみると，相手のことをよく知ったうえで「こういう誘い方をしたら参加してもらえるのではないか」と考えて声をかけている人が多いことがわかります。

　これまで述べてきたように，相手の思いや生活を踏まえたうえでの「協働提案」ができるかどうかが鍵であり，これは個人だけでなく学校や職場等の組織を対象とする場合でも言えることです。漠然とした提案や協力依頼ではなく，ニーズの実態に即して無理なく参加してもらえる場を設けて声をかけることが大切であり，そのうえでのSNSの活用や福祉教育の充実が求められます。

5 ｜ 地域支援における留意点

　前章では個別支援者が留意すべきこととしてエドガー・シャインの指摘を紹介しました。その内容は地域支援においても参考になりますが，ここでは本章のまとめとして，コミュニティソーシャルワークの観点から地域支援者が留意すべき事項を6点挙げておきます。

> ①地域活動に参加していない人びとの思いを聴く
> ②地域内の人びとが無理なく参加できる方法を考え，提示する
> ③方法の提示とニーズの提示のどちらが必要かを考える
> ④地域の力学を踏まえて必要な人びととつながる
> ⑤地域内の人びとの負担感を受け止め，そこから必要な支援を見いだす
> ⑥個別ニーズを知る機会をつくる

①地域活動に参加していない人びとの思いを聴く

　地域で暮らす人びとには，それぞれの生活の営みがあり，地域支援者が望む活動に携わっていない人びとも社会において何かしらの役割を担っていたり，地域活動に参加できなくても募金等できる範囲で協力している人びともいます。このように地域活動に参加していない人びとの中にも自分が暮らす地域に関心をもち，できることがあれば協力したいと思っている人びともいるのです。そのため，彼らは地域活動への意識が低い人びとではなく，今の生活では地域活動との接点をもちにくい人びとと捉える視点が大切です。多様な機会を通して地域活動に参加していない人びとの思いを聴こうと努め，そこから次の糸口を見つけることが地域支援者の大事な役割の1つです。

②地域内の人びとが無理なく参加できる方法を考え，提示する

　これまで地域内の人びとに対して，意識啓発型ではなく協働提案型でアプローチすることの大切さを述べてきました。そのためには，地域内の人びとが日々どのような思いを抱き，どのように暮らしているのかを知ることが不可欠です。かつては専業主婦層や定年退職者層が講座に参加して活動を始めるという時代もありましたが，今は多くの人びとが所得を得るために働く時間を増やしています。こうした時代では，時間がある人に参加してもらおうという視点でなく，さまざまな時間の過ごし方をしている人びとの状況を踏まえて，どのように今の生活と地域活動の接点をつくれるかを考えることが大切です。

③方法の提示とニーズの提示のどちらが必要かを考える

　私たちは日々の生活を送る中で，何かしらの社会問題に関心をもち，時には解決に向けて協力したいという思いを抱き，それが行動につながる場合もあり

ます。その時に，私たちの心を動かすきっかけはさまざまであり，同じ情報に触れても反応は異なります。

このように人の心が動くきっかけは多様であるという考え方を踏まえ，地域支援者が地域内の人びとに働きかける際には，具体的な活動方法を提示する場合と，そうした活動を必要とするニーズ（生活の困りごと）を提示するというアプローチとを意識して使い分けることが大切です。地域の中には，ある人の具体的な困りごとを知ることで放っておけないと思う人もいれば，そうした困りごとが地域内でどれくらい起きているかを知ることで，地域全体としての取り組みの必要性を強く感じる人びともいます。

しかし，地域支援者の中には，このどちらも提示せずに協力だけを呼びかけている人びともいます。地域活動に熱心な人びとは呼びかけに応じて話は聞いてはくれますが，何をすればよいのか戸惑ってしまい，一方でその地域支援者は「住民主体の活動が大切なので何をするかは自分たちで話し合いましょう」と言って，参加者に丸投げ状態になっている時もあります。地域支援者の力量不足を参加者の問題にすり替えることなく，どうしたら人びとの思いが行動につながるか，相手の状況を踏まえたサポートが地域支援者には求められます。

④地域の力学を踏まえて必要な人びととつながる

地域内の人びとはすでにそれぞれが属する組織の中で働き，活動しており，その組織としての意思決定ルールも存在します。それらを無視して動くと組織ルールの逸脱者としてみなされてしまうことから，各組織の構成員はどのような手順を踏めばよいのかを考えて行動することになります。

したがって，地域支援者が協力してほしい人びとへ働きかける際には，その人びとがどういった立場の人びとなのかに留意し，必要であれば所属している組織の役員へ話を通していくことも重要です。その際には，まだ何も決まっていない段階で今後の動きをしてもよいかの相談とするか，ある程度関係者と意見をすりあわせたうえで了承を得るための相談とするか，慎重な判断が求められます。

地域の力学とは，地域内の人びとがどのような関係の中で，どのようなルールに基づいて行動しているかということであり，実際に地域の中で話し合いがうまく進まない要因の1つは，意思決定ルールを無視した行動にあります。例

えば地域で活動を始める際に、その地域の自治会長に話をしていなかったことで「そんな話は聞いていない。勝手に何をしているんだ」と言われてしまうこともあります。事前に説明しておけば協力してくれる人も、自分が知らないところで物事が進んでいると不快に感じ、相手への不信感につながりかねません。

　また一方で、地域内の人びとの関係性が良好でなく、「あの人がいるなら自分は参加しない」という声が聞こえる時もあります。こうした場合にも進め方に慎重な配慮が求められますが、関連する組織の意思決定ルールに基づいての話し合いをすることに変わりはありません。そのうえで出された結論が、これからの取り組みに消極的であったとしても、それは地域の状況を反映したものであり尊重しなければなりません。

　地域支援者としては、こうした状況を地域アセスメントとして捉え、今後どうするかを考えていくうえでの思考材料とすることが大切です。

　なお、人間関係のこじれから話し合いが進まない場合、次のような手立てがあります。A. 関係がこじれている当事者1人ひとりへ個別に訪問して話を聞く機会をもつ、B. 有志で取り組む方法で進めてもよいか話し合ってもらう、C. これまでの問題を「棚上げ」して、今取り上げている問題をどうするかを話し合ってもらう、D. 役員が替わるタイミングを待つ、等です。地域の状況によっては他の手立てが考えられるかもしれません。

　どのような方法であったとしても、地域内の人びとのプライドを傷つけるような場面は避けることが大切です。それは地域活動において後々まで禍根を残してしまう場合もあるからです。人間関係の調整はとても難しいものですが、だからこそ地域支援者が必要とも言えます。

⑤地域内の人びとの負担感を受け止め、そこから必要な支援を見いだす

　地域支援者が支え合いをテーマにした学習会を開催したり、具体的な活動を提案しても、「支え合いの大切さはわかるが、これ以上の活動はできない」という声が上がる時もあります。地域活動者から活動への負担感が示された場合は、これまで述べてきたように、新たな負担を強いるよりも、その負担を軽減したり、あるいは負担を増やすことなく、新たな活動が展開できるような協働を模索することが重要です。

　そのため、「これ以上の活動はできない」という声が聞こえた場合には、ど

んな活動をしていて，どんなことに負担感を抱いているかを聴くことが大切です。地域内の人びとの暮らしや思いを踏まえたうえで行う支援は「支持的地域支援」と言ってもよいでしょう。それに対し，人びとの意識を変えようとする関わり方は**啓発的地域支援**と言うことができ，そのような関わりによって地域内の人びとだけでなく支援者も追い詰められてしまう場合があります。啓発的な学習の機会が必要な場合と，別のアプローチが必要な場合があり，すでに活動している人びとの負担感に対しては，少なくとも負担を軽減していくアプローチが求められます。

⑥個別ニーズを知る機会をつくる

地域内の人びとは，それぞれの活動や仕事を通して他の人びとの生活の困りごとを知ることもできますが，地域支援者は主に地域で活動している人びととの関わりが多くなるため，困りごとを抱えている人びとに直接会うという機会が少なくなります。

そうすると地域内のニーズは何かを尋ねられた際，活動者の困りごとは代弁できても，生活者の困りごとを十分に説明できないという時があります。

地域支援者は，個別支援者のように個別ニーズへ関わることが少ないからこそ，意識的に個別ニーズを知る機会をもつことが大切です。これは，地域アセスメントとしてさまざまな量的調査を行うことでもできますが，できる限り個別事例を聴くように心がけることも求められます。例えば，個別支援者がどのようなニーズに対応しているのかを聴きながら，地域支援として求められていることはないか，あるいは個別事例の検討会に参加して，地域支援者として担えることがないだろうかと考えていくことです。

こうした機会を通して個別事例を知ることができれば，その生活問題を地域内の人びとに代弁できるようになります。地域支援者こそ個別ニーズを知る機会を意図的にもつことが求められます。これはコミュニティソーシャルワークとしての地域支援において，最も重要なことです。

注————————————

1) Charles A. Rapp and Richard J. Goscha（2006）*The Strengths Model: Case Management with People with Psychiatric Disabilities*, 2nd ed., Oxford University

Press, p.59.（＝2008，田中英樹監訳『ストレングスモデル──リカバリー志向の精神保健福祉サービス〔第2版〕』金剛出版，86頁）

2） Alan Twelvetrees（2002）*Community Work*, 3rd ed., Macmillan Publishers, p.1.

3） ユネスコ学習権の内容と日本での学習権に関する歴史や状況については，次の本が参考になります。藤田秀雄編（2001）『ユネスコ学習権宣言と基本的人権』教育史料出版会。

4） 地域支援計画については，次の本が参考になります。白澤政和（2014）『地域のネットワークづくりの方法──地域包括ケアの具体的な展開〔第2版〕』中央法規。

5） L. J. Skitka（1999）"Ideological and Attributional Boundaries on Public Compassion: Reactions to Individuals and Communities Affected by a Natural Disaster," *Personality and Social Psychology Bulletin*, 25: pp.793-808.

6） B. Weiner（2006）*Social Motivation, Justice, and the Moral Emotions: An Attributional Approach*, Lawrence Erlbaum Associates.（＝2007，速水敏彦・唐沢かおり監訳『社会的動機づけの心理学──他者を裁く心と道徳的感情』北大路書房，71頁）

7） B. Weiner and A. Kukla（1970）"An Attributional Analysis of Achievement Motivation," *Journal of Personality and Social Psychology*, 15（1）: pp.1-20.

8） Adam Smith（1759）*The Theory of Moral Sentiments*.（＝2003，水田洋訳『道徳感情論（上）』岩波文庫，224頁）

※ 本章は新潟県社会福祉協議会（2021）「地域アセスメントを取り入れた地域福祉活動推進ガイドライン」で執筆した内容をベースに書き直したものです。

第7章

個別支援と地域支援の統合

I ┃ 個別課題を地域課題へ転換する視点

コミュニティソーシャルワークは，個別支援と地域支援を結びつけて行う
ソーシャルワーク実践であり，個別支援者と地域支援者の連携によって具現化
できるものであると述べてきました。

実践現場においても，個別支援と地域支援を一体的に展開することや，個別
課題を地域課題として捉える重要性の認識は広がってきましたが，具体的な実
践がイメージしにくく，地域課題とはどういうことかわかりにくいという声を
聞くことがあります。

例えば，ある地域を訪問した際に，地域包括支援センターの担当者から「地
域課題の抽出方法がわからない」という相談を受けました。その人は，業務上
受講した研修で，個別課題を地域課題としていくにはまず地域ケア会議で個別
課題を検討し，そこで度々出てくる問題を地域課題として設定すると学んでい
ました。そこで疑問を感じていたのは，「いったい何ケースあれば，地域課題
としてよいのか」ということだったのです。

この相談を受けた時，地域課題の捉え方が狭くなってしまっていると感じま
した。地域課題とは，その地域で多く生じている問題への取り組みだけではあ

りません。たとえ少数の人びとの問題であっても地域のみんなで解決していくことが大事であれば，それは地域課題として取り組むべきものです。

そこで地域課題については，①多数性，②共通性，③社会性，④予測性という4つの観点から考えることが大切です（図7-1）。

①多数性とは，同様な状況で同じ問題を抱えた人がどれくらいいるかを把握することです。例えば，買い物や通院時の外出に困っている人が多いという認識は多くの支援者がもっていますが，どの地域でどれだけの人が買い物や通院に困っているのか，どこからどこへ行くことが難しいのか等の実態が十分に把握できていないことが多くあります。多数性を把握することにより，個別対応ですむ問題か，それとも地域全体で仕組みを考えていく必要があるのか等，どのような課題を設定すればよいかを考えることができるようになります。

②共通性とは，異なる状況で同じニーズを抱えた人がどれくらいいるかを把握することです。例えば，外出の困難さは，要介護の高齢者だけでなく，車の免許を返納した高齢者や障害のある人，子育て中の人の中にも感じている人がいるかもしれません。そのため，対象を属性で限定せず，広く同じニーズを抱えている人がいないか，他分野の支援者等と実態を把握することで，解決に向けた取り組みを共同で検討し，実施につなげることができます。

③社会性とは，少数の人が抱える問題であっても，地域のみんなで解決を考える必要があれば，地域課題として取り組むことです。例えば，父子家庭で低学年の小学生が帰宅後，毎日独りで夕飯を食べているという事例がありました。それを知った地域の人びとが父親が帰ってくるまで過ごせる場所をつくれないか話し合い，放課後の居場所をつくり，その子や他の子たちもみんなで過ごせるようにしたという実践があります。この取り組みは，放課後独りで過ごす子が多いからではなく，たとえ対象が1人であっても，地域のみんなで解決したいと思う気持ちから生まれたものです。

本来，社会福祉として取り組む問題は，多くの人が困っている問題だけを取り上げてきたわけでなく，むしろ少数の人びとの問題を社会全体の問題として解決に向けた社会制度をつくり，そして人びとも多様な地域活動をしてきました。少数の人びとの生活問題こそ，周りの人びとが目を向け，社会の問題にしていくことが大切です。この社会性は，コミュニティソーシャルワークにおいて特に重要であり，「この人を支えるために地域で何をすればよいか」を考え

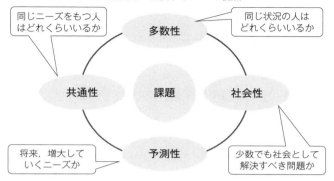

図 7-1　個別課題を地域課題へ転換する 4 つの視点

同じニーズをもつ人
はどれくらいいるか

同じ状況の人は
どれくらいいるか

多数性

共通性　　課題　　社会性

予測性

将来，増大して
いくニーズか

少数でも社会として
解決すべき問題か

ていくにあたって大事な観点になります。

　④予測性とは，現在の状況だけでなく，今後同じ問題を抱えた人がどれくら
い増減するかを統計データから予測することです。

　例えば，要介護認定率（第 1 号被保険者に対する 65 歳以上の要介護認定者数の割
合）の全国平均は 2022（令和 4）年 4 月末現在で 18.9％となっています[1]。ある
地域では，さらに要介護認定率のデータを地域包括支援センターの圏域ごとに
年齢別に出しており，それを見ると認定率は，65 歳以上 75 歳未満が 5 〜 6％
台，75 歳以上 85 歳未満が 22 〜 23％台，85 歳以上が 50 〜 60％台となってい
ました。このデータを人口動態の推計と合わせてみると，この地域で要介護と
なる高齢者がどれくらい増えていくのかを予測することができます。こうした
データを地域内の人びとと共有し，これから取り組むべきことは何かを考えて
いくことが予測性による地域課題の設定です。

　個別支援者は，これらの視点から相手の状況や生活問題を視ていくことで，
地域課題として取り組むべきことを見いだしていきます。

2 ｜ 個別支援と地域支援を結びつけるシステム

　個別支援と地域支援を統合するコミュニティソーシャルワーク実践を展開す
るためには，個別支援者と地域支援者の双方がつながろうとする意識をもつこ
とも大事ですが，日々さまざまな業務をこなさなければならない状況の場合に

は，こうすべきだという精神論だけでは実践できないこともあります。

　そのため，個別支援と地域支援を結びつけるシステムを構築することが重要であり，具体的には，①個別支援と地域支援をつなげる人材（コミュニティソーシャルワーカー等）を配置する，②個別支援者と地域支援者で構成される支援チームを編成する，③個別支援者と地域支援者が同じ場所で仕事をする，④個別支援者と地域支援者が参加する会議や事例検討を開催する，等があります。

　ここでは，これらの整備や実施に関する計画として地域福祉計画に焦点を当て，その意義や内容，策定プロセス，進行管理等のポイントについて見ていきます。

■　社会福祉法における地域福祉計画

　コミュニティソーシャルワークを展開できるシステムを構築するには，社会福祉分野の支援を司る地方自治体の役割が重要であり，市区町村行政としてそれぞれの地域の実情を踏まえたシステム構築が求められます。そこで活用できる行政計画として社会福祉法に規定されている地域福祉計画があります。

　この地域福祉計画が初めて法的に位置づけられたのは，2000（平成12）年に社会福祉事業法が社会福祉法へと改正された際であり，併せて地域福祉という用語が初めて日本の法律に明記されることとなりました。

　かつては民間団体である社会福祉協議会において，地域福祉推進に関する計画として地域福祉計画を策定するという動きが見られました。しかし，1989（平成元）年に，東京都地域福祉推進計画等検討委員会が「東京都における地域福祉推進計画の基本的あり方について」を公表した際，区市町村が策定する「区市町村地域福祉計画」，住民が主体的に策定する「地域福祉活動計画」，東京都が策定する「地域福祉推進計画」の三相の計画が整合性をもち，補完し合う必要性を提言しました。これを受けて市区町村行政が策定する計画を「地域福祉計画」，市区町村社会福祉協議会が策定する計画を「地域福祉活動計画」と呼ぶことが地域福祉関係者の中で定着していき，こうした経緯から社会福祉法において市区町村行政の策定する計画が「地域福祉計画」として規定されました。

　なお，市区町村社会福祉協議会が策定する「地域福祉活動計画」に法的根拠はありませんが，地域福祉推進は行政だけでできるものではなく，多様な機

関・団体・人びとの主体的参加が求められることから，多くの地域で市区町村社会福祉協議会による「地域福祉活動計画」が策定されています。

　その後，社会福祉法は度々改正されており，2020（令和2）年6月12日には「地域共生社会の実現のための社会福祉法等の一部を改正する法律」が公布され，2021（令和3）年4月1日から施行された改正社会福祉法では，地域福祉計画は次のように規定されています。

社会福祉法第107条（市町村地域福祉計画）

　市町村は，地域福祉の推進に関する事項として次に掲げる事項を一体的に定める計画（以下「市町村地域福祉計画」という。）を策定するよう努めるものとする。

　　一　地域における高齢者の福祉，障害者の福祉，児童の福祉その他の福祉に関し，共通して取り組むべき事項

　　二　地域における福祉サービスの適切な利用の推進に関する事項

　　三　地域における社会福祉を目的とする事業の健全な発達に関する事項

　　四　地域福祉に関する活動への住民の参加の促進に関する事項

　　五　地域生活課題の解決に資する支援が包括的に提供される体制の整備に関する事項

2　市町村は，市町村地域福祉計画を策定し，又は変更しようとするときは，あらかじめ，地域住民等の意見を反映させるよう努めるとともに，その内容を公表するよう努めるものとする。

3　市町村は，定期的に，その策定した市町村地域福祉計画について，調査，分析及び評価を行うよう努めるとともに，必要があると認めるときは，当該市町村地域福祉計画を変更するものとする。

■　地域福祉計画に盛り込むべき事項

　社会福祉法では，地域福祉計画に盛り込むべき事項として，①地域における高齢者の福祉，障害者の福祉，児童の福祉その他の福祉に関し，共通して取り組むべき事項，②地域における福祉サービスの適切な利用の推進に関する事項，③地域における社会福祉を目的とする事業の健全な発達に関する事項，④地域

福祉に関する活動への住民の参加の促進に関する事項，⑤地域生活課題の解決に資する支援が包括的に提供される体制の整備に関する事項と定められています。

■ 福祉関係計画の上位計画としての地域福祉計画
　このうち「地域における高齢者の福祉，障害者の福祉，児童の福祉その他の福祉に関し，共通して取り組むべき事項」が規定されたことにより，地域福祉計画は他の福祉関係計画の上位計画として位置づけられました。
　また「地域生活課題の解決に資する支援が包括的に提供される体制の整備に関する事項」の規定により，地域福祉計画は分野横断的な取り組みを行うための計画という位置づけがより明確となりました。この包括的な支援体制の整備については，社会福祉法第106条の3にも規定されています。

社会福祉法第106条の3（包括的な支援体制の整備）
　市町村は，次条第二項に規定する重層的支援体制整備事業をはじめとする地域の実情に応じた次に掲げる施策の積極的な実施その他の各般の措置を通じ，地域住民等及び支援関係機関による，地域福祉の推進のための相互の協力が円滑に行われ，地域生活課題の解決に資する支援が包括的に提供される体制を整備するよう努めるものとする。
　一　地域福祉に関する活動への地域住民の参加を促す活動を行う者に対する支援，地域住民等が相互に交流を図ることができる拠点の整備，地域住民等に対する研修の実施その他の地域住民等が地域福祉を推進するために必要な環境の整備に関する施策
　二　地域住民等が自ら他の地域住民が抱える地域生活課題に関する相談に応じ，必要な情報の提供及び助言を行い，必要に応じて，支援関係機関に対し，協力を求めることができる体制の整備に関する施策
　三　生活困窮者自立支援法第三条第二項に規定する生活困窮者自立相談支援事業を行う者その他の支援関係機関が，地域生活課題を解決するために，相互の有機的な連携の下，その解決に資する支援を一体的かつ計画的に行う体制の整備に関する施策
　2　厚生労働大臣は，次条第二項に規定する重層的支援体制整備事業をはじ

めとする前項各号に掲げる施策に関して，その適切かつ有効な実施を図る
ため必要な指針を公表するものとする。

■ 地域福祉計画の策定率

　地域福祉計画は，策定義務のある計画ではなく，策定に努めるという努力規
定となっていますが，2022（令和4）年4月1日時点での策定状況は，全国
1741市町村（東京都特別区含む）のうち1476市町村（84.8％）が策定済みとなっ
ています。なお，市区部では815（95.0％），町村部では701（75.7％）と人口規
模によって差がある状況です[2]。

　地域福祉計画は，住民の生活を支えるために分野横断的なサービス提供の体
制を整え，かつ住民参加による地域福祉活動の活性化に向けた取り組みを整備
する計画であることから，すべての市区町村での策定が望まれます。

■ 地域福祉計画策定ガイドライン

　地域福祉計画の内容は，盛り込むべき事項を踏まえてそれぞれの市区町村が
定めるものですが，そのうち「地域における高齢者の福祉，障害者の福祉，児
童の福祉その他の福祉に関し，共通して取り組むべき事項」の具体的な内容と
して，厚生労働省では，2017（平成29）年12月12日に各都道府県知事，指定
都市長，中核市長宛に「地域共生社会の実現に向けた地域福祉の推進につい
て」を通知しています。その中で地域福祉計画策定ガイドラインを示し，「地
域における高齢者の福祉，障害者の福祉，児童の福祉その他の福祉に関し，共
通して取り組むべき事項」として16項目が挙げられました。この通知は2020
（令和2）年の社会福祉法改正の内容を受けて，2021（令和3）年3月31日に改
正され，16項目は表7-1のように整理されています。

　このガイドラインでは，これまでの社会福祉施策で十分に対応できていな
かった問題を広範囲で取り上げており，分野横断的な連携や制度の狭間の問題
への対応，さらには地域支援に関する内容が含まれています。

　これらの内容を見ると，コミュニティソーシャルワークを展開するシステム
構築として地域福祉計画を位置づけることができます。

　また，2020（令和2）年の社会福祉法改正では，重層的支援体制整備事業が
第106条の4として新たに規定されました。これは，地域共生社会の実現を目

表7-1　市町村地域福祉計画の策定ガイドライン（2021年）

ア	様々な課題を抱える者の就労や活躍の場の確保等を目的とした，福祉以外の様々な分野（まちおこし，商工，農林水産，土木，防犯・防災，社会教育，環境，交通，都市計画等）との連携に関する事項
イ	高齢，障害，子ども・子育てなどの各福祉分野のうち，特に重点的に取り組む分野に関する事項
ウ	制度の狭間の課題への対応の在り方
エ	生活困窮者のような各分野横断的に関係する相談者に対応できる体制
オ	共生型サービス等の分野横断的な福祉サービス等の展開
カ	居住に課題を抱える者・世帯への横断的な支援の在り方
キ	就労に困難を抱える者への横断的な支援の在り方
ク	自殺対策の効果的な展開も視野に入れた支援の在り方
ケ	市民後見人等の育成や活動支援，判断能力に不安がある者への金銭管理，身元保証人等，地域づくりの観点も踏まえた権利擁護の在り方
コ	高齢者や障害者，子どもに対する虐待への統一的な対応の在り方，家庭内で虐待を行った養護者又は保護者が抱えている課題にも着目した支援の在り方
サ	保健医療・福祉等の支援を必要とする犯罪をした者等への社会復帰支援の在り方
シ	地域住民等が集う拠点の整備や既存施設等の活用
ス	地域住民等が主体的に地域生活課題を把握し解決に取り組むことができる地域づくりを進めるための圏域と，各福祉分野の圏域や福祉以外の分野の圏域との関係の整理
セ	地域づくりにおける官民協働の促進や地域福祉への関心の喚起も視野に入れた寄附や共同募金等の取組の推進
ソ	地域づくりに資する複数の事業を一体的に実施していくための補助事業等を有効に活用した連携体制
タ	全庁的な体制整備

（出所）　厚生労働省（2017）「地域共生社会の実現に向けた地域福祉の推進について」

指して包括的支援体制の構築を具体的に進めるための事業であり，①包括的相談支援，②参加支援，③地域づくりに向けた支援という3つの事業を必須とし，また④アウトリーチ等を通じた継続的支援事業，⑤多機関協働事業も規定されています（表7-2）。

　なお，この事業を行う市町村は，重層的支援体制整備事業実施計画の策定に努めることが社会福祉法第106条の5に規定され，地域福祉計画等，地域福祉

表 7-2　重層的支援体制整備事業の概要

包括的相談支援事業 （社会福祉法第106条の4第2項第1号）	・属性や世代を問わず包括的に相談を受け止める ・支援機関のネットワークで対応する ・複雑化・複合化した課題については適切に多機関協働事業につなぐ
参加支援事業 （社会福祉法第106条の4第2項第2号）	・社会とのつながりを作るための支援を行う ・利用者のニーズを踏まえた丁寧なマッチングやメニューをつくる ・本人への定着支援と受け入れ先の支援を行う
地域づくり事業 （社会福祉法第106条の4第2項第3号）	・世代や属性を超えて交流できる場や居場所を整備する ・交流・参加・学びの機会を生み出すために個別の活動や人をコーディネートする ・地域のプラットフォームの形成や地域における活動の活性化を図る
アウトリーチ等を通じた継続的支援事業 （社会福祉法第106条の4第2項第4号）	・支援が届いていない人に支援を届ける ・会議や関係機関とのネットワークの中から潜在的な相談者を見付ける ・本人との信頼関係の構築に向けた支援に力点を置く
多機関協働事業 （社会福祉法第106条の4第2項第5号）	・市町村全体で包括的な相談支援体制を構築する ・重層的支援体制整備事業の中核を担う役割を果たす ・支援関係機関の役割分担を図る

（出所）　厚生労働省「地域共生社会のポータルサイト」

の推進に関する事項を定めるものとの調和が保たれたものでなければならないとされています。

　この重層的支援体制整備事業は，個別支援と地域支援の一体的展開を目指しており，コミュニティソーシャルワークを志向した事業と言えます。

■　地域福祉計画と地域福祉活動計画の目的と意義

　ここで改めて地域福祉計画と地域福祉活動計画の目的と意義について整理しておきます。地域福祉という言葉のイメージから，地域福祉計画は，地域住民による支え合いについて取り上げた計画であるという認識が地域住民だけでなく公的機関の支援者にも見られます。ある自治体で地域福祉計画策定担当の職員と計画の理念について話し合っていた際，市職員の多くが「行政ではできることに限界があり，地域住民の絆も弱くなっているので，助け合いの社会を築

くために地域福祉計画が必要だ」という認識でした。こうした捉え方は間違っているわけではありませんが、市として住民の生活をどう支えていくかという視点が欠落しており、現在の公的支援の不十分さを住民の助け合いの問題にすり替えてしまっていると言えます。

　地域福祉の推進は社会福祉法第4条の2に規定されているように、地域住民だけでなく社会福祉関係者も担うものです。

社会福祉法 第4条の2（地域福祉の推進）

2　地域住民、社会福祉を目的とする事業を経営する者及び社会福祉に関する活動を行う者（以下「地域住民等」という。）は、相互に協力し、福祉サービスを必要とする地域住民が地域社会を構成する一員として日常生活を営み、社会、経済、文化その他あらゆる分野の活動に参加する機会が確保されるように、地域福祉の推進に努めなければならない。

　そのため地域福祉計画は、これまで見てきたように地域住民による支え合いだけでなく、行政や多様な支援者が協働して人びとの生活を支えていくための計画として捉えることが重要です。

　また、地域内の人びとが支え合い活動に参加するのは、孤独や孤立のない社会、差別や排除のない社会、誰もが生きがいと居場所を見いだせる社会を築くために大切な営みとなるからであり、公的支出の抑制や公的支援の不備を補うためではありません。地域福祉計画は行政計画として、地域内の人びとだけでは対応が困難な問題に対して公的支援の体制を整備するための計画であり、そのうえで地域内の人びととの協働の体制を整備していくことが求められます。これらを踏まえ、地域福祉計画の目的と意義を整理すると次のようになります。

　地域福祉計画は、市区町村行政として住民の地域生活を支援するため、公的機関や民間団体等による支援の横断的連携を促進し、生活ニーズへ対応できる新しい社会資源を生み出し、地域内の人びとの活動を支援する計画である。

　また、民間団体である社会福祉協議会では地域福祉活動計画を策定していますが、前述のとおりこれは法的根拠に基づくものでなく、計画の必要性から取り組まれているものです。地域福祉活動計画も住民による支え合い活動を支援

するというイメージをもたれていますが，それだけでなく社会福祉協議会の職員が民間団体の社会福祉専門職として，公的機関だけでは対応が困難な問題の解決や緩和に向けて行動するための計画という要素もあることを忘れてはなりません。社会福祉協議会による地域福祉活動計画の意義と目的を整理すると次のようになります。

> 地域福祉活動計画は，民間団体である社会福祉協議会として住民の地域生活を支援するため，公的支援だけでは対応できない問題に対して多様な人びととの協働によって解決を図るための計画である。

■ 地域福祉計画策定の留意点

　地域福祉計画策定方法については，これまで述べてきたように国が「市町村地域福祉計画及び都道府県地域福祉支援計画の策定ガイドライン」をまとめており，また全国社会福祉協議会では 2019 年に『地域共生社会の実現に向けた地域福祉計画の策定・改定ガイドブック』を作成しています[3]。

　これらは社会福祉法の改正を踏まえて地域福祉計画策定における留意点等を詳細に解説していることから，ここでは私自身が各地の地域福祉計画策定に関わる中で重要だと思う点に限定して取り上げておきます。特に重視しているのは次の 6 点です。

> **地域福祉計画策定で重視すべき点**
> 　①次の手立てを検討できるニーズ調査
> 　②地域組織化を念頭に置いた話し合いの場づくり
> 　③検討に必要な部会の設置
> 　④策定プロセスを通した関係づくり（リレーションシップゴール）
> 　⑤地域福祉活動計画との連動性
> 　⑥進行管理体制とアウトカム評価

①次の手立てを検討できるニーズ調査

　地域福祉計画の意義を果たせるようにするには策定プロセスが重要であり，特にニーズ把握が要です。このニーズ把握では，①住民のニーズ，②支援者の

ニーズを区別してしっかりと捉える必要がありますが，十分に行われていないこともあります。

　例えば，住民を無作為抽出してアンケート調査票を送付し，記入後に返送してもらうという郵送でのサンプル調査を行う地域が多くありますが，生活ニーズの把握方法としては限定的です。そもそもアンケート調査は回答できる人しか返送できず，生活問題を抱えている人びとが必ずしも回答できるとは限りません。また，回答してくれた人びとの中には，今は困っておらず将来の漠然とした不安や曖昧な要望を記入する場合もあります。このようにサンプル調査としての住民アンケートでは，福祉意識の傾向をつかむことはできますが，生活ニーズの実態を把握することは難しいことを計画策定担当者は強く意識する必要があります。

　また調査項目の中には，地域への愛着度や福祉からイメージする色を尋ねるような調査もありますが，この結果からは何も今後の生活支援の手立てを考えることができません。多額の時間と労力をかけて行う調査が，計画内容に活かせる情報になっていないということは決して少なくなく，次の手立てを検討することができる調査を行うことが重要です。

　そこで，生活ニーズの実態を把握するために「支援者アンケート」の実施が求められます。これは，現在生活支援に携わる人びとに対するアンケート調査であり，表7-3に挙げた3項目が柱となります。A. 既存の制度やサービスで対応できない問題は何か，B. 現在対応できない問題に対して，どのような取り組みや社会資源があったらよいか，C. 今後，連携を深めていきたい相手は誰か。

　アンケート調査では，支援を必要とする人ほど回答できない場合があることから，その声を支援者に代弁してもらうことが支援者アンケートのねらいです。上記の3項目に回答してもらうことにより，現在対応困難な事例としてどんなことがあるかを把握でき，さらに取り組みのアイデアを出してもらうことで地域福祉計画に盛り込むべき内容を見いだすことができます。そして，多機関多職種連携を漠然と捉えず，誰と誰の連携が求められているかを把握することで，連携強化の方策を計画に位置づけることが可能となります。

表7-3　支援者アンケートの３項目

A. 既存の制度やサービスで対応できない問題は何か B. 現在対応できない問題に対して，どのような取り組みや社会資源があったらよいか C. 今後，連携を深めていきたい相手は誰か

②地域組織化を念頭に置いた話し合いの場づくり

　地域福祉計画の策定では，住民座談会を開いて人びとの声を聴く機会を設けたり，計画の素案や完成版を説明する機会を設けるところもあります。より多くの人びとの参加によって計画策定を進め，周知していくことは大切ですが，その際に，どの程度の地理的範囲で参加を呼びかけるかが重要です。

　例えば，小学校区域を範囲とした地域内の支え合い活動の推進を考えるならば，小学校区ごとに住民が参加できる話し合いの場を開催していくことが求められます。これを中学校区等の広域で開催した場合，その会場まで行ける人が限られたり，集まった人びとが支え合い活動の実施に向けて協力していくには，まとまりにくいということもあります。地域内の人びとが集まり，話し合う場を設ける際には，その地域でどのような圏域の活動が行われているかを把握し，さらに今後どのような圏域での地域活動の展開が望ましいかを検討したうえで，話し合いの場をつくることが重要です。

③検討に必要な部会の設置

　地域福祉計画の策定委員については，各市区町村が定める委員会設置要綱で選出区分等が定められており，地域によって人数や構成員がさまざまです。また，各機関・団体からの選出方法もさまざまであり，それぞれの代表者や推薦者が選出されることもあれば，委員として参加してほしい人に直接声をかける場合もあります。しかし多くの場合，選出区分ごとに代表者や推薦者が充て職で選出されることが多く，委員の任期途中で，次の代表者に交代するということもあります。各機関・団体の代表者によって委員会が構成されることにより，情報の周知や共有が図られるという利点もありますが，検討する議題によっては，別のメンバーが加わったほうがより実質的な議論ができる場合もあります。

　そのため，策定委員会を設置し検討を進める中で，より深い議論を行う必要があれば，別途検討部会を設けることが効果的です。これは地域福祉計画策定

委員会に限らず，地域ケア会議等，他の会議体でも同じことです。

④策定プロセスを通した関係づくり（リレーションシップゴール）

　地域福祉計画の策定において，冊子の完成のみを目標としてコンサルタント会社に丸投げし，策定委員会はその案を承認するだけというようなことはあってはなりません。計画の策定自体を目標とするのではなく，ニーズ把握から協議の場などすべての策定プロセスにおいて，どのような関係づくりができるかを考えたうえで，計画策定を進めていくことが求められます。これはリレーションシップゴールと呼ばれるものであり，計画策定のプロセスにおいて地域内の生活ニーズに目を向ける人びとを増やし，その人びとの関係を広げることによって，地域の力が高まる機会にすることが大切です。

　そのため策定委員会では，できる限り参加者1人ひとりが自分の意見を発言できる機会を設けて，互いの思いを踏まえて検討していくことが重要であり，これは行政庁内の検討会議や地域の人びとが参加する懇談会等，策定委員会以外の場においても同じことです。関係づくりは，単に相手を知っているということだけでなく，互いの活動や思いを知っているという関係性を広げていくことでもあります。

　また，新たに関係を築きたい相手へ講演や報告を依頼することで出席してもらい，そこで関係を築いて今後の連携について話し合うという場合もあります。さらには，こうした場を設けて相手の理解が深まるように工夫することで，新たな実践につながる関係を目指す場合もあります。これは計画策定後においても重要であり，完成した計画を多くの住民に知ってもらうためのフォーラムを開催し，そこで話すメンバーを誰に依頼するかも関係づくりに関わることです。

⑤地域福祉活動計画との連動性

　地域福祉計画は市区町村行政が策定しますが，一方で社会福祉協議会が「地域福祉活動計画」を策定しています。社会福祉協議会は，戦後，社会福祉関係機関・団体が連携していくための組織として立ち上がり，その後，住民主体の原則に基づいて地域活動の支援を行ってきました。さらに先駆的な地域の社会福祉協議会ではさまざまな生活支援サービスを生み出して人びとの生活を支えています。

地域福祉の推進において社会福祉協議会の果たす役割は大きく，地域福祉計画の策定にあたっては，社会福祉協議会の取り組みを含めないわけにはいきません。また地域福祉計画と地域福祉活動計画の内容が異なっていては，地域内の人びとの混乱を招いてしまいます。

　そこで地域福祉計画と地域福祉活動計画の策定にあたっては，可能な限り一体的に策定を進めることが望ましく，計画期間を同じにして，同じタイミングで策定委員会での検討を進めることが求められます。その際，地域福祉計画策定委員会と地域福祉活動計画策定委員会の構成員を同じ人に委嘱をして，合同会議として検討していく方法もあります。この場合，計画策定の事務局は行政と社会福祉協議会による合同事務局とすることにより，計画策定に関わる事務作業の体制を強化することにもなります。

　こうした一体的策定の場合，計画の冊子については，前半を地域福祉計画，後半を地域福祉活動計画として合冊にする場合と，それぞれの計画内容を合わせて項目ごとに行政と社会福祉協議会の役割を記載する場合があります。

　また，同じタイミングで策定できない事情がある場合には，それぞれの策定委員会に行政と社会福祉協議会の双方が構成員として入るだけでなく，調整会議として行政と社会福祉協議会の担当者による密な連絡調整と，それぞれの組織内での検討が重要です。

⑥進行管理体制とアウトカム評価の重視

　地域福祉計画は策定自体が目的ではなく，計画の遂行が何よりも重要です。しかし，策定後に担当者が異動となって審議経過を含めた引き継ぎが後任者へ十分になされていなかったり，計画の進行管理をする体制が不十分な場合があります。

　地域福祉計画の策定後は，計画策定担当者を計画推進担当者として位置づける必要があり，その業務は特定の職員だけでなく，所管課全体で担う体制が求められます。そのうえで，計画の中に進行管理体制についても明記しておき，できるだけ策定委員会のメンバーも含めた進行管理委員会の設置と運営を行う必要があります。

　進行管理委員会の開催頻度については，地域によってさまざまですが，大多数は年1回または多くても年2回という状況です。1回の会議時間は最大でも

2時間程度で設定されることが多く，限られた時間で状況を説明し，かつ参加者1人ひとりに発言してもらうためには会議進行の工夫が欠かせません。

　なかには事務局からの進捗状況に関する説明が長く，参加者が意見を述べる時間がほとんどないという場合もあります。これでは，今後の計画遂行についての検討ができないため，会議を主催する側は，参加人数を踏まえて説明時間と協議時間の配分をあらかじめ考えて，会議資料の事前送付や要点を整理した資料作成，あるいは必要に応じて事前説明を行っておくことも大切です。

　また計画進捗状況の評価を行う際には，アウトプット評価とアウトカム評価が重要となります。アウトプット評価は，計画に基づいて何を何回実施したかというような，実施の有無を評価する方法です。こうした点は数値目標を掲げて達成率を出しやすくなりますが，計画の評価としては不十分な場合があります。例えば，住民を対象とした学習会を年に3回開催することを計画に掲げ，予定どおり3回実施した場合，達成率は100％となりますが，毎回の参加者が2〜3名であれば，今後に向けての検討が必要となります。

　そこで重要となるのがアウトカム評価であり，これは実施した後，どのような成果や課題があったかを評価していくものです。こうした内容は，数値では表しにくく，また評価者の主観が影響します。そのため，アウトカム評価においては，①事業担当者による評価，②支援者・活動者による評価，③地域住民による評価など，多角的に評価することが求められます。

　まずは事業担当者として感じている成果や課題の整理が必要であり，その一方で担当者が気づいていない成果や課題があるかもしれません。そこでその事業に関連する支援者や活動者の声を聴くこともアウトカム評価において重要なデータとなります。

注

1) 要介護認定率については，厚生労働省ホームページ「介護保険事業状況報告（月報）」の「結果の概要」に掲載されています。(https://www.mhlw.go.jp/topics/kaigo/toukei/joukyou.html)

2) 地域福祉計画の策定率については，厚生労働省ホームページ「地域福祉計画」の「地域福祉計画策定状況等調査結果」に掲載されています。(https://www.mhlw.go.jp/stf/seisakunitsuite/bunya/hukushi_kaigo/seikatsuhogo/c-fukushi/index.html)

3) 全国社会福祉協議会 地域福祉計画の策定促進に関する委員会（2019）『地域共生社会の実現に向けた地域福祉計画の策定・改定ガイドブック』。

第 **8** 章

コミュニティソーシャルワーク
の視点による事例検討方法

Ⅰ 事例検討の目的

　多くの地域や職場で社会福祉実践に関わる事例検討が行われています。それはさまざまな理由からですが，コミュニティソーシャルワークにおいて，事例検討は個別支援者と地域支援者の連携を促進するシステムの1つとして捉えることができます。

　社会福祉領域における事例検討に関する書籍は多く出版されていますが，ここではコミュニティソーシャルワークの視点による事例検討を対象として整理しておきます。

①支援者の視点を広げる

　私たちはこれまでの学習や経験による思考をもとに，日々の出来事に対応しています。時には未知や未経験のことに遭遇し，自らの思考の応用だけでなく，情報を集めたり，経験者の声を聴いて対応を考えていきます。

　社会福祉実践の現場では，職務上の立場や人との巡り合わせ，勤務年数等によって学習や経験できる範囲には限りがあるため，他の人びとの経験や知見を学ぶことによって，自らの支援者としての視点を広げていくために事例検討の

機会が重要となります。

　しかし多くの場合，事例検討は個別支援者だけで行われており，地域支援の観点からの検討にまで至っていないことがあります。社会福祉協議会の職員が参加していても，それはボランティアコーディネーターや日常生活自立支援事業等の個別支援担当者であり，事例の本人や家族が暮らしている地域へどうアプローチするかという観点での検討になっていません。本人や家族の抱える生きづらさや苦しさなどは，周りの人びととの関係性や社会資源の不足等によって引き起こされている場合もあり，そうした事例では個別支援だけでなく地域支援方策の検討が必要となります。

　また，地域支援者は地域活動をする人びととの接点は多いものの，生活ニーズを抱える人びととの直接的な関わりがないため，地域のニーズに関しては活動者のニーズはわかるが生活者のニーズがわからないということがあります。

　コミュニティソーシャルワークにおいては，個別の事例に対し，個別支援だけでなく地域支援も含めた対応を考えていく力が求められるため，個別支援者と地域支援者の双方が参加することで互いの視点を学び合うことができます。

　視点を広げるとは，個別支援と地域支援の双方の視点から事例を視ることができるようになるということです。

②組織内外の支援者との横断的連携を図る

　事例検討の参加者は，開催の目的によってメンバーが異なり，以下の形があります。

A. 個別ケースの支援チームのメンバーだけで行う
B. 支援者が所属する係や課のメンバーで行う
C. 支援者が所属する組織の他部署のメンバーも参加して行う
D. 支援者が所属する組織以外のメンバーも参加して行う

　このメンバーについて，コミュニティソーシャルワークの視点による事例検討では，個別支援者と地域支援者の双方の参加が望まれます。事例検討を行うことにより，どの機関・団体でどのような人がどのような業務を行っているのかを個別事例に即して知る機会となります。連携の促進には顔と名前と業務のわかる関係性が重要であり，逆に連携の支障となるのは相手に対する無知や過

剰期待です。

　事例検討に個別支援者と地域支援者双方の参加が求められるのは，事例検討を通して互いの視点を学ぶだけでなく，今後の連携に活かす関係性を育むためでもあります。

　また，コミュニティソーシャルワークでは，本人だけでなく家族全体も見渡した支援を行うため，特定の分野の支援者だけでなく，広く家族の状況に即して必要なメンバーが入っての事例検討が求められます。

　多機関多職種の連携が求められている今日，本章で紹介するシートを活用した事例検討は，横断的連携の基盤となる関係形成と役割理解につながります。

③支援を担当者1人の責任にしない

　事例検討で取り上げる事例は，担当者が何かしらの困難さを感じている，あるいは感じたものとして提出されることがほとんどです。担当者として，これからどうすればよいか，他の人びとの意見を聴きたいという思いに対して，参加者が自らの経験と知見をもとに意見を出し合うことで，事例検討は今後の手立てを多角的に考えていく機会となります。

　それは個人知から集合知へと発展していく場であり，集合知による支援へとつながっていくものです。また，支援は担当者だけでなく，多様な人びとがチームとなって行うものであり，担当者だけが背負い込む問題ではないことを確認する場ともなります。さらにコミュニティソーシャルワークでは，個別支援者だけでなく地域支援者も支援チームのメンバーとなって生活を支えていく役割を担っていきます。

　そして事例検討は，担当者の不十分さを参加者が責める場ではなく，一緒に手立てを考えていく場です。もし仮に今までの関わりで不十分さがあったとしても，それを踏まえて今後どうするかを話し合うことが求められます。担当者を追い詰めることなく，担当者を支えることで，事例検討を担当者自身の内発的成長の機会にもしていきます。

2 ┃ コミュニティソーシャルワーク事例検討フレームの開発

　事例検討の方法についてもさまざまなものがあります。しかし，現場の声を

聞くと，「毎回長い時間をかけて事例検討しているが次の手立てが見いだせない」「事例を報告すると周りから責められてつらい」「事例検討をしても得られるものがなく参加しようと思えない」「上司が一方的に話しており，みんなで検討する場になっていない」など，事例検討に関する悩みも多くあります。また，特定のスキルを身につけないとできないような事例検討方法では，実施自体のハードルが高くなってしまいます。

　私自身，コミュニティソーシャルワークの研修を始めた当初，個別支援と地域支援を一体的に検討する事例検討をしていきましょうという話をしてきましたが，「事例検討を行うとどうしても個別支援の観点が強くなり，また地域支援者が参加できない事例検討もある」という声を聞くことが多くありました。

　どうしたら個別支援者と地域支援者が一緒になって事例検討ができるかを考えていくうちに，大学の授業で学生たちが議論しやすいように作成しているワークシートの発想から，コミュニティソーシャルワークに基づいた事例検討フレームをつくったらどうだろうかと思うようになりました。そしてフレームを作成するにあたり，以下の4点を考慮してホワイトボードや模造紙に書きやすい形にすることとしました。

①個別支援と地域支援を一体的に検討できること
②ニーズとストレングスの両面から支援方策を検討できること
③家族全体と暮らしている地域全体を視る視点を養えること
④ケアマネジメントに終始せず，社会資源開発のアイデアも出せること

　最初に作成したのは2014（平成26）年であり，6マスのシートになっていました。その内容は「本人の力を高める」「家族の力を高める」「住民の力を高める」「本人の主訴・支援者の見立て」「サービスにつなぐ」「サービスを作る」というものでした。

　実際にいくつかの社会福祉協議会や職能団体での事例検討で使用してもらい，その時の参加者の反応を見ながら，少しずつ改良していきました[1]。2015（平成27）年には「関わっている機関・団体」「専門職の力を高める」という2マスを追加し，さらに2016（平成28）年には「自由発想」を追加して現在の9マスの原型が生まれました。「自由発想」を加えたのは，堀公俊の『フレームワークの失敗学』[2] を読んだ際に，フレームワークは物事を考えやすくなるが，

それにとらわれてしまい柔軟な思考ができなくなってしまうという指摘に触れたからです。各地でのフレームによる事例検討を見てきた自分にとって、とてもうなずくところがあり、そこから「自由発想」をフレームに加えた結果、参加者からは「意見が出しやすくなった」という感想が多くありました。「これまで自分が思いついた意見をどこに落とし込んだらいいか悩むことがあったが、自由発想の枠ができたことによって思ったことを言いやすくなった」というのです。

　また、他の枠の言葉も少しずつ精査していきました。当初「力を高める」という表現をしていた部分は、支援者目線であることに気づき、「力が高まる」という視点をフレームに落とすようにしました。また、「住民」については、その地域に住民登録している人びとだけでなく、他の地域から働きに来ている人びと、学びに来ている人びとも含めるために「地域」という言葉に置き換えました。また、「専門職」については、公的機関の有給支援者だけでなく、NPO やボランティア、民生委員、自治会等、多様な人びとも支援を担っていることから、「支援者」と呼ぶことにしました。こうした経緯を経て現在に至っており、これから紹介するフレームは、現場の人たちと一緒に作成していったものと言えます。私自身は「コミュニティソーシャルワーク事例検討フレーム」（略称、CSW フレーム）と名づけていますが、各地の方々からは通称「9 マスシート」と呼ばれています。

3 ｜ コミュニティソーシャルワーク事例検討フレーム（9 マスシート）

　コミュニティソーシャルワーク事例検討フレームは、図 8-1 に示すとおりです。真ん中に個別ニーズを置き、フレームに沿って検討することにより個別支援と地域支援の方策を一体的に検討していくことを目指したシートです。使い方は自由であり、どの枠から検討してもよく、最終的にフレーム全体が検討されることを目指しています。ただ実際に使用している地域では、まずは個別ニーズを整理してから本人、家族、地域のストレングスを挙げていき、そのうえで社会資源の活用や開発等の支援方策を考えるという展開が多くなっています。どこから議論してもよいとはしていますが、やはり一番最初は個別ニーズ

図8-1　コミュニティソーシャルワーク事例検討フレーム Ver.4.6（9マスシート）

家族の力（意欲・生活力） 思い・有する力／高まる方策	本人の力（意欲・生活力） 思い・有する力／高まる方策	地域の力（意識・活動） 思い・有する力／高まる方策
社会資源につなぐ 公的・民間／手段的・情緒的	生活問題・課題 主訴／支援者の見立て	社会資源をつくる 公的・民間／手段的・情緒的
現在つながっている 社会資源 公的・民間／手段的・情緒的	支援者の力（知識・体制） 有する力／高まる方策	自由発想

をしっかりと整理し，本人や家族が有する力を視ることが事例検討において重要であると現場の人びとが考えている表れだと思います。

　このシートを初めて活用する人には，以下の順番で検討していくことをお勧めします。

①生活問題・課題
②本人の力
③家族の力
④地域の力
⑤現在つながっている社会資源
⑥社会資源につなぐ
⑦社会資源をつくる
⑧支援者の力
⑨自由発想

9マスシートにおける各フレームのねらいは以下のようなものです。

■ 生活問題・課題

　この9マスシートは，本人と本人を取り巻く人びとも視野に入れて検討するものであり，生活問題・課題は本人だけでなく，家族も含めて直面している生活ニーズ（個別ニーズ）を整理するものです。

　ここでは問題と課題という言葉を並べていますが，これは同じ意味ではありません。よく混同して使われますが，「生活問題」とは生活に支障が生じている状態，またこのままでは生活に支障が生じる可能性のある状態であり，その問題を解決していくための取り組みが「課題」となります[3]。

問題と課題の違い
問題：支障が生じている状態 　課題：問題を解決するための取り組み

　例えば，ある程度収入があっても経済的に困窮しているという場合，さまざまな原因がありますが，家事・炊事が苦手で自炊ができず外食や惣菜購入で食費が高くなっているという世帯を取り上げると，この世帯には家事・炊事が難しい，自炊ができないという問題があり，またそれにより食費が高く生活費が逼迫しているという問題があります。この問題に対して，自炊ができるようになりたいという本人や家族の思いがあれば，家事・炊事ができる力を身につけるということが課題になり，その思いが今はない場合でも，食費を抑えられるように本人や家族への支援や環境調整が必要であると支援者が考えるならば，それも課題となります。

　このフレームでは問題と課題を同じ枠に記載するようにしていますが，これらを併記することによって，事例検討を重ねながら，この両者の違いを意識していく力を養っていくことも意図しています。なお，課題については具体的な取り組みであることから，他のフレームにも重複して記載してよいものです。

　また，このフレームでは本人や家族の主訴や思いと，支援者の考えや見立てを区別して個別ニーズを整理することも意図しています。
　例えば，ゴミがたまって不衛生な家に暮らしている一人暮らし高齢者の事例において，近隣住民や支援者はゴミを片づけたほうがよいと思っても，本人は困っていないので放っておいてほしいと言っている場合，本人の主訴と周りの

図8-2　表明度と必要度による4つのニード

		支援の必要度	
		高	低
ニードの表明度	強	A（要即応）	B（要検討）
	弱	C（潜在的）	D（自己充足）

人びとの思いは異なります。その際，相手の問題認識が弱いという周りの声だけでなく，本人の声を大切に，その背景にある問題を考えるという支援者の分析を見立てとして整理していくことになります。また，支援者の見立ては福祉関係者だけでなく，医療，保健，心理等，多様な専門職の見立ても重要です。

　この「主訴／支援者の見立て」は，ブラッドショウによる4つのニードの考え方をベースにしています。なお，ブラッドショウによるニードの整理を参考に，改めてニードを考えてみると，ニードには本人自身が認識しているものと支援者が認識しているものがあり，この両者は必ずしも一致しません。こうしたことから，ニードは以下のように整理することもできると考えます（図8-2）。

　A　本人が訴えており，支援の必要性が高い（要即応ニード）
　　　どのような支援が必要であるか明らかになっている場合
　B　本人が訴えているが，支援の必要性が低い（要検討ニード）
　　　本人の訴えに対する支援がよりよい結果につながらない場合
　　　本人の訴えとは別のニーズがある可能性も考える必要がある
　C　本人は訴えていないが，支援の必要性が高い（潜在的ニード）
　　　セルフネグレクト等によって支援を拒んでいるが支援の必要性がある場合
　D　本人は訴えておらず，支援の必要性も低い（自己充足ニード）
　　　本人や周りの力で対応できている場合

■　本人の力・家族の力（意欲・生活力）
　このフレームはソーシャルワークの視点を基盤としています。ソーシャル

ワーカーの本来的な役割は，相手に代わって問題を解決するのではなく，本人や家族自身が問題に対処していけるように支援していくことにあります。したがって「私がいないとこの人や家族は生活できない」という状況をつくりだす支援者は，適切な関わりをしているとは言えません。

　この「力を活かす」ということを意識するために，9マスシートでは「本人の力」と「家族の力」というフレームを設けました。なお，家族が複数いる場合は，支援者の立場によって誰を本人と捉えるかが異なるため，この9マスシートでは，家族の中で一番支援の焦点を当てたい相手を「本人」とし，それ以外の人を「家族」として整理します。「家族」は同居だけでなく別居している場合も含めますが，親族については，事例によってかなり関わりの度合いが異なることから，「家族の力」に含めることを前提としたうえで「地域の力」として整理する場合もあります。大切なことは，どこのフレームに落とすかではなく，最終的にシート全体の中に捉えることができているかどうかです。

　事例検討では，まず本人と家族の力に注目していきます。できないことや生活上の問題は「生活問題・課題」の中で取り上げ，そのうえで本人や家族には，こういう力があるのではないかという観点から，それぞれの強みを挙げていきます。

　この有する力については，リフレーミングが重要です。これは一見問題と思われることでも別の角度から見て本人や家族の力を見いだすことを意味します。例えば，支援者に対して度々電話で苦情を言ってくる人がいた場合，その人の力を考えると，電話を所持しており，電話をすることができ，また電話をかける相手を選ぶことができ，そして自分の思いを伝えることができるという力を有してると言えます。このように強みを見いだすことによって，その力を活かす支援方策を考えることができるようになります。

　また「力」については，意欲と生活力で分けて考えていきます。「意欲」とは自分の人生をよりよいものにしようという前向きな思いであり，「生活力」とは，人生を送るうえで必要な行為を行う力のことです。

　「意欲」について，例えば愛する家族が亡くなり，独りになったことによって生きる意欲がもてず，家に閉じこもりがちになっている高齢者がいた場合，元気を出してもらおうとサロンに誘ったり，楽しく過ごせる機会を提供しよう

としても，精神的に落ちこんでいる時には賑やかな場所ほどつらくなるということもあります。

　このように喪失によって生きる意欲がもてないということは，失ったものを愛する想いの強さの表れであり，人間の自然な感情です。誰もが何らかの喪失を経験し，悲しみに直面することがあり，こうした時，その悲しみに向き合いながらも，前を向いて人生を歩んでいく力を回復していくことを支援する方法の1つとして，第5章2節で紹介した危機介入アプローチ（グリーフサポート）があります。これは，人生におけるさまざまな喪失から生じた強い悲しみに対して，その気持ちを安心して語れる場をつくるという悲嘆作業を行い，その感情を受け止めてくれる人に話すことで，自らも悲しみを受け止め，これからの人生を自分で考えていくことができるように寄り添うものです。

　このように生きる意欲を回復していけるように関わることも大切な支援であり，ソーシャルワークとしてのエンパワメントの中核となるものです。

　「生活力」については，経済的な意味合いで使われることが多くありますが，ここでは生活に必要な行為を行う力と捉えます。例えば，家事・炊事をする力，収入と支出を考えて家計を管理する力，労働や生活に必要な道具を扱う力，人とコミュニケーションをとる力，感情にマイナス影響を与えるストレスに対処する力など，さまざまなものがあります。ソーシャルワークにおいては，こうしたできないことを外部の社会資源で代替するという支援方法だけでなく，本人や家族ができるようにしていくということも考えていきます。

　ストレスへ対処していく力を高める方法として，第5章2節で認知行動理論アプローチを紹介しましたが，そのほかにも，直面している問題を対処可能な範囲に小さく分けて1つひとつ取り組んでいく問題解決アプローチや，対処可能な目標を設定してその達成に向かっていく課題中心アプローチ等，さまざまなソーシャルワークアプローチがあります。こうした多様なアプローチを熟知することで，より的確な支援方策を考えられるようになることがこのフレームの目的です。

■ 地 域 の 力

　これは，本人や家族が暮らす地域の力に目を向けるものです。この地域とは，地理的範囲と関係的範囲の両方で考えることが大切であり，地理的範囲につい

ては，自治会や町内会あるいはその中の班や隣近所のような範囲から，小学校区や中学校区，市区町村の範囲まで重層的に捉えることができるものです。また，関係的範囲は，これまで関係を築いてきた友人や，同じ趣味をもった仲間，インターネット上でつながっている人びと等，地理的範囲にとらわれない関係性に目を向けていくものです。

このフレームでは，こうした両面から地域を捉え，その人びとによって行われている活動や人びとの意識に注目して地域が有している力を挙げていき，そしてさらにその力が高まる方策について検討していくものです。

例えば，精神疾患をもった人が孤立した生活を送っている場合，その人が暮らす地域では精神疾患のある人が参加できるような地域活動があるか，地域内の人びとが精神疾患について学べるような場はあるか，あるいは精神疾患についてどのようなイメージを抱いているかなど，把握している情報を挙げていきます。そのうえで，当事者や活動者の声を聴く機会をつくったり，心の健康についての学習の機会を設けたり，またサロンや避難訓練などの既存の地域活動へ参加できるように支援して地域内の人びとと接する機会をつくったり，時には地域内の人びとの困りごとの解決に向けて，活動の担い手となれるように関係者の協力を求めるというような方策を考えることができます。

このような検討を行うことで，「この人を支えるためにはこの地域でこういう活動が必要である」と参加者が考えることができるようになります。この「地域の力」のフレームを通して，個別ニーズに即して地域支援を考える力を養うことを目指しています。

■ 現在つながっている社会資源

これは，本人や家族とすでにつながっている社会資源を整理していくものです。事例検討の際には，配布資料の中に記載されている場合もありますが，検討を通して新たに明らかになるものもあり，それらも含めて整理していきます。特に事例担当者が身体状況と家族状況を中心としたアセスメントにとどまり，社会関係のアセスメントまで至っていない場合には，事例検討を通してどのような社会関係が明らかとなっていないかを整理し，今後の関わり方や情報把握の必要性を検討していくために，この「現在つながっている社会資源」を活用していきます。

また，対面での事例検討の際には，できるかぎり会場にホワイトボードを用意し，家族構成図（ジェノグラム）と社会関係図（ソーシャルサポートマップ）を描いておくと，現在つながっている社会資源とその関係性を視覚的に把握しやすくなります。

　なお，事例検討を通してホワイトボードに書いていく場合には，あえてこのフレームに書かなくてもよいものとしています。

■ 社会資源につなぐ

　これは，ケアマネジメントによる支援方法であり，既存の公的な社会資源や民間の社会資源によって，ニーズへの対応を図ろうとするものです。社会資源を活用する際には，本人や家族ができないことを社会資源によって補うという「代替的活用」だけでなく，本人や家族ができることを増やしていくために社会資源を活用するという「向上的活用」も大切です。これは，本人や家族の力が高まるように社会資源につなぐという視点であり，本人や家族の力のフレーム内容と重複することになります。そのような場合は，どちらにも記載してよいというルールでこのフレームを活用したほうが検討しやすくなります。

　また，社会資源を活用する際に，手段的支援だけでなく，情緒的支援の観点から考えることも重要です。手段的支援とは，生活の営みに必要な行為を本人や家族に代わって行うことであり，たとえば，家事，介護，育児等，移送サービスやお弁当の配達，子どもたちへの学習支援等も手段的支援になります。また情緒的支援とは精神的支援のことであり，気持ちがつらい時に，相談にのったり，話を聴いて相手の感情を受け止めたりすることです。これによって精神的健康を保てるようになることもあります。手段的支援の関係性が情緒的支援につながることもあり，孤独感や孤立感をなくすためには，こうした情緒的支援がとても重要です。こうした観点からも活用できる社会資源につないでいく視点を養う意図がこの「社会資源をつなぐ」にはあります。

■ 社会資源をつくる

　これは，現在活用できる社会資源だけでは対応できない時に，ニーズに対応できる新たな社会資源開発のアイデアを出し合うものです。多くの事例検討では，ケアマネジメントの視点による話し合いに終始し，対応できないニーズに

対して手詰まりとなったり，安易なボランティア活用への要望にとどまってしまうことがあります。そのため，個別事例の検討において，こんな社会資源があったらいいのではないかというアイデアを出し合うことで，個別ニーズに基づいた社会資源開発に踏み出すことができるようになります。

このシートは事例検討参加者の視点を広げる観点から，実現の可能性にこだわるよりもアイデア出しのシートとして活用することが有効です。そのため，「社会資源をつくる」では，財源や実施体制等の問題があったとしても，この事例の本人や家族を支えるためにあったらよいと思う新たな社会資源があれば，言語化して参加者内で共有することが大切です。すぐには実現困難でも必要性が共有されていれば，何らかのきっかけで実現へ向けて動き出せる場合もあります。

ただし，限られた事例検討の時間内で社会資源開発の詳細まで詰めることは難しく，実際には，事例検討の参加者が持ち帰って所属組織で検討したり，あるいは既存の会議体（地域ケア会議や障害者自立支援協議会等）に協議事項として取り上げて検討することが必要です。その際には，解決したい個別ニーズが明確であることによって，本当に必要な社会資源は何かを意識して検討することが可能となります。また，取り上げるニーズと同様のニーズが地域内にどの程度あるかを含めて検討することによって，開発すべき社会資源の内容は異なってくることから，社会資源開発においては，個別ニーズの把握と統計データの分析の両方が欠かせません。

また，地域支援というと住民活動への支援をイメージする人も多くいますが，地域支援は問題を抱えている人びとを取り巻く環境へのアプローチであり，その環境には公的制度も含まれます。したがって，地域支援としての社会資源開発には，新たな公的サービスを開発することも含まれるのであり，地域住民による活動だけを生み出そうとするものではありません。

この「社会資源をつくる」は，現在の社会資源だけでは対応が困難な際に，安易に地域の助け合い活動に頼ろうとせず，新たな公的サービスの開発や民間企業の取り組み，社会福祉法人による社会貢献活動等，広い視野で社会資源開発を捉えられる視点を養う意図があります。

Column⑮　「マンダラチャート」「マンダラート」と９マスシート

　2023（令和5）年のワールドベースボールクラシック（WBC）で大谷翔平が活躍する中，彼が高校生の時に作成した「目標達成シート」が注目されるようになりました。これは，3×3の9マスの真ん中に将来の目標を書き，それを達成するために必要な要素を周りの8つのマスに記入します。さらに各マスを3×3の9マスとして，各要素を達成するために何をすべきかを8つずつ挙げていくことで，合計9×9の81マスのシートを作成します。この方法は「マンダラチャート」として，1979年に松村寧雄が考案したものです[4]。

　また，1987年には今泉浩晃が『創造性を高めるメモ学入門』で3×3の9マスを活用したメモ法を「マンダラート」としており，先ほどのマンダラチャートの発想法についても紹介しています[5]。

　どちらも3×3の9マスを土台としており，私が考案した9マスシートと同じ形となっています。しかし，根本的に異なるのは，各マスの意味づけです。「マンダラチャート」や「マンダラート」では，各マスに何を記入するかは作成者に委ねられますが，本書の9マスシートでは，各マスの内容があらかじめ決められています。これは9マスシートの作成者に，家族全体を視る視点や個別支援だけでなく地域支援の観点からも考える視点等，各マスのねらいに即した視点から考えてもらうことを意図しているためです。

　もともと本書の9マスシートは，6マスから出発しており，事例検討での試行を通して9マスの形となり，期せずして先人の方々が考案したものと同じ形となりました。

　これらはあくまでも思考を整理するツールであり，何を記入できるかは，作成者の力量次第となります。本書の9マスシートは，複数での事例検討で使用することを意図しており，他の参加者の視点を互いに学び合うツールとしても活用できるものです。

■　支援者の力

　これは専門職としてどのような支援をするかを挙げるものと思われがちですが，そうではありません。これは支援者自身の力が高まる方策を検討するものであり，支援者として何をするかは，「社会資源につなぐ」のフレームに記載

していきます。ここでの支援者とは，公的機関だけでなく民間団体やボランティアも含めて事例に対して直接支援を行っている人びと，関わる人びとのことを指しています。なお，この支援者の中には，事例の世帯と同じ地域で生活している人びともいるため，その場合は地域の力と重複してもかまいません。

　このフレームでは，例えば本人や家族，地域の人びとを支援するために必要な「知識」を支援者が身につけるための研修会や，多様な専門職の横断的連携を図る「体制」として連携会議を開催すること等，支援者の力が高まる方策としてのアイデアを出していきます。いわゆるソーシャルアドミニストレーションの観点から考えるためのフレームとも言えます。本人や家族，地域の人びとの力が高まるだけでなく，支援者自身の力も高めていくための方策を考えること，そして支援者個人だけでなくシステムとして支援体制の整備を考えていくことがこの「支援者の力」のねらいです。

■ 自 由 発 想

　これは，自分や他のメンバーが思いついたアイデアをどこに落とし込めばよいかわからないという時に活用する枠です。この９マスシートのねらいは，事例担当者が考える支援方策の引き出しをみんなで広げていくことにもあり，参加者によって出されたアイデアの実現可能性や優先順位にとらわれることなく，とにかく多様な意見を出し合うことを大切にしています。そのため，思いついたアイデアをどこに記載したらよいかに悩むようなことがあれば，自由発想のフレームに落としていきます。

　冒頭で述べたように，このフレームは当初この事例検討シートを考案した際には含まれていませんでした。しかし，フレームワークは視点の整理には有効ですが，そのフレームに縛られてしまうという問題があることから，フレームに縛られない「自由発想」を設けています。このフレームがあることで，どこに書いたらよいかわからない時に迷う時間がなくなり，アイデアを出すことにより集中できるようになったという感想が現場の方から寄せられています。この「自由発想」は参加者の視野をより広げる効果をもたらすものです。

4 | 事例検討の進め方

　事例検討は職員の通常の勤務時間内に行う場合もあれば，勤務時間外に設定してより多くが参加できるようにする場合もあります。いずれにしても貴重な時間を割いて事例検討を行うことから，短時間での効果的な進め方が求められます。

　私が関わる地域では，1事例につき最短で1時間，最長で2時間の中で行われています。この時間内で実施できる事例検討として進め方を紹介します。

■ 事前準備1：事例検討の場面に応じた事例報告の依頼

　事例検討は当日だけのものでなく，事前準備が重要です。特にどんな事例を検討するかによって参加者への呼びかけ方も異なってきます。

　事例の選定については，職場内で事例提供者を募る場合と，主催者から事例提供を依頼する場合があります。またその事例は，現在進行中の事例だけでなく過去の事例を取り上げることもあります。9マスシートは，どちらの事例にも対応できるものですが，実際の活用例では，現在進行中の事例をもとに今後の対応について検討するための事例検討が多くなっています。

　そのため，事例の選定にあたっては，事例検討の準備を担当する職員が日頃から支援者の状況を把握しておき誰にお願いできるかを考え，あるいは9マスシートの主旨から事例提供者を募ることも大切です。

　また依頼の際には，事例検討の主旨とともに，事例の様式と説明時間をあらかじめ伝えておきます。特に事例説明の時間が長くなりすぎないように事前に時間配分を伝えておくことが重要です。この9マスシートでの事例検討では，おおむね10〜15分程度で事例を説明し，詳しくは配布資料を見てもらうようにします。参加者は説明を聴いたうえでさらに確認したい点があれば不足情報の確認として全体質疑の時間を10〜15分程度とります。これは，参加者同士で話し合う時間を確保するためであり，また事例報告者にとっては短時間で的確にまとめて話す力，参加者にとっては与えられた情報だけでなく支援に必要な情報を考える力を養うことにもなります。

■ 事前準備2：事例資料の作成

①事例報告の様式

　事例検討会は定期的にあるいは随時行われるものですが，そのたびごとに事例の様式や記入方法が異なっていると，事例の情報を読み取るスピードが落ちたり，情報の偏りが生じ，結果として効率的かつ効果的な事例検討の支障となります。そのため，あらかじめ事例検討の様式を定め，できるだけ統一様式で事例検討会を重ねていくことが望まれます。

　ただし，事例検討用の資料作成に時間がかかりすぎてしまうことは，事例提供者の業務負担を増やすことにもなりかねません。資料作成を通して事例提供者自身が事例を振り返り，客観的に捉えられることもありますが，限られた勤務時間の中で多くの業務をこなさなければならない状況であれば，事例検討会自体を客観的省察の場にすればよいのです。そこで事例検討用の資料を改めて作成するのではなく，普段使用しているフェイスシートやアセスメントシート，支援記録シート等をもとにして事例検討を行うことも大切です。この場合は，日頃から事例検討にも活用できる様式や記録方法を定めておく必要があり，この作業は業務の見直しにもなります。

　なお，既存の様式を活用する場合は，事例提供者として何にひっかかりや戸惑い等があるか，参加者に考えてもらいたいことは何か等，事例検討における論点やポイントを別添資料で用意するか，あるいは会場のホワイトボード等にあらかじめ書いておきます。

②事例のタイトル

　事例にはできるだけ事例の特徴を表すタイトルをつけるようにします。これは，参加者に対して事例の概要や論点をわかりやすくするためであり，また，事例提供者自身にとっても事例の特徴を整理することにつながります。そのため，例えば「在宅生活の継続に向けて」等の抽象的なタイトルではなく，「認知症の疑いのある独居男性高齢者の地域生活支援――近隣とのトラブルの解消と本人との関係づくり」などのように，事例の対象者と問題の内容をイメージできるものが求められます。この作業は，支援の困難さを整理する力を養うことにもなり，また事例検討を積み重ねていった時，事例のタイトルを列挙することで検討してきた事例の傾向を整理しやすくなります。

③個人情報とプライバシーへの配慮

　事例検討では，支援に直接関わりのない支援者も参加する場合があるため，個人が特定されないようにするなど，プライバシーへの配慮が必要です。そのため事例の登場人物については，仮名あるいは ABC 順とし，イニシャル表記も避けます。また，生年月日も個人の特定につながる可能性があるため記載しませんが，年齢によって活用できる制度が異なるため，生まれた年あるいは年齢のみを記載するようにします。住所も記載しませんが，暮らしている地区によって活用できる社会資源が異なるため，大まかな地区のみを記載する場合もあります。なお，すでに支援に関わっている人びとや関わってほしい人びとが事例検討のメンバーであれば，本名や住所を明らかにして行う時もあります。その際には，事例検討を始める前に守秘義務に関する誓約書にサインをしてもらうことや，状況によって事例の本人や家族からの承諾を得ておくようにします。

④家族構成図（ジェノグラム）と社会関係図（ソーシャルサポートマップ）

　事例には必ず家族構成図（ジェノグラム）を記載し，同居家族や親族の状況が視覚的にわかるようにします。また，できれば社会関係図（ソーシャルサポートマップ）も作成し，公的機関の専門職やサービス提供事業者，さらには友人や近隣住民との関係性などがわかるようにします。これによって関わりがある人びとを視覚的に捉えやすくなり，そこから連携すべき機関や人びとを見いだしやすくなります。

　このソーシャルサポートマップは，事例資料に記載するか，あるいは事例検討会場のホワイトボードにあらかじめ描いておきます。

　また，住宅地図を活用して，関係がある人びとの家に色をぬり，距離的な位置関係を把握することも今後の手立てを考えるうえで有効な方法です。

　あわせて，本人や家族がどのような人生を送ってきたのか，その人生の歴史を別のホワイトボードに年表として書いておくことも有効な方法の1つです。ただし，これが可能となるのは，本人や家族の情報がアセスメントできている場合に限られます。こうした情報は，ニーズ解決のための必要性や継続的な関わりから本人の語りを通して把握できるものであり，無理に相手へ訊くものではありません。生活歴が把握できていない場合には，これまで関わりのあった

支援機関等に連絡したり，あるいは関わりがなかったかを問い合わせて，支援機関の関係歴を年表にしてみることで，時間軸でのアセスメントを行います。

⑤支援情報の時系列整理と論点整理

　事例の概要とともに作成する資料として，時系列による支援経過をまとめていく場合と，議論したい論点を整理していく場合があります。これらは事例検討の目的に応じて作成するものであり，すべての事例検討において時系列の詳細な支援経過が必要なわけではありません。事例報告者の負担を最小限に抑えつつ，事例報告者を支えていく観点から，どのような資料を作成したほうがよいかを事例報告者と相談したうえで行うことが大切です。

■　事前準備3：会場・オンライン環境の整備

　対面型で事例検討を行う場合，参加人数が多い時は，1グループ当たり6人程度で話し合える空間を確保できる会場を手配します。各グループにホワイトボードを用意する場合もありますが，模造紙を使用する場合には各グループへのホワイトボードは必要ありません。細かいことですが，ホワイトボードや模造紙に記入する際のペンのチェックもしておきます。

　また感染症対策の観点から9マスシートでの事例検討をZoom等のオンラインツールで行う地域も増えてきました。当初はオンラインでの事例検討に戸惑う人びともいましたが，各職場のオンライン環境が整備されてきたことにより，それぞれの事務所から事例検討に参加でき，移動の時間が節約できてよかったという声も聞かれるようになってきています。オンラインでのグループワークは，Zoomであればブレイクアウトルーム機能を活用してグループに分けます。その際，あらかじめグループ分けを決めておき，参加者には自分の名前の前にグループ番号を入れておいてもらうと，グループ分けがしやすくなります。

　オンラインで事例検討を行う際には，あらかじめ以下の点を確認しておく必要があります。

オンライン事例検討時の留意点
①1人につき，1端末で参加できること
②静音が保たれる環境で受講できること（同室者がいる場合はイヤホンマイク

使用）

③通信状況が安定していること

④使用する端末にマイク，スピーカー，カメラがあること

⑤パワーポイント等を使用できるパソコンがあること（ワークシート記録用）

⑥参加者のオンライン会議用ソフトが最新版に更新されていること

■　当日の役割分担

①全 体 司 会

　全体司会は，事例検討会の主旨や進め方の説明を行い，また事例検討の時間
管理・調整を行って予定時間内に終了できるようにする役割を担います。全体
司会は，事例検討会の主催者や企画者が担う場合もあれば，参加者が交代で
行っていく場合もあります。

②報 告 者

　会場での事例検討では，あらかじめ依頼しておいた報告者には参加者全員か
ら見える位置に座ってもらい，定められた時間を目安に事例の概要等を報告し
てもらいます。報告は１人だけでなく，支援に関わっている者が複数で行うこ
ともあります。報告に際しては，事例担当者としての思いや検討してほしい論
点も話してもらいます。特に事例担当者として，参加者に話し合ってほしい内
容を事例検討時の冒頭で確認しておくことが大切です。

事例担当者が求めていることの例

・これまでの関わりが間違っていないか確認したい

・現状を知ってほしい

・自分の思いを聴いてほしい

・支援に活かせる情報がほしい

・今後の対応へのアドバイスがほしい

・協力してほしい，対応してほしい

・助けてほしい

　なお，グループに分かれて事例検討を行う場合，事例報告者はグループに入
らず，各グループを巡回して，質問等があれば答えていくようにします。これ
は事例報告者がグループに入ると，参加者と事例報告者とのやりとりが主と

なってしまい，参加者同士の話し合いが行われにくくなるためです。オンラインでの場合も事例報告者を共同ホストに設定し，各グループを回れるようにします。

③ファシリテーター

　事例検討をスムーズに行うためにはファシリテーターが必要です。ファシリテーターは進行促進者とも言われ，単なる司会者ではなく，皆が発言しやすい雰囲気をつくり，そして発言を促す役割を担います。そのため，ファシリテーターはできるだけ参加メンバー全員が発言できるように心がけ，また自分がまとめ役であることを意識しすぎてファシリテーターだけが話しすぎないように気をつけます。

　参加人数が多く，いくつかのグループに分かれる場合は，各グループにファシリテーター役を置きます。その際，ファシリテーターが担えるメンバーをあらかじめ配置できるように，事前にグループ分けをすることも大切な準備です。

④記　録　者

　記録は，事例検討の参加人数や方法によって異なります。例えば小さいグループに分けず，全員で事例検討を行う場合には，ホワイトボードへの板書者を決めて，全員がホワイトボードに書かれた9マスを見ながら話し合えるようにします。また，複数のグループに分かれる場合は，各グループに模造紙等を用意し，記録者が各自の発言を書いていきます。また特定の記録者を決めずに各自が付箋紙に記入して模造紙に貼っていくという方法もあり，いずれの方法で行うかは各グループに任せてもよいでしょう。

　また，Zoom等のオンラインツールを活用した事例検討の場合の記録者は，パソコンでのデータ入力者になるため，入力できる環境とスキルのある人を各グループに配置して記録役を担ってもらいます。

　なお，9マスシートはパワーポイントで作成しており，オンライン事例検討ではシートに直接入力できるようにしていますが，同様の枠をワードやエクセル等で作成してもかまいません。

　そして事例検討内容を記録しておくことも大切です。ホワイトボードや模造紙の場合は写真撮影したり，オンラインの場合は入力データを保存する等の役割も決めておきます。

⑤発　表　者

　複数のグループに分かれて検討を行った場合，時間の許す範囲で各グループ
から発表してもらいます。発表者はあらかじめ決めておく場合と，事例検討後
にグループ内で話し合ってメンバーのいずれかが担当する場合があります。ま
たグループメンバーの状況によっては，ファシリテーターや記録者に発表を
担ってもらうこともあります。

　9マスシートでの検討内容を一通り発表してもらうと，およそ5分程度かか
ります。グループ数が多い場合には，各グループがフレーム全体の説明を行う
と時間がかかるため，後から発表するグループには，他のグループでは出てい
なかった意見を付け足す形で発表してもらうことで参加者全員の発言を共有で
きるようにします。

■　事例検討の進め方

　9マスシートでの事例検討の進め方は，おおむね以下の流れになります。そ
れぞれに要する時間は事例内容や参加者数にもよりますが，参考までに所要時
間の目安を例示しておきます。

　なお，私が関わる地域での事例検討では，第5章（表5-3）で紹介した
「ジェネラリスト・ソーシャルワークモデルのアセスメント16項目」を毎回冒
頭で読み上げています。これは，繰り返し声に出して読み上げることでアセス
メントにおいて重要な視点を自分の中に染み込ませていくねらいがあります。

①**事例の検討方法の確認**（5分）
　司会から事例検討の目的，進め方，時間配分，守秘義務の確認等について説
　明します。
②**事例概要の報告，事例選定理由の説明，論点の整理**（10〜15分）
　事例報告者から事例のタイトル，概要，選定理由について説明し，論点を整
　理します。
③**不足情報の確認**（10〜15分）
　説明を聞いてさらに確認したい情報について質疑応答をします。
④**9マスシートでの検討**（30〜40分）
　9マスシートでの事例検討を行います。

⑤**各グループから発表**※検討グループが複数の場合（1グループ5分程度）

各グループでの検討内容を発表します。

⑥**助言者からのコメント**※助言者がいる場合（10分）

助言者がいる場合，発表で不足している視点や大切な視点等のコメントをもらいます。

⑦**事例報告者の感想**（2〜3分）

事例検討を通して感じたこと等を話してもらいます。

⑧**まとめと事例報告者へのねぎらい**（2〜3分）

事例検討での学びや気づきをまとめ，事例報告者へのねぎらいを述べて閉会します。

■ 事例検討時のルール

この9マスシートでの事例検討は，事例報告者や参加者がもつ支援の視点や視野を広げることが目的であり，実施や実現の可能性あるいは優先順位にこだわらず，アイデアを出していくことを大切にします。そのため，互いの意見を否定せずに尊重するというルールを明確にしておきます。特に以下の4点が重要であり，事例報告者をみんなで支えるという支持的事例検討会として行うことを参加者に伝えます。

事例検討の場は事例報告者を支援する機会であるという認識を参加者間で共有することが求められます。これは「よい支援を受けている支援者はよい支援ができる」という考えに基づくものであり，事例報告者だけでなく参加者の成長にもつながるものです。

事例検討時の4つのルール
○責めない ○裁かない ○批判しない ○押しつけない

■ 事例検討時の助言者の役割

助言者の役割を担う場合，スーパーバイザーとしての立場か，それともコンサルタントとしての立場なのかを意識して発言を行うことが大切です（→ **Column⑯**）。スーパーバイザーは所属組織や支援チーム内の指導的立場や指導を担う契約関係にある者であり，その発言は実施に向けた重みを伴うもの

です。それに対し，コンサルタントは対等な関係でよりよい援助に向かうための話し合いとして発言することになります。

この9マスシートでの事例検討において助言者に求められる役割は，①参加者の視点・視野を広げる，②参加者のよいところを取り上げてプラスの評価をする，③参加者に必要な情報を提供する，等が挙げられます。

もし，スーパーバイザーの立場で参加する人がいる場合には，参加者の内発的な成長を促すためにも一方的な指導にせず，特に参加者の気づきを促す投げかけが求められます。

①参加者の視点・視野を広げる

支援者は，職務上の立場や経験によって相手を視て支援方策を考えていきます。しかし，相手の一部分しか視えていない場合もあり，そのことで支援が部分的となり，適切な支援に至らないこともあります。そのため，助言者は事例検討を通して参加者の視点や視野を広げていけるように心がけます。ただし，その際に不十分な点を指摘して解答的なものを明示する前に，参加者に「考えさせる投げかけ」をすることも大切です。「方法の提示を急がない」というのは対人援助の基本であり，相手がその発想に至るプロセスを大切にし，そして自らたどり着けるようになることに価値を置いて関わるものです。これは事例検討における助言者の役割と重なります。

> 視点を広げる…相手を多様な角度から視ること
> 　　　　　　　（例えば，身体的側面だけでなく精神的側面からも視る等）
> 視野を広げる…相手を広い範囲で視ること
> 　　　　　　　（例えば，有している人間関係や暮らしている地域環境も視る等）

②参加者のよいところを取り上げてプラスの評価をする

9マスシートでは，事例の登場人物や地域が有する力に注目しますが，同じ観点から事例検討では参加者が有する力にも注目し，助言者が言語化して参加者同士で共有していきます。

これは，豊かな視点や視野で意見が出されていたか，本人・家族・地域・支援者の有する力が捉えられていたか等，助言者が事例において注目した部分を

踏まえて，よかった意見に対するプラスの評価を伝えます。

　また，話し合いでは積極的に意見が出されていたか，互いの意見を尊重しながら話し合いが進められていたか，あるいはファシリテーターが参加者の意見をうまく引き出していたか等，事例検討の進め方についてもよかった点を評価することは，特に初期の事例検討において重要であり，今後の進め方にもつながることです。

③参加者に必要な情報を提供する

　9マスシートでの事例検討には多様な人びとが参加できることから，参加者同士の情報交換も重要な学びとなります。しかし，参加メンバーによって，知識や経験に差があり，互いの情報交換だけでは得られないものがあります。

　そうした場合には，助言者が参加者の声を踏まえて，事例に関して必要な情報を提供することが大切です。そのため，助言者自身の有する情報を整理しておいたり，あるいは事前に情報を調べて参加者に提供するように準備しておきます。

■　事例検討での議論を掘り下げる際の論点

　この9マスシートでの事例検討を行う際，意見を出しやすくしたり，参加者に考えてもらうための論点として，次のようなものが挙げられます。これらは参加者同士の話し合いの様子を踏まえて，ファシリテーターや助言者がタイミングを見て提示することも効果的です。

①視点の反転
・相手から今の現状や社会はどう見えているだろうか
・相手から支援者はどのように見えているだろうか
・相手の立場から現状を見た時，支援者に何を期待するだろうか
②間接情報の収集・分析
・本人から情報を得ることが難しい場合，ほかに本人の情報を有しているのは誰か
・その情報は誰がどのように聴くことができるか
・これまで世帯に関わったことのある支援者はいないか

Column⑯　スーパービジョンとコンサルテーション

スーパービジョンは，スーパーバイザーとして①所属組織内で指導的立場の者，②所属組織外のチームや契約関係の者が，スーパーバイジー（指導を受ける者）を指導することであり，その指導は実行することを前提に行われるものです。したがって，スーパーバイザーはスーパーバイジーの行動に対して責任をもつことになります。

それに対してコンサルテーションは，コンサルタント（助言を行う者）として所属組織外で契約関係の者が，コンサルティ（助言を受ける者）と対等な関係で助言を行うことであり，コンサルタントからの助言を実行するかどうかは，コンサルティの判断や力量に委ねられます（図）。

したがって，実践現場においてスーパービジョンとコンサルテーションは安易に同義語とせず，区別することが大切です。例えば，福祉事務所における生活保護の査察指導員は現業員（ケースワーカー）の指導・監督を担うスーパーバイザーとしての立場が明確であり，現業員の行動に対して査察指導員は責任を伴います。また各組織の長は，本来スーパービジョン機能を発揮できる人材であることが求められます。

カデューシンとハークネスはスーパービジョンの機能として，①管理的機能，②教育的機能，③支持的機能を挙げており[6]，スーパービジョンとコンサルテーションは，管理的機能の有無から区別することができます。

現在，日本の社会福祉実践において，こうした3つの機能によるスーパービジョンは十分に行われていると言い難い状況にあり，スーパーバイザーの養成や配置は重要な課題となっています。

日本社会福祉士会では2012（平成24）年から認定社会福祉士制度を設けて，スーパーバイザー登録された者との契約により，個人スーパービジョンやグループスーパービジョンを受けられる体制を整えてきました。2022（令和4）年にはコロナ禍での状況を踏まえ，ICT（情報通信技術）を活用したスーパービジョンの手引きを作成しています[7]。オンラインツールの普及により，遠隔地のスーパーバイザーからスーパービジョンを受けやすくなってきましたが，契約した登録スーパーバイザーが所属組織外の場合，スーパーバイジーの行動に対する責任を伴ったスーパービジョンを行うにあたり，事例や業務に関する情報をどのようなルールで開示するかが課題となっています。このように契約した登録スーパーバイザーが所属組織外の場

図　スーパービジョンとコンサルテーションの違い

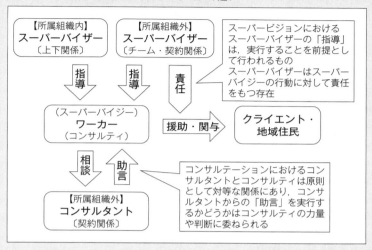

合は，管理的機能を有していないことからスーパービジョンではなくコンサルテーションとして位置づけたほうがよいと考えます。また，職場の上司が部下に対して十分な指導を行える経験とスキルを有していない場合も，スーパービジョンではなくコンサルテーションとしたほうが職場全体の成長につながると考えています。

　コンサルテーションは対等な関係で互いに高め合うことを目指したものであり，例えば地域包括支援センターの主任介護支援専門員と居宅介護支援事業所の介護支援専門員は対等な関係であり，地域包括支援センターの指導によって介護支援専門員が行動するものではありません。また，大学教員をスーパーバイザーとして招いて定期的な事例検討等を行っている地域もありますが，これはスーパービジョンではなくコンサルテーションに位置づけられるものです。

　時折，コンサルタントがコンサルティに対して上位の立場として位置づけられている場合もありますが，本来のコンサルテーションは異なる役割や専門性をもつメンバーが，対等な関係でよりよい援助に向かって話し合うことです。

今後，各組織内でのスーパーバイザー養成は重要な課題であり，よりよい支援に向けて各ソーシャルワーカーの力量を高めていき，またソーシャルワークの価値からみて適切ではない職場内指導をなくしていくことは大切ですが，一方で所属組織外の専門家や他地域で同じ職種に携わる者，同僚等からのコンサルテーションの機会を充実させていく必要があります。その際，内容に応じて職場内で管理的立場にある人の参加も重要であり，コンサルタントには職場内や地域内における人間関係の力学も踏まえて，コンサルティが活動しやすい環境に向けた助言が求められます。

③支援拒否者へのアプローチ
・これまでどのような人生を歩んできたのだろうか
・誰が何をきっかけにアウトリーチしたら受け入れてもらえそうか
・どのような社会資源があれば，本人のためになるだろうか

④複合ニーズ世帯への支援
・情報の集約先（支援チームのコーディネーター）は誰になるか
・どのようなツール（記録様式・記録方法）で情報を共有するか
・情報共有のルールは明確か

⑤同様なニーズの把握
・同様なニーズが地域内にあると想定できるか
・同様なニーズをどのように把握できるか
・同様なニーズの把握に活用できる調査結果や調査機会はあるか

⑥活用可能な社会資源
・活用できていない社会資源はないか
・活用できる可能性のある社会資源はないか
・その社会資源とつながるために誰がどのようにアクセスするか

⑦社会資源の開発
・社会資源開発を検討できる会議体はあるか，必要なメンバーは誰か
・社会資源の実施主体になりうるのはどこか
・社会資源開発のコーディネートを担えるのは誰か

⑧個別支援者と地域支援者の連携

・個別支援者と地域支援者は連携しているか

・両者は互いの存在と役割を知っているか

・どのような機会で両者が話し合えるか

⑨チーム内での意見相違への対応

・それぞれの意見の背景にある思い，立場はどうか

・話し合う際のメンバーや有する情報に偏りや不足はないか

・専門家の知見の必要性があるか

⑩事例担当者の価値観

・事例担当者が業務において重視していることは何か

・事例担当者が有している価値観の影響はどうか

・事例担当者が目指しているゴールは何か

　この9マスシートは，個別支援者と地域支援者が一緒に事例検討ができるツールとして考案したものであり，個別支援者は地域支援者の視点を，地域支援者は個別支援者の視点を学び合うことを意図しています。

　どのようなツールも実践者が活用しやすいものであることが求められ，上記のねらいが達成できるのであれば，このシートをどんどんアレンジして使ってもらえればと思います。実際に，このシートをベースにしながら，独自にアレンジして活用している地域もあります。

　このシートのアイデアを参考に，それぞれの地域でより効果的な事例検討方法を考えていく力も養われていくことを願っています。

注

1）　フレームによる事例検討を最も早く導入してくださったのは静岡県の掛川市社会福祉協議会の方々であり，その積み重ねが現在に至るフレームの改良に活かされています。

2）　堀公俊（2016）『フレームワークの失敗学』PHP 研究所，35 頁。なお，堀はフレームワークの限界として，①因果関係の限界（因果関係を完全に証明するのは難しい），②合理性の限界（複雑な問題に対して完璧な結論が得られるとは限らない），③実効性の限界（実効が伴わないと成果は期待できない），という3点を挙げています（同書，218 頁）。このようにフレームワークは万能ではなく，

その限界を意識したうえでの活用が求められます。

3) 問題と課題については，次の本が参考になります。清水久三子（2009）『プロの課題設定力』東洋経済新報社。永井恒男・齋藤健太（2019）『会社の問題発見，課題設定，問題解決』クロスメディア・パブリッシング。

4) 松村寧雄が考案したマンダラチャートは，息子の松村剛志によって現在も活用法が紹介されており，3×3の9マスを「A型チャート」，さらにそれを細かく展開させた9×9の81マスを「B型チャート」としています。松村剛志（2018）『図解9マス思考 マンダラチャート』青春出版社。

5) 今泉浩晃（1987）『創造性を高めるメモ学入門』日本実業出版社，32-33頁。

6) Alfred Kadushin and Daniel Harkness（2014）*Supervision in Social Work*, 5th ed., Columbia University Press.（＝2016，福山和女監修，萬歳芙美子・荻野ひろみ監訳，田中千枝子責任編集『スーパービジョン イン ソーシャルワーク〔第5版〕』中央法規）

7) 日本社会福祉士会（2022）「ICT（情報通信技術）を活用したソーシャルワーク・スーパービジョンの手引き」。

補　章

コミュニティソーシャルワーク
との邂逅

　これまでコミュニティソーシャルワークに関する歴史や理論，方法について
まとめてきました。

　最後に，なぜ私がコミュニティソーシャルワークに取り組むようになったの
か，その問題意識の根底にある私自身の経験を述べていきたいと思います。個
人的な思索や経験の変遷にもなるため，掲載するかどうか迷う気持ちもありま
したが，コミュニティソーシャルワークとは何を目指しているものなのかがイ
メージしやすくなればという思いによるものです。また私自身，48歳の時に
脳梗塞になって救急車で運ばれ，多くの方々の支援によって幸運にも生きる時
間を与えられたことの影響もあります。これから記すことは，誰にも話したこ
とがなかった内容も含まれています。自分が生きた証として，そしてどのよう
な思いでコミュニティソーシャルワークに取り組んだ者がいたかを遺すために
も記しておきたいと思います。

■　社会福祉への道程

　私は1971（昭和46）年に茨城県で生まれました。太平洋戦争が終わったのは
1945（昭和20）年であり，今思うと終戦から26年しか経っていないことにな
ります。自分が大学を卒業して今年で30年目であり，その時間の短さを思う
と，当時の人びとにとって戦争は遠い過去のことではなく，現代に暮らす人び

との意識とはずいぶん異なるものであったろうと思います。

　私は戦争ということを意識せずに子ども時代を過ごしていましたが，今振り返るとテレビでは中国に残された残留孤児の肉親捜しの番組が放送されており，祖父が海軍での経験をよく語ってくれていたことを思い出します。戦後という言葉がまだ生々しさをもちながら，人びとはよりよい社会に向かっていこうとしていた時期でした。

　私自身は家族や親族，周りの人たちのおかげで，大きな生活上の困難を感じることなく育ってきました。しかし，どういうわけか人が幸せに暮らせるにはどうしたらよいかを小学生の高学年の頃から考え始めました。その時の幸せは物質的なものでなく，精神的なものとしてです。なぜこうしたことに関心をもつようになったのか，幼少期に遡って記憶をたどるといくつかの悲しみが見えてきました。大事に飼っていた犬を交通事故で急に亡くすという喪失の体験，友達から一時的でしたが仲間はずれにされるという孤立の体験，また学校のクラスで自分だけが逆上がりや縄跳びの二重跳びができないという劣等感の体験等々，自分なりに悲しさや生きづらさを感じることがありました。しかしそれ以上に，困っている人を見ると自分の気持ちが落ち着かない性格でした。

　小学生の頃に家族で夜祭りへ出かけた時のことです。おそらくどこかの神社だったと思いますが，木々に囲まれた参道に連なる屋台の明かりが照らす中に，募金活動をしている方を見かけました。何の募金だったか覚えていませんが，素通りすることができず，お小遣いから少額を寄付したのですが，その後も会場のあちらこちらで募金活動を呼びかけている方々を見かけました。しかし，限られたお小遣いでは最初の方にしか募金できず，ただただ申し訳ない気持ちで募金活動をする方々の前を通り過ぎたことを鮮明に覚えています。他の人が支援を求めていることに対して，応えることのできない苦しさを感じる気持ちから，他の人が不幸な状況では，自分の幸せを喜ぶことはできないという思いが，いつのまにか自分の感情の中で大きな位置を占めるようになっていました。

　また私の自宅のすぐ近くには，養護学校や児童養護施設，身体障害者リハビリテーションセンター等がありました。小学校低学年の頃だったと思いますが，ある時，学校からの帰り道にお店の前で1人の車椅子の男性を見かけました。

その方は商店に入るためのスロープの勾配が急でなかなか上がれない様子でした。今思えば車椅子を押してあげればよかったと思うのですが，おそらく私は小学校低学年の頃で，どうしたらよいかわからず，なにもできない自分がとても恥ずかしかったことを覚えています。

　みんなが幸せに暮らせるにはどうしたらよいか，最初は漠然と考えていましたが，社会福祉という仕事をまだ知らなかった小学生の頃の私は，次第に宗教的なことに関心を抱き，中学生の頃には仏教書を読み始めました。生まれ育った家庭が宗教的な環境だったわけでなく，今思えば私が幼い頃に亡くなった祖父の仏壇が家の中心にあり，仏教が一番身近だったためです。人びとの苦しみを救済する職業としてお坊さんになりたいと強く思うようになり，母親が私をお寺に連れて行って相談をしたこともありました。その時，話を聴いてくださったお坊さんがおっしゃったのは，「仏の道が君を必要とするなら必ず呼ばれるから，それまでしっかり勉強していなさい」ということでした。

　当時はその言葉を素直に受け止めて，仏の道から必要とされる人間になろうと思ったものですが，一方で高校生の頃になると，仏教だけでなく他の世界的宗教や新興宗教にも関心を抱き，さまざまな宗教書や歴史書を読むようになりました。そこで感じたことは，宗教はたしかに人間の生き方を示す大切なものであり，宗教的慈善による救済等も行われてきましたが，宗教や宗派の壁が厳然と存在し，時には争いとなってすべての人びとの共通基盤となりにくいということでした。もちろん，その時に宗教が必要ないと感じたわけではありません。宗教はそれぞれの人生を内面から支える力となり，宗教的動機に基づく救済も周りの人びとを支える力となっているように，その果たしている役割は大きなものです。しかし，歴史が示すように宗教の違いは大小問わず，人びとの争いにつながることもあります。そのため，それぞれ信仰している宗教が異なる場合，あるいは信仰している宗教がない場合，人びとはどのような考えのもとに助け合うことができるのかということを考えるようになっていきました。

　ただ，こうした気持ちも今振り返ってみると，高校生の頃は救済を受けている人びとがどのような思いでいるのか，その救済を受けなくてもすむようになるにはどうしたよいか，ということまで考えが及ばず，さらには慈善的救済は

考え方次第で対象とする人びとやニーズが変わってしまうということにも気づかず，ただひたすらに困っている人びとの生活を支える仕事がしたいという自らの支援欲求に基づくものでした。

　そうした思索の変遷を経て，高校3年生の時にたどり着いたのが社会福祉です。1人ひとりの基本的人権を尊重し，同じ時代に生きる人びとの合意によって生活を支える制度をつくり，誰もが幸せに暮らせる社会を築いていく。宗教の違いや有無にかかわらず，人びとが協力し合う営みとして，社会福祉に関心を抱きました。障害者施設でのボランティア活動等を経験しながら，仕事として社会福祉に携わりたいと思うようになり，特定の宗教的背景をもたない社会福祉系の大学として日本社会事業大学を志望し1990（平成2）年に入学しました。

■ 地域福祉との出会いと戸惑い
　そして大学で社会福祉を学ぶ中，2年次に地域福祉という分野があることを初めて知りました。講義を担当されていたのは大橋謙策先生であり，対象を限定せずにすべての人びとの生活ニーズに目を向けて，そして社会制度に基づく公的支援だけでなく同じ社会に生きる人びとが協力し合える社会を目指していくという地域福祉の理念は，私がずっと考え続けてきたことに重なるものでした。3年次から大橋先生のゼミに入り，授業での学びや仲間との語り合いを通して，地域福祉を推進する機関として位置づけられている社会福祉協議会で働きたいと強く思うようになりました。そして4年生になり各地の社会福祉協議会の採用試験を受けるのですが，現実は厳しくなかなか採用してもらえません。不採用が続くことの辛さを身をもって体験し，こんなに働きたいと思っているのに，なぜ働かせてもらえないのかという社会に対する憤り，自分は社会で働く力が不足しているのかという自己否定の感情も抱くようになりました。不採用の連絡を受け続けることの苦しさを実感し，就職先が見つからないまま卒業式を迎えましたが，社会福祉協議会以外で働くことは考えられず，就職活動を続けている中，ようやく9カ所目で合格をいただき，1994（平成6）年5月から念願の社会福祉協議会職員となることができたのです。

私が就職した社会福祉協議会があるのは，人口約16万人の市であり，早くから住民主体の取り組みが行われていました。8つのエリアに支部社会福祉協議会が組織化されており，配食，会食，友愛訪問という3つの活動が始まっていました。私は2つの支部の担当となり，生まれ育った地域ではありませんでしたが，自治会や民生委員，ボランティアの人たちが地域のことをさまざま教えてくださいました。また福祉機器貸出や車いすごと乗車できるハンディキャプ貸出の業務等も担当し，在宅で生活する障害者や高齢者，そしてご家族と関わる機会もいただきました。休日には，公民館主催による知的障害者の青年学級ボランティアに参加し，知的障害のある若者やそのご家族との直接的な関わりは，生涯の糧となる大切な時間となりました。業務や生活を通して出会うすべての人びとの声が学びであり，その声に含まれるニーズへ対応していくことが社会福祉協議会の役割であると考えました。

　しかし，次第にそれは簡単なことではないと思い知らされる経験が続きました。ある時，公民館の青年学級が主催する夏キャンプにボランティアとして出かけ，就寝時に1つのテントで知的障害のある小学生とそのお父さんと一緒に横になった時のことです。お父さんが普段の生活の様子を語ってくれました。その中で特に私の心をざわつかせたのは「この子が生まれてから母親が家を出ていき，自分1人で育ててきたが，学校の送り迎えがあるのでフルタイムで働くことができないんだ」という話でした。離婚のこと，仕事のこと，子育てのこと等，普段の青年学級では笑顔でみんなに接してくれているお父さんが背負っているものに触れ，何とかならないだろうかと強く感じました。各地の取り組みを調べる中で，学校から帰ってきた後に放課後一時預かりを行っている社会福祉協議会があることを知りました。社会福祉協議会でもできるんだという希望を感じ，他のご家族にもその必要性を聞いてみると，ぜひ利用したいという声が複数ありました。そこで先進的に行っている地域の情報を参考に企画書を作成し，上司へ提案しましたが，返ってきたのは「気持ちはわかるが，一体誰がやるんだ。お金はどうするんだ」という言葉でした。そうしたこともこれから検討していきたいという思いも込めて提案したのですが，それ以上の検討に進むことはありませんでした。今振り返れば，もう少し違う提案や進め方ができたかもしれません。しかし，入職して間もない私には，状況に応じて行

動する力がなく，とにかく社会福祉協議会は住民ニーズに応える組織だから，きっとこの問題解決に向かって動いていけるだろうと単純に考えていたのです。

　この経験を通して学んだことは，社会資源開発は，それが大事だと声高に叫んだところで実現できるものでなく，それを可能にする環境や仕組みを整え，そこに向かう人びとの思いが共有されなければならないということでした。今も社会福祉協議会に限らず福祉関係の組織には，既存の業務を担当する職員はいても，新たな社会資源開発を担当する職員がいることは稀な状況です。また社会資源開発に向けて検討する会議がなかったり，あっても活かされていなかったり，また関連するニーズ把握が業務として位置づけられていない等，新たなニーズに対応していくための体制が不十分なところもあります。こうした状況が変わらなければ，社会資源開発は進んでいかないと考えるようになりました。

　また，福祉機器貸出を通して年間 100 件くらいのお宅を訪問する機会がある中で，在宅で介護をしている人が同じような悩みを抱えていることに気づきました。個別に話を聴きながら，この人びとが情報交換できる場があればと思うようになり，介護者会の組織化に取り組む必要性を感じました。これは大学で学んだコミュニティワークに基づくものです。同じ生活問題を抱えた人びとを結びつけ，組織を立ち上げていくことで，それぞれのニーズへ対応し，かつ社会へ提言していくことにつなげていくために，コミュニティワークが必要な状況だと考えました。たまたま私は在宅介護者教室の業務も担当しており，毎年1回介護者向けの研修会を企画実施する立場にいたことから，この立場を活かして，まず介護者の方々が顔見知りの関係を築けるように，年1回の研修会を毎月1回に変更し，そして約2時間のプログラムのうち，前半は講義，後半は参加者同士の話し合いとしました。さらに今後の会の運営を考えると，介護者だけでは負担が大きいため，介護経験のある民生委員やボランティアの人びとに協力をお願いし，介護者と介護 OB・OG の関係性が育まれるようにしていきました。また研修会の開催費用は年1回分しかない中で毎月開催することになるため，講師には謝金がなくても来てくれる公的機関等の人びとに依頼し，さらに開催の案内は社会福祉協議会からの案内だけでなく在宅介護支援セン

ターから介護者へ紹介してもらう形をとりました。こうした工夫をしながら，参加者にも介護者会の立ち上げを考えていることを毎回伝えて，1年が経った頃，介護者会の世話人の募集を行いました。なるべく多くのメンバーで会を運営し，1人ひとりの負担を分散していくため世話人会を設けることにしたのです。介護者や介護OB・OG含めて約10名による世話人会が発足し，設立に向けての準備を一緒に行っていきました。そして市内で100人以上が参加する介護者会が立ち上がり，設立後は社会福祉協議会が主催していた毎月の集いを介護者会が主催するものとして位置づけていきました。毎月の集いには約20人が参加してくれ，中には自分の地区でも集まりを開きたいという声があって地区の公民館で小規模な集いが開かれるようにもなっていきました。「介護の大変さなんて口にしてはいけないと思っていたけど，みんなの話を聞いて，自分も言っていいんだと思って話したら，とても気持ちが楽になった」という声もあり，コミュニティワークによる介護者会の組織化が，介護者を支える1つの社会資源となっていったことを感じました。

　しかしある時，組織化だけでは対応できないニーズがあることに気づきました。それは母親を介護している初老の男性で，社会福祉協議会から車いすをお貸ししている方でした。「男一人で介護するのは大変で，このまえほかに介護している人の話も聞こうと思って介護者会の場所まで行ったんだけど，やっぱり入りづらくて帰ってきちゃったよ」という声に，私ははっとさせられました。それまで私は毎月の集いに何人参加しているか，参加者の人数ばかりに目がいっていたのです。しかし，その男性の声を聴き，本当は来ていない人にこそ目を向けなければならないことに気づかされました。実際に介護者会には100人以上が入会していましたが，毎回の集いに来ている人が約20人ということは，多くの人が来ていないことになります。その人たちはどうしているのか。本当は参加したいと思っていても，日時が合わなかったり，体調が悪かったり，外出が困難だったりすると，参加できないことになります。また，そもそも介護者会があるという情報が届いていない家庭もあるかもしれません。

　組織化をしてもそこから漏れてしまうニーズがある。こうした視点で考えてみると，住民主体でサロンが立ち上がっているところでも，サロンに来ている人だけでなく，来ていない人にも目を向けることが大切であると気づくように

なりました。この経験を通して，住民活動の組織化だけでは，個々の生活問題を解決できない場合があるということを感じたのです。

　住民ニーズに応えていきたいという思いで社会福祉協議会の職員となりましたが，次第に社会福祉協議会という組織ができることの限界を感じてしまい，地域福祉というものがよくわからなくなっていきました。社会福祉の専門職として一生懸命仕事をしていても担当業務の対象とならないニーズには対応しにくいこと，また，住民の中にも熱心に活動してくださっている方々がいますが，それでも対応しきれないニーズがあることが見えてきたためです。1人ひとりの幸せのために社会福祉協議会で働くことを志望したのですが，それがいかに難しいことであるかを実感しました。自分の目の前が霧で覆われ，進む道が見えなくなってきたこともあり，学び直すために退職して大学院へ進学することを決めました。

■ コミュニティソーシャルワークとの邂逅と乖離

　当初私が研究したかったテーマは，民間福祉組織の経営・運営であり，それは社会福祉協議会が住民ニーズに対応していける組織となるには，どう財源を確保し，運営していけばよいのかを考えたいという思いからでした。大橋先生に相談したところ，民間福祉をテーマにするならイギリス研究が大事だと薦められたこともあり，退職後すぐに進学せず，1年の準備期間をとることにしました。半年間は別の市社会福祉協議会でアルバイトとして雇用され，複数の社会福祉協議会を経験することで視点を広げ，その後，語学留学の形で2カ月間イギリスへ滞在することにしました。滞在中には日本からのスコットランドへの視察団に同行する機会も得て，イギリスでの実践やコミュニティケア改革の影響等を学ぶことができました。初めての海外生活では，ホームステイでお世話になった家族や語学学校に通うさまざまな国の人びとと接することとなり，異なる国の歴史や文化に触れることで，自分が生まれ育った国を客観的に見つめる機会ともなりました。

　そして帰国後の1998（平成10）年，母校の大学院へ入学し，大橋先生からのお声がけで日本地域福祉研究所で働く機会もいただきました。その新たな生活の始まりの中で出会ったものがコミュニティソーシャルワークです。私が大学

生の頃，大橋先生の授業ではコミュニティワークが重要であると学んできました。しかし大学院に入学してみると，これからはコミュニティソーシャルワークだと言われたのです。最初は戸惑い，そこからコミュニティソーシャルワークとはいったい何なのかを探究する作業が始まりました。修士論文の研究テーマとして取り上げ，イギリスと日本のさまざまな文献を読んでいった結果，コミュニティソーシャルワークという概念は，イギリスにおいて，福祉専門職によるカウンセリング中心のソーシャルワークに対して，その人を取り巻く人間関係等の環境にも目を向けることの大切さが強調される形で打ち出されてきたことがわかりました。一方，日本ではこうした視点に加えて，従来，社会福祉協議会が行ってきた地域福祉活動において，もっと個別の生活問題に向き合うことの大切さを強調する形で，コミュニティソーシャルワークという概念を大橋先生が援用し，日本の地域福祉実践を変革しようとしていることがわかりました。

　それぞれの問題意識の出発点は異なるものの，個別支援と地域支援を結びつけようとする点に違いはありません。1人ひとりの生活をしっかりと支えていきながら，その人びとが暮らす地域にも目を向けて必要な支援を行っていくというコミュニティソーシャルワークは，自分がこれまで抱いていた問題意識に応えるものであり，目の前の霧が晴れていく感覚がありました。短期間ながらイギリスに滞在していたことが，イギリスにおいてコミュニティソーシャルワークがどのような経緯を経て生まれ，どのように実践されてきたのか，強く関心をもって調べていくことにつながりました。こうしたことがきっかけで，コミュニティソーシャルワークは自分にとっての主要な研究テーマになっていったのです。

　修士論文では，日本とイギリスのコミュニティソーシャルワークに関する比較研究を行いましたが，本来2年間の博士前期課程には3年在籍し，論文提出に取り組んだ3年目は高齢者デイサービスの生活相談員として就職し，働きながらの執筆でした。ちょうど2000（平成12）年で介護保険制度の始まる年であり，同年に開所となった特別養護老人ホーム併設のデイサービスのオープニングスタッフとして勤務しながら，コミュニティソーシャルワークについて考える生活となりました。就職のきっかけとなったのは，社会福祉協議会の職員時

代にご縁のあった方からの声かけであり，今思うととても重要な人生の転機でした。介護経験がまったくない中で不安な気持ちでいっぱいでしたが，デイサービスでの仕事においても，まずは1人ひとりの個別ニーズにしっかりと向き合い，そのニーズが共通していたり結びつけられたりする場合に集団プログラムが生まれる，という視点を大切にしました。その結果，他のデイサービスではなじめなかった若年性認知症の方や男性の利用が増える等，他の事業所とは異なる特徴をもったデイサービスとなっていきました。集団プログラムに利用者をあてはめるのではなく，個別ニーズから多様なプログラムを考えていくことの成果や手応えを感じるようになっていきましたが，ある時，いかに自分がコミュニティソーシャルワークの実践からほど遠い場所に立っているかを思い知らされる出来事がありました。

　Aさんは70代後半の女性で息子さんと2人暮らしをしていました。軽度の認知症があり，息子さんが仕事に出かけている日中は1人で過ごすことが多いという理由からデイサービスの利用が始まりました。とても穏やかな人でデイサービスでもすぐに周りからも慕われる存在となりましたが，ある日，送迎を担当していた職員が休みの日に車で走っていたところ，偶然1人で歩いているAさんを見かけたのです。声をかけると家に帰るということでしたが，自宅まで距離もあり，歩くと時間がかかるだろうからと職員が車で送るという出来事がありました。Aさんのご家族からは，日中は散歩に出かけることもあるが自宅に戻ることができるので大丈夫との話を聞いていたことから，私たちはその出来事をそのままにしてしまいました。しかし，後から考えるとAさんは自宅に帰る力が弱くなっていたのかもしれません。それからしばらく経って，Aさんは電車にはねられて二度と会うことができなくなりました。お通夜へ伺うとご家族が状況を教えてくださり，どうやら道に迷って線路内を歩いていたらしいとのことでした。私たちデイサービスの職員はAさんの変化をキャッチする機会があったにもかかわらず，そのサインを見過ごしてしまったことを，深く，ただ深く反省するばかりでした。そのサインを見逃すことなく，ご家族に状況を確認し，介護支援専門員にも連絡し，日中の過ごし方について検討するとともに，Aさんのことを気にかけ，声をかけてくれる地域の人びととの連携についても考えていくことができれば，Aさんの人生はもっと違っていたか

もしれません。

　自分ではコミュニティソーシャルワークとして個別支援と地域支援を結びつけることを意識しているつもりでも，いつの間にか日常の業務に追われて，個別支援と地域支援を結びつけるどころか，個別支援においても大切な視点が弱くなっていたことを痛感しました。関係機関との情報共有は，いくら必要性を叫んでも，何の情報を，なぜ共有することが大切なのかを各支援者が意識しなければ，本当に必要な支援にはつながりません。改めて個別ニーズを的確に捉えて，そこから必要な人びととつながっていくことの重要性を意識することとなりました。

　Bさんは60代前半の男性で若年性認知症があり，妻と2人暮らしをしていました。以前勤めていた会社を退職せざるをえなくなり，生活を維持するため妻がパート勤務を始めるということでデイサービスを利用するようになりました。いくつかのデイサービスを見学したうえで，私たちのデイサービスを選んでくれたのですが，それは1人ひとりの過ごし方を大切にしていることが大きな理由だったようです。Bさんは他の利用者に比べて年齢的に若かっただけでなく，一方的に話すことが多かったため，なかなか他の利用者と一緒に会話をしながら過ごすことが難しかったのです。そのため，状況に応じて職員が個別に対応しながら，他の方々と一緒に参加できるプログラムも考えながら時間を過ごしてもらうようにしました。こうした個別対応は，Bさんだけでなく必要に応じて他の若年性認知症の方や高齢男性などに対しても行い，次第に多くの若年性認知症の方や高齢男性に利用されるという特徴があるデイサービスになっていったのです。私たちのデイサービスは，立ち上げ時の考え方として，個別プログラムを基盤とした集団プログラムを大事にしてきましたが，それは1人ひとりが楽しく笑顔で過ごせる場であること，そして認知症の方々が穏やかに過ごせる場であることを前提としていました。

　ところが若年性認知症の方々と接する中で，これらの考え方が安易で浅はかだったことに気づかされました。かつて家庭や職場，地域の中で，さまざまな役割を果たしてきた方々が単に楽しく過ごせればそれでいいのだろうか，とい

うことです。もっと役割や生きがいを感じられるような機会が必要なのではないかと思うようになりました。そこで，デイサービスのプログラムとして一緒にプランターで野菜を育てたり，ちょっとしたことを一緒に手伝ってもらったりと工夫をしていきましたが，一方で，もっと地域の中に若年性認知症の方々が生き生きと過ごせる場が必要だと思うようになりました。事実，他のご家族の中には「本当は高齢者のデイサービスには行かせたくないけれど，行ける場所がないから，我慢して行ってもらっているんだよね」という声もありました。こうしたことから，若年性認知症の方々が利用できる社会資源開発に向けて，行政をはじめさまざまな福祉専門職に相談してみましたが，「あったらいいよね」という言葉は返ってきても，その後につながっていきません。かつて社会福祉協議会で勤務していた時に感じた問題意識が再びよみがえってきました。社会資源開発のための話し合いや，生み出していくための仕組みの不十分さは社会福祉協議会だけの問題ではなく，日本の社会福祉制度全体の問題であることに気づきました。現在では地域ケア会議や障害者自立支援協議会等，社会資源開発の検討を目的とした会議体は法令上存在しますが，結局は社会資源開発を担当する職員がいないため，具体的な社会資源開発に至らないことが多くあります。そのため社会資源開発を行うことができるのは，行政や組織のトップ判断によって職員と財源の確保がなされたり，企画力や行動力が優れた職員がいるところに限定されがちです。

　この経験を通して，社会資源開発は，職員の意識啓発だけで解決できる問題ではなく，地方自治体レベルや各組織レベルにおいて社会資源開発を検討し，生み出していく仕組みが必要であると考えるようになりました。デイサービスでの経験を通して，「この人を支えるために，地域でどんな社会資源があったらいいか」という個々の問題意識から解決策を具現化していく仕組み，個別ニーズから地域支援を考えていくための仕組みに関心をもつようになっていったのです。

■　コミュニティソーシャルワークの深化に向かって
　利用者の方々と日々接するデイサービスでの仕事は楽しく，やりがいも感じていましたが，経験を重ねるにつれて，人を育てることに関する自分の力不足も感じるようになりました。新任職員の指導を行ったり，市内の介護保険事業

者の集まりで研修講師をしたり，福祉教育として施設を訪れた子どもたちの前で社会福祉の大切さを話す機会が増えてくる中で，自分は人前で話す訓練をまったく受けてこなかったことに気づきました。それまでは自分自身が一生懸命勉強してよい実践ができるように努力をすることが大事だと思ってきましたが，それだけでなく，チームや地域全体の力が高まるようにしていく役割を果たしていかなければならない立場になってきていたのです。

　自分なりに反省を繰り返しながら努力してきましたが，これからの人生を考えた時に，もっと人に伝える力を身につけていかなければならないと思うようになり，デイサービスを退職して大学教員の道へ進むことを考えました。大橋先生にも相談し，社会福祉の大学で実習指導の助手として採用していただく機会を得て，2003（平成15）年から大学教員そして研究者としての歩みが始まっていったのです。

　同時期に大橋先生が理事長を務めるNPO法人日本地域福祉研究所では，コミュニティソーシャルワークを担う実践者の養成研修プログラム開発に取り組んでおり，そのプロジェクトへ本格的に合流することになりました。これまで日本地域福祉研究所では福祉専門職の研修などでコミュニティソーシャルワークの重要性を提起してきました。しかし，次の段階として具体的にコミュニティソーシャルワークを担う実践者を育てるにはどうすればよいかという問題意識から，養成研修の実施が求められてきたのです。日本地域福祉研究所に関わる先生方と研究会を重ね，コミュニティソーシャルワークに欠かせない要素とそれを習得していくための研修内容について精査し，2005（平成17）年に全国で初めてコミュニティソーシャルワークに焦点を当てた研修を実施するに至りました。毎年1回の全国研修を重ねる中で，各地の都道府県社会福祉協議会や職能団体等から研修依頼が日本地域福祉研究所へ寄せられるようになりました。さらに主任介護支援専門員研修に「コミュニティソーシャルワーク（地域援助技術）」が位置づけられたことも加わり，各地でコミュニティソーシャルワークに関する研修を担当する機会が増えていきました。

　2005（平成17）年は日本社会事業大学大学院の博士後期課程に入学した年でもあり，コミュニティソーシャルワーク理論の体系化や実践を促進させる要因分析に取り組むようになりました。本書の第1章から第3章は私の博士論文を

ベースにまとめ直したものです。なお，博士論文の執筆にあたって，全国500カ所の自治体を対象として地域生活支援スキルに関するアンケート調査を実施することができたのは，法政大学の宮城孝先生のおかげであり，先生には今も常に成長の糧をいただいています。

　コミュニティソーシャルワークが自分のライフワークになる中，大橋先生が日本社会事業大学の学長を務める最後の年となる2010（平成22）年3月に博士学位論文「福祉専門職による地域生活支援スキルの促進要因分析――コミュニティソーシャルワークの観点から」を提出することができました。そして同年4月には大橋先生の後任として母校である日本社会事業大学に赴任し，地域福祉論やコミュニティソーシャルワーク論を担当して今日に至っています。毎年出会う学生たちにリアリティのある学びと経験の機会をどう提供できるか，常に試行錯誤ですが，とにかく学生たちや現場の人たちと接する時間を大事にしたいという思いで毎日を過ごしています。

　実践現場の人たちは，絶えず生きづらさを抱えた1人ひとりに懸命に向き合い，そして足繁く地域へ出かけて住民の取り組みに寄り添っています。しかし，それぞれに悩みや不安，戸惑いを感じていることも多く，少しでもそうした人びとの力になることができればという思いで各地を訪れています。新型コロナ禍により，直接訪問できる機会は減った時期もありましたが，逆にオンラインによって今まで行けなかった地域の人びととつながることができるようにもなってきました。しかし，地域を知るには，その土地に立ち，空気を感じ，何よりもそこで暮らす人びとの思いに触れることが大切であると強く思うようにもなりました。

　学生たちは，毎年卒業していき，新たな学生たちが入学してきます。学生たちもさまざまな生きづらさを抱えていることがあり，打ち明けてくれるまでに相当の時間を要したり，継続的なサポートが必要な状況もあります。学生たちと接する中で，自分の弱さや至らなさを感じることも多くあり，私自身が優れたコミュニティソーシャルワークの実践者ではないことを痛感しています。
　しかし，1人の弱い人間として，コミュニティソーシャルワークということ

を考え続け，現場の方々とのご縁をいただいている中で，自分にできることとして本書をまとめることとしました。まだ十分に整理できているとは言えない段階ですが，いつ人生が終わるかもしれないと思う中で，現時点で1つの形にできたことに安堵しています。しかし，これも次のスタート地点として，自分にできることを重ねていきたいと思います。

　長くなりましたが，私がなぜコミュニティソーシャルワークに関心をもち，今日に至っているのか，あえて書かせていただきました。この本を手に取られた皆さんも何かしらこれまでの人生のストーリーがあり，その問題意識から学習や実践に取り組んでいることと思います。皆さんの思いや実践が1人でも多くの幸せにつながっていくことを願っています。

感謝の言葉

　この本は，本当に多くの方々に支えられてまとめることができました。まず最初にお礼を伝えたいのは，私を産み育て，これまでの学びを支えてくれた両親と祖父母です。高校卒業後，東京で一人暮らしをしながら学べる環境をいただいたことに深く感謝しています。

　また，コミュニティソーシャルワークが自分の主要な研究テーマとなったのは，大橋謙策先生そして日本地域福祉研究所の先生方の導きがあったからです。研究会での議論や各地でのフィールドワークをともにする中で，もつべき視点や人びとへの関わり方等，多くを学ばせていただきました。そうした場で育てられたことが，各地の実践に関わる際の礎となっており，その経験を通して得られたことが本書の中核となっています。

　そして各地を訪れる機会を多くもつことができたのは，子どもたちの成長を支えてくれたパートナーのおかげです。特に日本社会事業大学に赴任してからは単身赴任となり，家庭内の多くを担いながら支えてくれていることに深く感謝しています。

　本書の原稿は，2022（令和4）年6月にある程度まとまり，その後，さまざまな方々にご意見をいただきました。特に静岡県CSW研究会代表の一ノ宮五郎さん，静岡県掛川市社会福祉協議会の堀場美和子さん，千葉県鎌ケ谷市社会福祉協議会の西村美保さんには，ご多用の中，原稿を読んでいただき，実践者の立場から貴重なご意見をいただきました。また，日本社会事業大学のゼミ生である宮原咲良さん，松田泉音さんには，地域福祉を学ぶ学生の立場から原稿をチェックしていただきました。そして，何よりも大橋謙策先生には本書の原稿に対して重要なご指摘を多くいただき，卒業後も厳しさをもって温かくご指導くださっていることをありがたく思っております。

　また，2020（令和2）年1月に私が脳梗塞で倒れた際に救急搬送してくださった救急隊や迅速に的確な処置をしてくださった医療機関の方々のおかげで，今こうして生きることができており，深く感謝しています。そして何よりこれまでご縁のあった各地の方々との出会いが本書の内容につながっており，お礼の気持ちを込めて本書の言葉を紡いでいきました。そのほか，本書で取り上げ

た文献以外からも多くの学びと気づきをいただいており，直接お会いすること
の叶わない先人の方々にも感謝を伝えたいと思います。

　まだまだ整理しきれていない部分もありますが，人生の幕が閉じる前に現時
点でのまとめとして本書を遺しておくこととしました。本書が読者の方々に
とって少しでもお役に立てることを願うばかりです。最後に出版にあたり，有
斐閣の堀奈美子さんをはじめ，多くの方々に大変お世話になりました。これま
での研究成果を皆さんにお伝えできる機会をいただけたことを深く感謝してお
ります。ありがとうございました。

　　　2023 年 12 月 22 日

　　　　　　　　　　　　　　　　　　　　　　　　　　　菱沼　幹男

事 項 索 引

人名索引

著者紹介　菱沼 幹男（ひしぬま みきお）

日本社会事業大学社会福祉学部福祉計画学科教授
主著：日本地域福祉研究所監修／宮城孝・菱沼幹男・大橋謙策編『コミュニティソーシャルワークの新たな展開——理論と先進事例』中央法規出版，2019年。上野谷加代子・原田正樹編『地域福祉の学びをデザインする』（分担執筆）有斐閣，2016年。日本地域福祉研究所監修／中島修・菱沼幹男共編『コミュニティソーシャルワークの理論と実践』中央法規出版，2015年，など。

コミュニティソーシャルワーク

Community Social Work

2024年3月15日 初版第1刷発行

著　者	菱沼幹男
発行者	江草貞治
発行所	株式会社有斐閣
	〒101-0051 東京都千代田区神田神保町 2-17
	https://www.yuhikaku.co.jp/
装　丁	吉野　愛
印　刷	萩原印刷株式会社
製　本	大口製本印刷株式会社
装丁印刷	株式会社亨有堂印刷所

落丁・乱丁本はお取替えいたします。定価はカバーに表示してあります。
©2024, Mikio Hishinuma.
Printed in Japan ISBN 978-4-641-17495-5